Życie jest zbyt krótkie

ABBY JIMENEZ

Życie jest zbyt krótkie

przełożyła Katarzyna Bieńkowska

MUZA

Warszawskie Wydawnictwo Literackie

Tytuł oryginału: *Life's Too Short*
Projekt okładki: *Pola i Daniel Rusiłowiczowie*
Redaktor prowadzący: *Mariola Hajnus*
Redakcja: *Słowne Babki*
Redakcja techniczna: *Andrzej Sobkowski*
Korekta: *Monika Marczyk, Lena Marciniak-Cąkała/Słowne Babki*

ISBN 978-83-287-1903-3

Warszawskie Wydawnictwo Literackie
MUZA SA
Wydanie I
Warszawa 2021

Mojej babci, która była mistrzynią dobrego życia.
Żałuję, że już Cię nie ma i nie możesz wziąć
tej książki do ręki.

Clickbait (ang. *click* – kliknięcie, *bait* – przynęta) – zjawisko internetowe polegające na przyciąganiu uwagi za pomocą tytułów bądź miniaturek, które przesadnie wyolbrzymiają faktyczną treść i/lub znaczenie artykułu.

Wikipedia

Rozdział 1

Usłyszałem płacz za ścianą.
Szok, co tam zastałem!

ADRIAN

Przeraźliwy płacz.

W mieszkaniu obok niemowlak z piekła rodem ryczał bez przerwy od miliona godzin. Leżałem w łóżku, wpatrując się po ciemku w sufit.

Rachel jęknęła obok mnie.

– Musisz coś zrobić. Idź tam.

– Nie pójdę – odburknąłem. – Nie znam tej kobiety.

Zdaje mi się, że widziałem raz sąsiadkę, jak wyjmowała listy ze skrzynki w holu na dole, ale rozmawiała przez telefon i nie patrzyła w moją stronę, więc się nie przywitałem. Teraz żałowałem, że nie zdążyłem jej poznać na tyle dobrze, by móc wysłać jej esemesa z prośbą, żeby przeniosła się do innego pokoju, takiego, który nie sąsiaduje przez ścianę z moją sypialnią.

Rachel westchnęła sfrustrowana, a ja przekręciłem się na bok i przytuliłem do jej pleców.

Zesztywniała. Właściwie reagowała tak na mój dotyk za każdym razem, odkąd tu przyjechała trzy dni temu.

– Co się stało?

9

Odwróciła głowę w moją stronę.

– Nic. Jestem po prostu zmęczona. Jeszcze chwila, a przeniosę się do hotelu, żeby móc choć trochę pospać. Bez ciebie – dodała zaczepnie.

Zaśmiałem się ze znużeniem. Wiedziała, jak mnie sprowokować do działania, to pewne.

Spędzałem z moją dziewczyną tylko jeden weekend w miesiącu. Utrata tej ostatniej wspólnej nocy, zanim ona wróci do Seattle, była ceną, której nie zamierzałem płacić z powodu mojej sąsiadki czy też jej dziecka.

Cholera!

Niechętnie zwlokłem się z łóżka, włożyłem T-shirt i kapcie, po czym wyszedłem na klatkę schodową.

Nie miałem pojęcia, czy w ogóle mi otworzy. Była czwarta nad ranem, a ja byłem dla niej obcym facetem. Rachel pewnie zadzwoniłaby na policję, gdyby nieznajomy mężczyzna zapukał do drzwi jej mieszkania w środku nocy.

– Kto tam? – Przez wrzask niemowlaka usłyszałem kobiecy głos.

– Sąsiad.

Rozległ się szczęk zasuwki i drzwi się uchyliły.

Tak, to ta dziewczyna spod skrzynki na listy. Wyglądała okropnie. Miała na sobie czarny, spłowiały i rozciągnięty T-shirt z rozprutym szwem na ramieniu i zaplamione spodnie od dresu. Do tego podkrążone oczy i rozczochrane kręcone włosy.

– O co chodzi? – spytała, spoglądając na mnie znad małego wrzaskliwego tłumoczka, który przyciskała do piersi.

Jeszcze nigdy nie widziałem tak małego dziecka. Miałem w lodówce kostki sera większe od niego. W ogóle nie wyglądało na prawdziwe niemowlę.

Za to brzmiało aż nazbyt realistycznie.

Sąsiadka patrzyła na mnie zniecierpliwiona.

– No więc?

– Za cztery godziny muszę być w sądzie. Czy mogłabyś może...

– Czy mogłabym co? – Przeszyła mnie wzrokiem.

– Czy mogłabyś może przenieść się do innej części mieszkania? Żebym mógł trochę pospać?

– Tu nie ma innej części mieszkania. To kawalerka.

No tak. Wiedziałem to przecież.

– Okej... a możesz...

– Co mogę? Uciszyć ją? – Przechyliła głowę. – Może zamknąć ją w szafie? Bo wiesz, skłamałabym, gdybym powiedziała, że tego nie rozważałam.

– Ja...

– Bo nie mówimy tu o grze na trąbce. Ani o zbyt głośno nastawionym telewizorze. To maleńka istota ludzka. Nie da się przemówić jej do rozsądku, wszelkie próby negocjacji zawodzą, więc naprawdę nie wiem, co mam ci powiedzieć. – Zaczęła kołysać wrzeszczące niemowlę, a ono ryczało dalej. – Jest nakarmiona, umyta, ma czystą pieluszkę. Nie gorączkuje. Jest za mała na ząbkowanie. Dałam jej paracetamol i kropelki na kolkę. Kołysałam ją i nosiłam, i właśnie zaczynam dochodzić do wniosku, że uosabia ona jakąś kosmiczną, karmiczną karę za zbrodnie, które popełniłam w poprzednim życiu, bo za żadne skarby nie mogę pojąć, co robię źle. – Zaczęła drżeć jej broda. – Więc nie, nie mogę jej uciszyć. Nie potrafię pomóc ani tobie, ani sobie, ani jej, i jest mi naprawdę bardzo przykro, że moje prywatne piekło nie pozwala ci spać. Skombinuj sobie zatyczki do uszu.

Zatrzasnęła mi drzwi przed nosem.

Stałem tam i mrugałem do judasza.

Super. Teraz to ja byłem dupkiem.

Przeczesałem palcami brodę, westchnąłem przeciągle i znowu zapukałem. Wiedziałem, że moja sąsiadka wygląda przez judasza, bo ryk dobiegał tuż zza drzwi. Otworzyła je.

– Czego jeszcze chcesz? – Łzy ciekły jej po twarzy.

Wykonałem gest: dawaj-ją-tutaj.

– Daj mi tę małą.

Wybałuszyła oczy.

– Idź wziąć prysznic. Ponoszę ją.

Zamrugała.

– Jaja sobie robisz?

– Bynajmniej. Widzę, że potrzebujesz chwili wytchnienia. Może to coś pomoże.

Robienie w dalszym ciągu tego samego przyniesie te same rezultaty. Jej sposoby uspokojenia małej nie działały i jasne było, że ta sytuacja nie rozwiąże się sama bez interwencji z zewnątrz.

Popatrzyła na mnie takim wzrokiem, jakby mi odbiło.

– Nie dam ci mojego dziecka.

– Bo co? Boisz się, że to ją wkurzy? – Wrzaski, jakby dla zilustrowania mojego argumentu, podniosły się o oktawę. – Potrzymam ją, żebyś mogła się odświeżyć. Skoro i tak żadne z nas nie śpi, to nie ma sensu, żebyśmy oboje cierpieli. A ty masz wymiociny we włosach.

Popatrzyła na swoje włosy, przerzucone przez ramię, i dostrzegła białą breję. Przewróciła oczami, jakby wcale jej to nie zdziwiło, po czym znów spojrzała na mnie.

– Słuchaj, doceniam twoją propozycję, ale to naprawdę nie jest twój problem.

Potarłem czoło znużonym gestem.

– No, pozwolę sobie mieć odmienne zdanie na ten temat. Dopóki nasze mieszkania ze sobą sąsiadują, tkwimy w tym oboje. Czasami zmiana okoliczności może wpłynąć na zmianę zachowania. Może to coś da, jeśli potrzyma ją ktoś inny, a ty w tym czasie obniżysz swój poziom stresu.

Kołysała niemowlę. Bezskutecznie, bo i tak płakało. Widziałem frustrację w jej podkrążonych oczach. Wyglądała na wykończoną.

– Nie znam cię – powiedziała.

– Nazywam się Adrian Copeland. Mieszkam po sąsiedzku, pod numerem 307, i jestem właścicielem tego budynku. Mam trzydzieści dwa lata, nie byłem karany, jestem wspólnikiem w kancelarii prawnej Beaker i Copeland w St. Paul. Nie stanowię żadnego zagrożenia, stoję tu, na korytarzu o – spojrzałem na zegarek – czwartej zero siedem nad ranem i próbuję ci pomóc. Wpuść mnie, proszę, i pozwól mi ją potrzymać.

Patrzyłem, jak jej stanowczość powoli się załamuje. Potrafiłem interpretować wyraz ludzkich twarzy. Była jak sędzia przysięgły, który ugnie się wobec impasu – i tak się też stało.

Pchnęła drzwi, otwierając je szerzej, i wpuściła mnie do środka.

Wszedłem do mieszkania. Cholera, wyglądało jak pobojowisko.

Sprawiało wrażenie, jakby kiedyś było całkiem przyjemne, urządzone w stylu Pottery Barn. Ale teraz niewielka kawalerka została całkowicie zagracona akcesoriami niemowlęcymi. Fotelik samochodowy, łóżeczko dziecięce przy wielkim łożu w głębi, huśtawka. Na blatach kuchennych tłoczyły się butelki, a do tego wszystkiego ten gówniany zapach. To znaczy dosłownie gówniany. Smrodek obsranych pieluszek.

Zmierzyła mnie wzrokiem.

– Tak do twojej wiadomości, mam taki mały szpikulec, więc nie próbuj żadnych głupot.

Uniosłem brew.

– Mały szpikulec?

13

Zadarła podbródek.

– Tak. No wiesz, breloczek do kluczy. I mam też zainstalowane kamery. Całe mnóstwo. I spluwę – dodała. – Mam też spluwę.

Skrzyżowałem ręce na piersi.

– Spoko. A potrafisz się posługiwać tą swoją spluwą?

– Nie – stwierdziła rzeczowo. – Co czyni mnie jeszcze groźniejszą.

Parsknąłem.

Stała tam, wciąż trzymając dziecko, jakby uznała, że wpuścić mnie to jedno, ale pozwolić mi sobie pomóc – to co innego. Wyciągnąłem dłonie w jej stronę, ale potrząsnęła głową.

– Musisz najpierw umyć ręce.

No tak. Słyszałem już o tym. Niemowlęta mają słabszy układ odpornościowy. Poszedłem do aneksu kuchennego i umyłem ręce nad stertą brudnych naczyń.

– Nie byłaś w ciąży – rzuciłem przez ramię, podnosząc głos, żeby mnie usłyszała przez wrzaski małej. – Skąd ją masz?

– Z Targetu – odparła z kamienną twarzą. – Mieli akurat wyprzedaż, a wiesz, jak to jest, nie da się wyjść tylko z jedną rzeczą – wymamrotała.

Kąciki moich ust drgnęły.

Po ręcznikach papierowych została pusta rolka, a sądząc po stanie reszty mieszkania, nie mogłem mieć zaufania do ściereczki wiszącej na kuchence. Obok pustej misy na owoce leżała samotna papierowa serwetka, więc wytarłem w nią ręce. Rozpadła się na kawałeczki, które wyrzuciłem do przepełnionego kosza na śmieci.

– Opiekuję się nią tymczasowo – odpowiedziała na moje pytanie, przekrzykując płacz małej. Spojrzała na mnie nieufnie, kiedy podszedłem do niej i wyciągnąłem ręce. Odwróciła się do mnie bokiem, osłaniając wrzeszczące niemowlę. – Trzymałeś już kiedyś dziecko?

– Nie. Ale nie wydaje mi się, żeby to było takie trudne.

– Musisz podtrzymywać jej głowę. O tak. – Pokazała mi swoją dłoń podłożoną pod małą, przypominającą kiwi główkę.

– Dobra. Kumam.

– I musisz ją kołysać. Ona to lubi.

– O czym najlepiej świadczy jej ryk, od którego ziemia drży w posadach – rzuciłem kąśliwie.

Zmrużyła groźnie brązowe oczy.

– Żartuję. Dam sobie radę, słowo.

Wciąż stała bez ruchu. Czekałem cierpliwie.

Wreszcie kiwnęła głową.

– No dobra. – Podeszła bliżej, żeby podać mi dziecko. Na tyle blisko, że poczułem zapach jej włosów, kiedy pochyliła się, by włożyć mi małą w objęcia. Wanilia – z nutą skwaśniałego mleka.

Kołysałem maleńkie, wrzeszczące zawiniątko. Buzia małej była cała czerwona i wykrzywiona furią. Nie mogła ważyć więcej niż cztery i pół, góra pięć kilo.

– Jesteś pewny, że sobie poradzisz? – spytała, przyglądając mi się sceptycznie.

– Idź. Wszystko będzie dobrze. I nie śpiesz się.

Odczekała jeszcze chwilę.

– Będę tuż obok, gdybyś czegoś potrzebował. W razie czego zapukaj do drzwi łazienki.

– W porządku.

– To jest Grace. Ja mam na imię Vanessa.

– Bardzo mi miło, Vanesso. A teraz: idź. Wziąć. Prysznic.

Stała jeszcze kilka sekund, po czym odwróciła się wreszcie, wygrzebała jakieś ciuchy z komody i poszła do łazienki.

Powoli zamknęła za sobą drzwi, do ostatniej chwili łypiąc na mnie przez szparę.

Z wiercącego się różowego kocyka w moich ramionach wydobył się akurat wyjątkowo przenikliwy dźwięk. Popatrzyłem na to rozjuszone maleństwo.

Bardzo niewiele potrafiło mnie wytrącić z równowagi. Właściwie, oprócz latania, to NIC. Byłem karnistą – adwokatem w sprawach karnych. Każdego dnia miałem do czynienia ze złem w czystej postaci. Z zaskoczeniem stwierdziłem jednak, że widok tej maleńkiej istotki wywołał nagle we mnie dziwne uczucie. Sam nie wiem – lęk? Była taka krucha. I węższa niż moje przedramię!

Uznałem, że bezpieczniej będzie, jeśli usiądę, więc przeniosłem się na kanapę.

Wrzaski nie zmieniły natężenia, gdy dołączył do nich szum prysznica. To niesamowite, jak długo takie maleństwo potrafi płakać.

– Co ci jest? – szepnąłem.

Próbowałem się zastanowić, co mogło wywołać tę rozpacz. Istniała jedynie ograniczona liczba problemów, które mogły dotyczyć kogoś, kto nie wie jeszcze nic o takich sprawach, jak podatki czy lęk egzystencjalny.

Vanessa powiedziała, że ją nakarmiła, więc mała nie była głodna. Miała sucho. Dostała kropelki na kolkę, więc nic jej chyba nie bolało. Na pewno była zmęczona, ale coś nie pozwalało jej zasnąć.

Co mnie nie dawało spać?

I nagle mnie olśniło.

Położyłem Grace na poduszce kanapy, rozchyliłem kocyk i zacząłem sprawdzać pajacyk, w który była ubrana. Wodziłem palcami wzdłuż szwów, aż wreszcie na wysokości brzuszka znalazłem winowajcę. Z materiału wciąż sterczała plastikowa żyłka od metki w kształcie litery T. Całkowicie niewidoczna.

– Nic dziwnego, że jesteś wkurzona. Też bym się wkurzył – mruknąłem. Rozejrzałem się za nożyczkami. Nigdzie żadnych nie widziałem, więc pochyliłem się i rozerwałem to cholerstwo zębami. Następnie rozpiąłem pajacyk i wyciągnąłem drugą część drapiącej żyłki, po czym potarłem knykciami czerwone miejsce na brzuszku Grace.

– Ciiiiiii....

Przestała płakać niemal natychmiast.

Rozdział 2

Superprzystojniak poskramia moje dziecko!

VANESSA

To nie była do końca prawda, kiedy powiedziałam, że go nie znam. Adrian Copeland był najprzystojniejszym facetem w całym budynku, więc to oczywiste, że go znałam. A w każdym razie o nim wiedziałam. Jak wszyscy. Był tu legendarnym wręcz kawalerem.

On natomiast prawdopodobnie nie znał mnie. A kiedy wreszcie się poznaliśmy, była czwarta nad ranem, nie mógł spać z powodu mojej nieudolności w opiece nad dzieckiem, a ja w dodatku miałam rzygi we włosach – bo jakżeby inaczej.

Byłam naprawdę zbyt wykończona, by się tym przejmować. To była najgorsza noc z najgorszych dwóch tygodni w całym ostatnim roku. Zostałam znienacka wrzucona w macierzyństwo, straszliwie pokłóciłam się z siostrą, a teraz Grace miała jakieś potworne załamanie, którego przyczyny nie mogłam pojąć.

Zupełnie tego nie rozumiałam. Grace była wprost cudownym dzieckiem. Takim *niewiarygodnie* grzecznym i spokojnym. Gdybym miała wybierać, jakie niemowlę zostanie mi podrzucone, nie mogłabym prosić o łatwiejsze w obsłudze.

18

Mało płakała, świetnie spała, w ciągu dwóch tygodni miały-
śmy już ustalony rytm dnia, wszystko było pod kontrolą – aż
tu nagle tuż po kąpieli diabli wzięli jej pogodne usposobienie.
Próbowałam już wszystkiego. Skorzystałam nawet z wi-
deoporady pediatry, który jednak zupełnie się nie przejął i zaproponował, żebym przyszła z małą jutro, jeśli wciąż będzie
„marudzić".

Oferta Adriana była zbyt wspaniałomyślna, żebym mogła
ją odrzucić.

Po pierwsze, jego rozumowanie wydało mi się sensowne.
To, co robiłam – czy też to, czego nie robiłam – nie przynosiło
efektów, więc na tym etapie byłam jak najbardziej otwarta na
wszelkie sugestie. Spróbowałabym nawet egzorcyzmów, gdyby do moich drzwi zapukał ksiądz, a nie wzięty adwokat.

Po drugie, facet miał zbyt dużo do stracenia, żeby zrobić
coś głupiego.

To był koleś, który co najmniej raz w miesiącu trafiał na
łamy „The Star Tribune" z powodu swoich dokonań prawniczych. Wiedziałam o tym, bo za każdym razem Pani Joga spod
303 podsyłała mi link z dwudziestoma buźkami z serduszkami
zamiast oczu. Podejrzewam, że miała ustawiony Google Alert.
Była, można powiedzieć, jego psychofanką.

Adrian pod tym względem był podobny do mnie. Musiał
dbać o reputację i swój wizerunek publiczny. Zamordowanie
Grace i mnie byłoby zupełnie nie w jego stylu i fatalnie wpły-
nęłoby na jego sytuację zawodową. Poza tym sądził, że jest
w mieszkaniu pełnym kamer, co nie było prawdą, ale on o tym
nie wiedział.

No i ostatnia sprawa: on jeden przybył mi na ratunek. Nikt
inny nie łomotał w moje drzwi, żeby mnie wyzwolić z siódme-
go kręgu piekła. A ja naprawdę potrzebowałam tego prysznica. OKROPNIE. Musiałam zmyć z siebie dziecięce rzygowiny

i własny pot i przebrać się w spodnie, które nie miały plam od niemowlęcych siuśków. No a w tym czasie ktoś musiał potrzymać Grace. Za każdym razem, kiedy usiłowałam położyć ją do łóżeczka, zaczynała wrzeszczeć tak głośno, że bałam się, czy nie eksploduje.

Potrzebowałam dosłownie pięciu minut. Pięciu krótkich minutek. Może to coś da, a nawet jeśli nie, to przynajmniej będę w trochę lepszej formie i zyskam nieco sił, by dalej zmagać się z wrzaskami Grace, bo w tej chwili jakieś dwie sekundy dzieliły mnie od kompletnego załamania nerwowego.

Rozebrałam się i umyłam w takim tempie, jakbym robiła to na czas. Mniej więcej po czterech minutach, odkąd weszłam pod prysznic – i był to zdecydowanie najlepszy, choć chyba najkrótszy prysznic w moim życiu – zakręciłam wodę, żeby wyjść, a wtedy usłyszałam upiorną, lodowatą *ciszę*.

Serce omal mi nie stanęło.

O mój Boże!

Coś było nie tak.

Tak szybko owinęłam się ręcznikiem, że omal nie poślizgnęłam się na mokrych płytkach podłogi.

Co ja sobie myślałam? Wcale nie znam tego faceta. To znaczy, zdawało mi się, że go znam, ale tak naprawdę przecież nie znam. A jeśli on ją porwał? Wyrzucił przez balkon? Co, jeśli okaże się całkiem normalnym facetem, który akurat był na skraju psychotycznego załamania i płacz Grace doprowadził go do ostateczności, tak że dosłownie wytrząsnął z niej życie? Ależ ja byłam głupia!

Otworzyłam drzwi łazienki, przygotowana na Bóg wie co, i zamarłam.

Adrian był w pozycji półleżącej na kanapie w moim słabo oświetlonym salonie, głowę opierał na poduszce, a na mój widok położył palec na ustach. Grace zaś leżała na plecach, wtulona w zgięcie jego łokcia, i... spała.

Gapiłam się na nich z otwartymi ustami. Nie mogłam w to uwierzyć. Kapiąc wodą na podłogę, podeszłam na paluszkach, żeby sprawdzić, czy mała na pewno oddycha.

Co to za czary? Jak on tego dokonał? Był zaklinaczem niemowląt czy co? Grace pomrukiwała przez sen tak słodko, że aż przyłożyłam sobie dłoń do serca.

Musi istnieć jakiś pierwotny wewnętrzny czujnik, który włącza się, kiedy widzisz faceta opiekującego się dzieckiem, bo przysięgam, że z miejsca poczułam się troszkę zakochana. To znaczy, koleś był ciachem już bez tych czarów, ale teraz? Jasna cholera!

Ociekałam wodą i gapiłam się na niego. Widząc, że nie ruszam się z miejsca, mrugnął znacząco i dyskretnym gestem pokazał, żebym wracała do łazienki. Zarumieniłam się i poszłam się ubrać.

Kiedy wróciłam, splatając włosy w wilgotny warkocz, Grace nawet nie drgnęła. Stanęłam obok kanapy i związałam włosy gumką.

– Zrobiłaś już wszystko, co chciałaś? – spytał szeptem.

Kiwnęłam głową i pochyliłam się, żeby uwolnić go od Grace.

Boże, jak on cudownie pachniał. W tym zapachu było coś sennego, ciepłego i męskiego. Czysta bawełna i testosteron.

Wzięłam Grace na ręce, modląc się, żeby się nie obudziła i znów nie zaczęła płakać, kiedy będę ją kładła do łóżeczka.

Nie obudziła się.

Kiedy odwróciłam się do Adriana, żeby mu podziękować, szedł już do drzwi. Po drodze wyszarpnął jeszcze worek ze śmieciami z kuchennego kosza, zabrał go ze sobą i wyszedł bez słowa.

Odgarnęłam grzywkę z czoła. O. Mój. Boże.

Musiałam nagrać filmik. Natychmiast.

Przez ostatnie dwa tygodnie niczego nie wstawiałam. Mój kanał na YouTubie kompletnie zamarł. Musiałam zwolnić na ten czas całą ekipę produkcyjną. Płaciłam tylko mojemu operatorowi Malcolmowi. Nie dość, że nie zarabiałam pieniędzy, to jeszcze zawiodłam moich subskrybentów. Ale nie miałam o czym mówić.

Zajmowanie się maleńkim dzieckiem nie jest specjalnie ekscytujące. Wczoraj połączyłam się na wideoczacie z Malcolmem, żeby przedyskutować, jakie odcinki mogłabym nagrywać z domu. Wszystkie pomysły były dosyć słabe. Głównie tutoriale urodowe. Na przykład jak wypróbowuję odjechane maseczki błotne albo farbuję włosy na różne kolory. Albo vlog o tym, jak otwieram listy od fanów. Nudy na pudy.

Ale to...

Chwyciłam laptopa i na palcach poszłam do łazienki. Usiadłam na klapie kibelka i zatytułowałam filmik „SUPER-PRZYSTOJNIAK POSKRAMIA MOJE DZIECKO". Nie zawracałam sobie głowy suszeniem włosów czy make-upem. Zawsze stawiałam na autentyzm. Wzięłam głęboki wdech i włączyłam nagrywanie.

– Hejka wszystkim! Jak widzicie, żyję. – Pomachałam do ekranu. – No cóż, to były bardzo interesujące dwa tygodnie. Dostawałam od was pełne troski mejle. Bardzo wam, kochani, dziękuję, że tak się o mnie martwicie. I zgadza się, nie dotarłam na konferencję w LA w ubiegłym tygodniu. Wiem, że wiele osób było rozczarowanych, i bardzo, bardzo mi przykro z tego powodu. Jeśli kupiliście bilet, żeby mnie zobaczyć, wyślijcie jego zdjęcie i wasz adres Malcolmowi. – Uniosłam palec nad głową, w miejsce, w którym Malcolm potem wklei swój adres mejlowy. – A ja poproszę, żeby on wam wysłał moje zdjęcie z autografem. Wiem, że to niezupełnie to samo, co spotkanie twarzą w twarz, ale przysięgam, że odwołałam przyjazd z ważnego powodu.

Na pewno wszyscy się zastanawiacie, gdzie ja się podziewam. Jak mogliście się zorientować po tytule tego filmiku, mam dziecko! Niespodzianka! Jesteście zaskoczeni? Bo ja z pewnością byłam. – Przechyliłam głowę i zrobiłam zeza do kamery. – Pewna bliska mi osoba była w ciąży i trzy tygodnie temu urodziła zdrową dziewczynkę. A potem, dwa tygodnie temu, zostawiła maleństwo u mnie, żeby móc wyskoczyć po coś do sklepu, i już nie wróciła.

Mama Grace nie jest, niestety, w tej chwili w najlepszej formie. Jej tata w ogóle nie wchodzi w grę, tak więc stałam się tymczasową opiekunką noworodka, chociaż nie mam pojęcia, jak opiekować się takim maleństwem. Rzecz jasna, wyprawa do Meksyku, którą planowałam na gwiazdkowy odcinek za trzy tygodnie, jest odwołana, a zamiast tego będziemy przez jakiś czas eksplorować ekscytujące czterdzieści metrów kwadratowych mojej kawalerki.

Umilkłam na chwilę, żeby ta nowina zdążyła dotrzeć do moich widzów.

– Na pewno ciekawi was, o co chodzi z tym przystojniakiem? No więc chwilę temu minęła czwarta nad ranem, a ja nie zmrużyłam jeszcze tej nocy oka przez mojego małego aniołka. Za nami jakieś milion godzin nieprzerwanego płaczu. Nas obu – dodałam. – Aż w końcu mój sąsiad zza ściany zapukał do drzwi z pytaniem, czy mi nie pomóc.

Pozwólcie, że powiem wam o nim dwa słowa. To najprzystojniejszy kolo w całym budynku. Może nawet na całym osiedlu. Jest tak atrakcyjny, że gdyby podjechał do mnie w ślepym zaułku białym vanem bez okien, miał na rękach gumowe rękawiczki, wymachiwał srebrną taśmą izolacyjną i twierdził, że da mi cukierka – wsiadłabym bez wahania. Poza tym, że

23

jest singlem i że jest wybitny w swoim zawodzie, to jeszcze nosi naprawdę wspaniałą brodę. Kiedy wprowadziłam się tutaj we wrześniu, ciągle widziałam, jak biega bez koszulki, więc wiem, że ma fantastyczny kaloryfer. Tak go zresztą będziemy nazywać. Pan Kaloryfer.

No więc zjawia się tutaj niczym jakiś rycerz w lśniących spodniach od piżamy. Ja mam rzygi we włosach, i to wcale nie w rozrywkowym stylu, po wypiciu zbyt wielu tequili w Cancun. Nie, to pewna mała istotka obrzygała mi włosy. A on proponuje, że potrzyma mi dziecko, żebym mogła wziąć prysznic. Przystaję na to. Proszę, nie osądzajcie mnie. To był ekspresowy prysznic. A kiedy wyszłam z łazienki, on zaczarował to dziecko. Oboje leżeli na kanapie. To był, serio, najseksowniejszy widok, jaki oglądałam w życiu. Wyglądał jak na jednej z tych pozowanych fotek z Instagrama, na których diabelnie seksowni modele prezentują się w różnych swobodnych domowych scenkach. W prawdziwym życiu nikt nie wygląda tak dobrze, polegując na kanapie. Serio.

Jak wiecie, kochani, mam słabość do brodatych przystojniaków. Nic na to nie poradzę. Ale szczerze, po tym ostatnim tygodniu? Zaczynają mnie kręcić tatusiowie. Dochodzi już do tego, że widzę, dajmy na to, jakiegoś faceta w Targecie, z brzuszkiem piwnym, z zakolami i z dzieckiem w nosidełku, a ja zaczynam lustrować go wzrokiem i myśleć: „Założę się, że ten koleś mógłby zmieniać pieluszki przez całą noc". Więc gdy zobaczyłam tego przystojniaka z moim cierpiącym na kolkę maleństwem, wtulonym w jego pierś, może troszeczkę się zakochałam.

„Czyli jesteś już gotowa na miłość?" – zapytacie. – Przechyliłam na bok głowę tak, że warkocz opadł mi na ramię. – Nie, poza Panem Kaloryferem moje podejście do randkowania się nie zmieniło, więc się nie nakręcajcie. Poza tym nawet gdyby to zauroczenie było wzajemne i ten facet byłby gotów przymknąć oko na moje liczne i poważne wady – och, no i na to! – Wstałam, otworzyłam drzwi łazienki, po czym obróciłam laptopa, żeby pokazać katastrofalny stan mojego mieszkania. Zamknęłam drzwi i znów skierowałam kamerkę na siebie. – Tak, to naprawdę pieluchy pełne ludzkich odchodów na moim stoliku do kawy. Tak to właśnie wyglądało, kiedy tu wszedł. Jak mógłby się nie zakochać, co? Tak czy owak, w dalszym ciągu nie jestem zainteresowana randkowaniem w dającej się przewidzieć przyszłości z powodów już wcześniej wielokrotnie tu omawianych. Ale dziewczyna może sobie przecież pooglądać wystawy.

Ziewnęłam, zasłoniwszy usta wierzchem dłoni.

– Pora spać. Jeszcze tylko parę spraw, zanim się rozłączę. Jeśli podobał wam się ten filmik, nie zapomnijcie zasubskrybować mojego kanału. I jak zawsze będę ogromnie wdzięczna za wszelkie datki na rzecz mojej ulubionej organizacji charytatywnej. Razem zdołamy znaleźć skuteczne lekarstwo.

Zakończyłam filmik i wysłałam go Malcolmowi. On wstawi linki, doda hasztagi i w ciągu dwóch godzin zamieści ten filmik na YouTubie, gdzie moi subskrybenci, którzy pewnie sądzili, że nie żyję, skoro od prawie dwóch tygodni nie wstawiłam nic nowego, rzucą się na niego jak wściekłe niedźwiedzie.

Na razie miałam jedynie bardzo pobieżną wizję tego, co będzie dalej. Robiłam vlogi podróżnicze. Moje filmiki prawie zawsze były realizowane na wyjazdach. Jeszcze nigdy nie nakręciłam żadnego z mojego mieszkania. To było coś zupełnie innego niż moje wcześniejsze produkcje i mogłam nawet stracić przez to subskrybentów. Naprawdę trudno mi było to oszacować.

Miałam wiernych fanów, którzy zostaną ze mną bez względu na wszystko. Ale większość użytkowników internetu nudzi się bardzo szybko. Jeśli nie będę regularnie dostarczać im rozrywki, odejdą.

A jeśli stracę możliwość zarabiania pieniędzy...

Starałam się o tym nie myśleć.

To znaczy, w pewnym sensie wiedziałam, jak to będzie z tym filmikiem. W komentarzach pojawi się to, co zwykle. Niektórzy okażą mi wsparcie, inni nie, a ci wspierający będą atakować tych hejtujących. Pewnie sporo osób będzie coś truło o tym, jaka jestem bezmyślna, że powierzyłam obcemu facetowi swoje dziecko. Kilkoro innych będzie się oburzało stanem mojego mieszkania. Pojawią się też standardowe nienawistne komentarze dotyczące mojego wyglądu.

Większość z tego po mnie spłynie. Po ponad dwóch latach wystawiania się w ten sposób na widok publiczny nic nie mogło mnie już zranić. Poza tym miałam też szalenie przydatną umiejętność patrzenia na sprawy z właściwej perspektywy, i to bardziej rozwiniętą niż u większości osób, toteż nie przejmowałam się drobiazgami.

Nigdy.

A w ogólnym rozrachunku większość rzeczy to zupełne drobiazgi...

Zwłaszcza jeśli człowiekowi być może został tylko rok życia.

Rozdział 3

Zdrada wyszła na jaw!

ADRIAN

Wyrzuciłem śmieci Vanessy i wróciłem do mieszkania. W sypialni paliło się światło. Rachel wstała z łóżka i miotała się po pokoju, wrzucając swoje rzeczy do torby podróżnej.

Stałem w progu i mrugałem zaskoczony.

– Co ty robisz?

– Pakuję się.

Ściągnąłem brwi.

– Co? Już wychodzisz? Wydawało mi się, że lot masz dopiero o trzeciej. Mieliśmy zjeść razem lunch.

Nie odpowiedziała. Poszła do łazienki. Słyszałem, jak krząta się tam, otwiera i zamyka szuflady, trzaska drzwiczkami szafki. Wróciła do pokoju, zapakowała kosmetyczkę do torby, którą zapięła na suwak, i wysunęła jej wyciąganą rączkę.

– Rachel...

– Mam wcześniejszy lot o siódmej piętnaście – mruknęła, unikając mojego wzroku. – Przyuczamy nowego pracownika, i muszę przy tym być.

– Musisz przy tym być? Uświadomiłaś to sobie teraz, o czwartej nad ranem?

Milczała chwilę ze wzrokiem wbitym w podłogę, po czym spojrzała mi w oczy.

– Adrianie, myślę, że powinniśmy zrobić sobie przerwę.

Zamarłem.

– Co? Dlaczego?

Patrzyła na mnie przez cały pokój, dolna warga jej drżała.

– Nie powinnam tu być. Mam swoje obowiązki, zobowiązania, nie powinnam ciągle latać przez pół kraju...

Kiwnąłem głową.

– Okej. Masz rację, nie powinno tak być, że to ty zawsze przylatujesz tutaj. Pozwól, że przyjadę na trochę do ciebie. Samochodem. Wezmę tydzień wolnego.

Potrząsnęła głową.

– Nie. Z mojej strony to niemożliwe. Nie na to się pisałam. Nie spodziewałam się, że sprawy między nami zrobią się takie poważne. Nie mogę bardziej się w to angażować, nie w mojej sytuacji...

Teraz ja pokręciłem głową.

– To znaczy, w jakiej sytuacji?

– Adrianie, ja mam męża.

Te słowa walnęły mnie jak obuchem.

– Co? – wyjąkałem.

Broda jej się trzęsła.

– Mam męża – powtórzyła.

Stałem tam i gapiłem się na nią przez dobre trzydzieści sekund.

– Nie chciałam cię zranić – wyszeptała. – Zamierzałam go zostawić, ale potem jakoś nie mogłam tego zrobić i... To miała być tylko jednorazowa przygoda... my mieliśmy być jednorazową przygodą... ale... stało się inaczej. Nie byłam przygotowana na to, że poczuję do ciebie coś więcej, i...

Przeciągnąłem dłonią po twarzy i usiadłem na brzegu łóżka w ciężkim szoku.

Przeszła przeze mnie nawałnica sprzecznych emocji. Zaskoczenie, poczucie zdrady, ból, niedowierzanie. Byliśmy razem przez osiem miesięcy. Osiem pieprzonych miesięcy. A ona miała *męża*???!!!

Wziąłem głęboki wdech, żeby się uspokoić, i spojrzałem na Rachel stojącą przy drzwiach.

Przycisnęła dłonie do policzków.

– Przepraszam. Nie wiem, co jeszcze mogłabym ci powiedzieć.

Przewiesiła sobie przez ramię torbę z laptopem i stała tak przez dłuższą chwilę.

– Będę za tobą tęskniła.

Rzuciła mi jeszcze jedno przepraszające spojrzenie i wyszła.

* * *

Dziesięć godzin później moja asystentka położyła teczkę z aktami na moim biurku, a ja odchyliłem się do tyłu w fotelu i potarłem palcami oczy.

– Co się dziś z tobą dzieje? – spytała Becky bez ogródek.

Żuła gumę. Głośno. Znowu!

Lubiłem ją i cieszyłem się, że mamy ją w kancelarii. Świetnie sobie radziła. Była ambitna i kompetentna. Zaczynała jako stażystka, ale tak znakomicie jej szło, że zatrudniłem ją na pełny etat. Jednak mimo całej mojej sympatii czasem miałem poczucie, że mam do czynienia z licealistką, a nie pracownicą. Becky się nie obcyndalała. Nie miała żadnych oporów. Nie dość, że nie krępowała się powiedzieć mi, że mam na krawacie plamę od kawy, to jeszcze nie kryła swojej opinii, jeśli uważała, że ten krawat jest brzydki.

– Wypluj, proszę, tę gumę – mruknąłem, otwierając teczkę. – Prawie dziś nie spałem.

Wyjęła gumę z ust i stała, trzymając ją w palcach, podczas gdy ja przeglądałem akta.

– No tak, jesteś dziś bardziej rozchwiany emocjonalnie niż zwykle.

Odetchnąłem głęboko.

– Chyba wyjdę wcześniej.

Puściła do mnie oko.

– Dobra, ale nie wrócisz do domu i nie zaczniesz pisać depresyjnych haiku, co? Bo to byłoby bardzo nie fair wobec mnie, gdybym musiała je potem czytać.

Prychnąłem.

– Nie, nie wrócę do domu i nie zacznę pisać haiku.

– Cieszę się. Choć powinieneś wiedzieć, że w twoim dzisiejszym horoskopie napisali, że czekają cię dramatyczne zmiany w życiu.

Uniosłem brew.

– Czytasz mój horoskop?

– Oboje jesteśmy Koziorożcami – fuknęła zniecierpliwiona, jakby to było coś, co powinienem wiedzieć. Oparła rękę na biodrze. – Ty nigdy nie wracasz wcześniej do domu. Od jakichś dwóch miesięcy jesteś jakiś nieteges. Przestałeś chodzić na siłownię...

– Skąd wiesz? – mruknąłem ze wzrokiem utkwionym w przeglądanych aktach.

– Bo mój chłopak też chodzi do Lifetime Fitness i mówi, że kiedyś ćwiczyłeś tam codziennie, a teraz w ogóle się nie pojawiasz. Prawie nic nie jesz na lunch, jesteś dziwnie osowiały. Co się dzieje?

Nadąłem policzki i oderwałem wzrok od papierów na biurku.

– Nie wiem. To nie jest mój najlepszy rok. W dodatku rozstaliśmy się z Rachel.

– Boże, nie znosiłam jej.

Prychnąłem drwiąco.

– Słucham?

Wzruszyła ramionami niespeszona.

– Nigdy jej nie lubiłam. A jej konto na Instagramie wygląda mi na pacynkę.

Zmarszczyłem czoło.

– Na co?

Wydała pomruk frustracji.

– Boże, ale z ciebie boomer! Pacynka? Lewe konto? – Przesadnie wolno wymawiała słowa, jakby to mogło pomóc mi je zrozumieć. – Fałszywka?

Zacisnąłem usta i kiwnąłem głową.

– No, to by nawet miało sens – odparłem. – Szkoda, że mówisz mi to dopiero teraz. – Zamknąłem teczkę. – Chyba się dzisiaj po prostu zwolnię z powodów osobistych.

Becky westchnęła zrezygnowana.

– W porządku. Odwołam wszystkie spotkania. Ale przysięgam na Boga, Adrianie, musisz się jak najszybciej wygrzebać z tego dołka. A może byś tak adoptował psa albo co?

Moja mama powiedziała to samo kilka tygodni temu, tuż po swojej przeprowadzce. Najwyraźniej psy stanowią rozwiązanie wszelkich życiowych problemów.

– Tylko nie kota – ciągnęła Becky. – Będzie łaził po domu i strącał ci drinki ze stolika do kawy. Nie jesteś na to dość silny psychicznie.

Wybuchłem śmiechem.

– Dzięki za radę. Będę o tym pamiętał.

– Moja znajoma prowadzi schronisko dla zwierząt. Szukają domów tymczasowych dla psów. Chcesz, żebym ci jakiegoś

31

załatwiła? Jeśli się polubicie, możesz go adoptować, a jeśli nie, weźmie go ktoś inny.

To nie był taki zły pomysł. Pewnie mógłbym go nawet zabierać ze sobą do kancelarii. Becky wyprowadzałaby go na spacer, kiedy byłbym w sądzie. Faktycznie ostatnio brakowało mi poczucia celu w życiu. Dawniej sporo czasu spędzałem z mamą i babcią, ale w październiku obie wyprowadziły się do Nebraski, by zamieszkać z nowym mężem mamy.

To właśnie po ich wyjeździe zaczęło się moje pogorszenie nastroju, które wypominała mi Becky. Zanosiło się na to, że samotnie spędzę święta.

Babcia i mama zaprosiły mnie do siebie, ale nie przepadałem za Richardem, mężem mamy. Nie pojechałem na ich ślub w sierpniu i nie zamierzałem spędzać z nimi Święta Dziękczynienia ani Bożego Narodzenia.

Jedynym, na co się cieszyłem, były odwiedziny Rachel.

Ta nagła czarna ziejąca dziura w moim życiu osobistym do reszty mnie dobiła.

Nasz młodszy prawnik, Lenny, zajrzał do mojego gabinetu i popatrzył na mnie, wychylając się zza Becky, która wciąż sterczała naprzeciwko mojego biurka, wpatrzona w swój telefon.

– Hej, Becky właśnie przysłała mi esemesa z informacją, że zerwaliście z Rachel. Przykro mi, stary.

– Tak, dzięki. – Włożyłem do teczki akta, które chciałem zabrać do domu.

Lenny stanął w drzwiach, oparł się o framugę i skrzyżował ręce na piersi. Czarnoskóry, w moim wieku, był doskonały w mediacjach i z nim jako jedynym spotykałem się czasem po pracy.

– Hej, wyskoczymy razem na lunch w tym tygodniu? Masz może czas?

– Ma – potwierdziła Becky, podnosząc wzrok znad ekranu smartfona.

Rzuciłem jej ironiczne spojrzenie, po czym odpowiedziałem Lenny'emu:

– Daj mi tylko znać kiedy.

Postukał knykciami o framugę, wymierzył we mnie żartobliwie dwa palce i poszedł.

Becky wciąż stała przy moim biurku i pisała esemesa. Włożyła gumę z powrotem do ust.

Siedziałem i czekałem, aż zauważy, że się jej przyglądam.

– Becky... – zagadnąłem, wpatrując się w nią z irytacją.

Zrobiła balon.

– Chyba znalazłam ci psa.

– Świetnie. Fantastycznie. Ale proszę, żebyś kontynuowała poszukiwania przy własnym biurku. A idąc tam, spróbuj się powstrzymać przed opowiadaniem kolejnym osobom o moich prywatnych sprawach.

Uśmiechnęła się z przekąsem, oczywiście zupełnie niespeszona, i ruszyła do drzwi.

Pięć minut później pojawił się w nich Marcus.

– Cześć, kolego.

Marcus Beaker był założycielem naszej firmy i moim równorzędnym wspólnikiem. Miał pięćdziesiąt dwa lata, był biały, łysy, z lekką nadwagą i bystry jak diabli. Nieszczęśliwy w małżeństwie z lekarką, która z trudem go znosiła i z upodobaniem wyjeżdżała na długie wakacje bez niego.

Stanowiliśmy świetny duet. Ja byłem doskonałym rzecznikiem kancelarii w przyciągających uwagę publiczną sprawach – rzadko dawałem się czymkolwiek zaskoczyć i media mnie uwielbiały. Marcus miał reputację buldoga i był jedyną znaną mi osobą z etyką pracy równą mojej.

Rozsiadł się teraz w fotelu naprzeciwko mojego biurka.

– Słyszałem, że wychodzisz dziś wcześniej – zagaił.

Wiedziałem, dlaczego tu jest. Moje wyjście do domu przed siedemnastą było ponoć równoznaczne z ryczącą syreną alarmową w biurze. To tak, jakby najlepszy koń wyścigowy kuśtykał po torze.

Marcus nie miał jednak powodu do zmartwień. Ja stres i frustrację przekuwałem na jeszcze wydajniejszą pracę. Zawsze tak było. Już w ogólniaku. Im więcej zmartwień miałem na głowie, tym produktywniejszy się stawałem. To dlatego skończyłem szkołę przed czasem i ze znakomitym wynikiem, a na studiach zdobywałem kolejne stypendia. Obecnie moje depresyjne życie osobiste wywindowało naszą kancelarię do pierwszej piątki w Minnesocie. Ale nie miałem Marcusowi za złe, że do mnie zajrzał. Podobało mi się jego zaangażowanie.

– W środę mam dwa przesłuchania *ex parte* – powiedziałem. – Mogę się do nich przygotować z domu. Chyba zaczyna mi się migrena – skłamałem.

Prawdziwy powód mojej niedyspozycji tylko by zwiększył jego zatroskanie.

– Zawsze mogę przydzielić kogoś innego do sprawy Kellera – rzucił, zwracając się do wygładzanego właśnie krawata.

Starałem się zachować obojętny wyraz twarzy.

To był taki szturchaniec z jego strony. Chciał mi dać do zrozumienia, że bez względu na to, jakiego rodzaju są moje problemy, oczekiwał, że uporam się z nimi jak najszybciej i wrócę do pracy.

I znów podobała mi się jego postawa.

Nie podniosłem wzroku znad mejla, którego pisałem do Becky.

– Nie sądzę, żeby kto inny poradził sobie w tej chwili z którąkolwiek z moich spraw. – Kliknąłem „Wyślij" i popatrzyłem mu w oczy.

Marcus rozparł się w fotelu, palce splótł na brzuchu.

– Keller i Garcia? Co ci dwaj kretyni znowu zmalowali?

– Garcia złamał ustalenia dotyczące opieki nad córką i w zeszłym tygodniu zabrał ją do innego stanu, w odwiedziny do swojej matki. Druga strona wnosi o całkowite odebranie praw rodzicielskich aż do końca procesu.

Marcus przechylił głowę.

– Facet jest oskarżony o uchylanie się od płacenia podatków. To nie jest przestępstwo z użyciem siły. Sąd nie odbierze mu praw.

– Wiem. Dostanie najwyżej pouczenie.

– A Keller?

Prychnąłem.

– Była żona przyłapała go, jak o drugiej nad ranem walił konia pod jej oknem, łamiąc zakaz zbliżania.

– Auć. – Zachichotał.

– Ona też wnosi o odebranie praw rodzicielskich.

Zerknął na zegarek.

– I w jej przypadku sąd się do tego przychyli. Ten facet nie potrafi utrzymać kutasa w spodniach. To mu nie pomoże w sprawie o napaść.

– Zgadza się. – I dlatego nie powierzyłbym tej sprawy nikomu innemu poza mną. Marcus też nie.

Pokiwał głową.

– No to miłego wieczoru. – Wstał, po czym zamarł z dłonią na oparciu fotela. – Hej, a może w przyszłym miesiącu pojechałbyś z nami na święta do naszej chatki? Jessica właśnie urządziła jaccuzi na tarasie.

Potrząsnąłem głową.

– Wydaje mi się, że raczej wybiorę się do Nebraski. Mama zapraszała mnie, żebym zobaczył, jak wyremontowali dom.

Kolejne kłamstwo.

Nie lubiłem spędzać świąt samotnie, ale spędzanie ich z Marcusem, obcowanie z jego zrzędliwą żoną i obserwowanie ich pozbawionego miłości małżeństwa było moją wizją piekła. Zawodowa kariera mojego wspólnika była świadectwem jego ciężkiej pracy i zaangażowania, ale jego życie prywatne stanowiło opowieść ku przestrodze.

Zrobiłem, co miałem do zrobienia, i wyszedłem z kancelarii przed trzecią.

Mama zadzwoniła, kiedy jechałem do domu.

Wpatrywałem się w powiadomienie Bluetooth w moim samochodzie. Nie byłem w nastroju, żeby z nią rozmawiać, nie chciałem jednak przekierowywać jej do poczty głosowej, na wypadek gdyby stało się coś złego – co w obecnych okolicznościach było bardzo prawdopodobne.

Odetchnąłem głęboko i wcisnąłem „odbierz", usiłując wykrzesać z siebie więcej entuzjazmu, niż go rzeczywiście miałem.

– Cześć, mamo.

– Adrianie, dzwonię, żeby zapytać, jak ci minęło Święto Dziękczynienia.

No jasne.

Dzwoniła, żeby mnie zmusić do przyjazdu na Boże Narodzenie. W nadziei, że dostałem nauczkę, spędziwszy samotnie Święto Dziękczynienia, i teraz będę już grzeczny.

Niedoczekanie.

– Było w porządku – odparłem krótko.

Wcale nie było. Spędziłem samotnie cały dzień, jedząc chińszczyznę na wynos i czytając akta.

Westchnęła.

– Wiesz, nie musi tak być. *Chcemy* cię tutaj. Proszę, przyjedź na Boże Narodzenie.

Zacisnąłem zęby.

– Nie.

Prawie czułem, jak przeszywa mnie pełnym dezaprobaty wzrokiem.

– Wiesz, nie tylko Richarda ranisz tym bojkotem. Ranisz także mnie i babcię. Ona nie rozumie, dlaczego cię tu nie ma. Z każdym dniem jest coraz bardziej skołowana, nie wiem, ile czasu jeszcze jej zostało. Naprawdę chcesz poświęcić waszą więź z powodu jakiejś... zadawnionej urazy?

Zaśmiałem się sarkastycznie.

– Zadawnionej urazy? Żartujesz sobie?

Oczami duszy widziałem, jak rozkłada ręce.

– Popełnił błąd. Ale bez względu na to, co o tym sądzisz, Richard jest teraz moim mężem i chciałby poznać cię bliżej...

– A ja nie mam na to najmniejszej ochoty. On nie jest dla ciebie dość dobry. Nie powinnaś była za niego wychodzić po tym, co zrobił.

Milczała przez dłuższą chwilę.

– Może kiedyś ty będziesz potrzebował wybaczenia, Adrianie. I ktoś udzieli go tobie.

Teraz oboje umilkliśmy.

Mama płakała. Słyszałem jej szloch. Wjechałem na moje miejsce w garażu pod budynkiem i wrzuciłem tryb postoju.

Przedtem byliśmy z mamą blisko. To znaczy przed nim. Opiekowałem się nią – zawsze tak było. Opiekowałem się nią, odkąd skończyłem piętnaście lat i mój gówniany ojciec nas zostawił. Zwykle w każdą niedzielę jadłem obiad z nią i babcią. Płaciłem za wszelkie naprawy w domu, woziłem babcię do lekarza.

A potem mama wdała się w ten szalony romans.

To było fatalne samo w sobie, a później on wywiózł je obie do pieprzonej Nebraski.

Sytuacja coraz bardziej się pogarszała, a ponieważ nie wyglądało na to, że Richard da drapaka ani że mama zdecyduje się go rzucić, najwyraźniej to ja musiałem się dostosować. Albo to, albo mogłem pożegnać się z moją rodziną. Innego wyboru nie miałem.

A obie te opcje były niemożliwe.

Mama wydmuchała nos.

Zacisnąłem powieki.

– Nie możemy porozmawiać o czymś innym?

– Adrianie, wiem, że to dla ciebie trudne. Może powinieneś z kimś porozmawiać...

– Nie. Płacenie jakiemuś terapeucie dwustu dolarów za godzinę nie sprawi, że zmienię stosunek do tej sprawy.

Pociągnęła nosem.

– No cóż. W takim razie chyba nie mamy już o czym mówić. Zadzwoń, kiedy już postanowisz, co jest dla ciebie ważne.

I się rozłączyła.

Siedziałem w samochodzie i przez dobrą minutę ściskałem sobie grzbiet nosa, zanim wreszcie wysiadłem.

Wszedłem do budynku, wyjąłem pocztę ze skrzynki w holu na dole i ruszyłem schodami na górę. Byłem jedno piętro pod moim mieszkaniem, kiedy usłyszałem krzyk.

Kobiecy krzyk.

Zamarłem na półpiętrze, próbując ustalić, czy dochodzi z góry, czy z dołu.

Jednak z góry.

Z *mojego* piętra.

Pokonałem resztę schodów, skacząc po dwa stopnie, i wypadłem na korytarz.

Znudzony młodzieniec w kurtce marynarskiej i z fularem na szyi przeglądał coś w telefonie, stojąc obok niewysokiej blondynki w szarej bluzie z kapturem. Drugi mężczyzna usiłował się wepchnąć do mieszkania Vanessy, napierając na uchylone drzwi.

– Puszczaj! – wrzasnęła z wnętrza mieszkania. – Bo zadzwonię po gliny.

– Hej! – krzyknąłem.

Wszyscy zamarli. Podszedłem do nich zdecydowanym krokiem, a wtedy ten facet puścił klamkę i się cofnął. Był starszy, po pięćdziesiątce. Szpakowate włosy, krzaczaste brwi, sweter w romby pod sportową marynarką.

Kobieta była na haju. Jej źrenice były wielkości szklanych kulek do gry.

Vanessa wyjrzała na korytarz przez szparę w drzwiach. Miała rozciętą wargę.

Zacisnąłem zęby.

– Mogę państwu w czymś pomóc? – zwróciłem się do starszego mężczyzny, patrząc na niego z góry.

Zmierzył mnie wzrokiem.

– To nie pański interes, panie szykowny ochroniarzu. Nie potrzebujemy pomocy. Proszę się nie wtrącać. – Odwrócił się do Vanessy. – Mamy wszelkie prawo ją zobaczyć! – Podniósł wzrok i wymierzył w nią palec.

Vanessa zadarła brodę.

– No nie. Bynajmniej. Przyznano mi tymczasową opiekę. Jeśli Annabel chce zobaczyć swoją córkę, przyprowadź ją, kiedy będzie czysta.

Młodszy mężczyzna fuknął zniecierpliwiony.

– Dobra, Vanesso. Przyjechałem tu wyłącznie po ten plecak Gucciego, który mi obiecałaś. Jeśli podasz mi go przez drzwi, na korytarzu zrobi się o jedną osobę mniej.

– Pieprz się, Brent!

Rozdziawił usta.

– Dlaczego się na mnie wściekasz? Ja tylko się z nimi zabrałem!

– Nie powinieneś był dopuścić, żeby w ogóle tu przyjeżdżali! – wybuchnęła Vanessa.

Skrzyżował ręce na piersi.

– Jesteś wkurzona, bo nie pomagam ci przy dziecku? Wiesz, jaki jestem wrażliwy i jak łatwo u mnie o odruch wymiotny. Naprawdę nie mogę zmieniać pieluszek. Pamiętasz, jak zamówiłaś tę sałatkę grecką w Christos, a widok i zapach fety sprawiły, że zwymiotowałem do donicy?

Vanessa przewróciła oczami.

– Brent. Zabierz. Ich. Do. Domu.

– Nic podobnego nie zrobi! Nie ruszymy się stąd, dopóki nie zobaczymy Grace! – warknął starszy mężczyzna. – To porwanie!

Brent prychnął drwiąco.

– No chyba jednak nie. – Znów skrzyżował ręce. – Możemy już stąd iść? To takie upokarzające.

Starszy facet wykonał taki ruch, jakby znów miał naprzeć na drzwi. Zrobiłem krok do przodu i znalazłem się między nim a Vanessą, na co on skulił się i cofnął. Może i byłem w garniturze i w krawacie, ale wciąż miałem jednak metr osiemdziesiąt osiem i doskonale zdawałem sobie sprawę z tego, jak groźnie potrafię wyglądać, kiedy się nie uśmiecham.

– Osoby, które nie mają przyznanej opieki nad dzieckiem, wszelkie odwiedziny muszą mieć zatwierdzone sądownie.

Facet nadął pierś.

– Nie ruszymy się stąd, dopóki nie zobaczymy dziecka, to moje ostatnie słowo! – wycedził, łypiąc na mnie zaczepnie.

– W porządku. W takim razie wezwijmy policję, żeby pomogła nam rozwiązać ten konflikt. – Machnąłem głową w stronę dziewczyny w bluzie. – Ona jest wyraźnie pod wpływem narkotyków. Nie omieszkam też wspomnieć, że widziałem, jak pan próbował siłą wedrzeć się do mieszkania. Vanessa ma rozciętą wargę, zakładam więc, że miała również miejsce napaść z pobiciem, w związku z czym radzę, żeby wniosła skargę i wystąpiła o nakaz zbliżania się. Który z pewnością uzyska. A wtedy państwa odwiedziny, o ile w ogóle dostaną państwo do nich prawo, będą się odbywały wyłącznie pod nadzorem, i to w biurze szeryfa. – Posłałem mu surowe spojrzenie. – A coś mi mówi, że nie chcieliby państwo się tam znaleźć.

Stał i patrzył na mnie wyzywająco, natomiast blondynka miała taką minę, jakby w ogóle nie bardzo wiedziała, co się dzieje.

Brent uśmiechał się szeroko, jakby dopiero teraz w pełni do niego dotarło, że tu jestem. Przysłonił usta dłonią i teatralnym szeptem zwrócił się do Vanessy, która wciąż wyglądała przez uchylone drzwi.

– Widziałaś to? Czy to nie było boskie? W dodatku to jest naprawdę drogi garnitur od Armaniego.

Zignorowałem go.

Starszy mężczyzna wyprostował się i z urazą obciągnął marynarkę.

– Doskonale. – Łypnął jeszcze raz na Vanessę. – Jak widać, nie jesteśmy tu mile widziani.

Nie patrzył mi w oczy, kiedy drobnymi kroczkami przesuwał się korytarzem, ciągnąc blondynkę za rękaw. Brent odczekał jeszcze moment, zanim ruszył ich śladem.

– Świetny krawat.

To powiedziawszy, też sobie poszedł.

Popatrzyłem na Vanessę. Mrugała przez chwilę, spoglądając na mnie błędnym wzrokiem, po czym zatrzasnęła mi drzwi przed nosem.

Wciąż tam stałem i gapiłem się na numer jej mieszkania, gdy znów je uchyliła.

– Dziękuję – powiedziała szybko.

I znów zatrzasnęła drzwi.

No dobra...

Odczekałem jeszcze chwilę, żeby się upewnić, czy ci ludzie, kimkolwiek, u diabła, byli, już nie wrócą.

Nie wrócili.

* * *

Była prawie piąta, a ja siedziałem przy kuchennym barku i przeglądałem akta, gdy ktoś zapukał do drzwi. Otworzyłem i ujrzałem Becky.

Z psem.

– Dzwoniłam chyba z siedem milionów razy – wypaliła.

– Myślałam już, że nie żyjesz. Ty zawsze odbierasz telefon.

– Możemy nie rozmawiać o mojej śmierci? – spytałem, stojąc w drzwiach. – Co to niby ma być?

– Twój pies? – Chwyciła jego łapę i pomachała nią do mnie. – Ten, o którym ci mówiłam? Ze schroniska?

Potrząsnąłem głową.

– To nie jest mój pies.

To był... sam nie wiem co. Może chihuahua? Tyle że wiekowy. Miał krótką brązową sierść z łysymi plackami w kilku miejscach na piersi, zamglone i załzawione wyłupiaste oczy, no i język, którego spory kawał zwisał z boku pyszczka. Wyglądał jak swoja własna karykatura.

– A jednak. To właśnie twój pies – odparła, mlaskając gumą.

Skrzyżowałem ręce na piersi.

– Nie, mój pies to pies, z którym mogę pójść pobiegać. Za duży, żeby nosić go na rękach.

Prychnęła pogardliwie.

– Teraz jesteś odludkiem, pamiętasz? Przyprowadzę ci wyżła weimarskiego, ty go nie wyprowadzisz na spacer i zdemoluje ci mieszkanie. Wtedy zaszyjesz się jeszcze głębiej w tej swojej króliczej norze, a potem będę musiała cię odwiedzać na oddziale psychiatrycznym, przemycając telefon w majtkach, żebyś mógł pracować, bo dopiero by było, gdybyś wziął wolne z powodu problemów psychicznych. Boże broń. – Zrobiła balona. – Ten pies pasuje do twojego stylu życia.

Zmrużyłem oczy.

– Jesteś zorganizowany, potrafisz skrupulatnie zarządzać czasem, a on musi dostawać lekarstwa dwa razy dziennie. Lubi siedzieć w domu, podobnie jak ty. Masz luksusowy apartament, a on niczego nie zniszczy. Nie linieje, jego kupki są wielkości cukierka Tootsie Roll. Korzysta z podkładów higienicznych, więc nie musisz nawet wyprowadzać go na spacer, jeśli nie masz ochoty wychodzić. Jest idealny. Jeśli go nie pokochasz, przynieś go jutro do pracy, a ja go oddam z powrotem do schroniska.

Westchnąłem przeciągle i spojrzałem na to małe, nieszczęsne paskudztwo.

– Czy on w ogóle ma zęby?

– Nie. I to jest bardzo dobra wiadomość, bo gryzie.

Zaśmiałem się głośno.

Podniosła z podłogi swoją torbę.

– Wpuść mnie, to ci pokażę jego akcesoria. – Przecisnęła się do środka obok mnie i zamknęła za sobą drzwi. – Potrzymaj go. – Podała mi dygoczącego psiaka. Nie wziąłem go od niej od razu, więc przewróciła oczami i przycisnęła mi go delikatnie do piersi.

Warknął.

Wsunęła ręce do torby.

– Dobra, no więc on ma artretyzm, różne alergie i zapalenie skóry, musi dostawać po jednej tabletce każdego lekarstwa rano, a tego ostatniego także wieczorem. – Potrząsnęła trzema buteleczkami. – Podawaj mu je w serku topionym. On je po prostu połknie. Nie może jeść suchej karmy z powodu braku zębów, więc masz tu dla niego mokrą. Co tydzień trzeba go kąpać w specjalnym szamponie do suchej skóry. Tu masz jego pieluszki...

– Pieluszki? – jęknąłem. – To on robi pod siebie?

Becky zastygła z rękami w torbie i posłała mi karcące spojrzenie.

– Ma czternaście lat. W przeliczeniu na ludzkie to jakiś milion. Poza tym ma robaki.

– Że co?

Przewróciła oczami.

– Dostał już lekarstwo na odrobaczenie. Powinny wyjść z kupą, jak się zdaje, więc nie świruj, jeśli zobaczysz tasiemca. Możesz zacząć panikować, gdyby wciąż się ruszał. Wtedy musisz znów zawieźć pieska do weterynarza.

– Jezu Chryste, Becky. – Ścisnąłem sobie grzbiet nosa. – Prosisz mnie, żebym został, cholera, psim pielęgniarzem.

– Właśnie. – Podała mi całą torbę.

Westchnąłem z rezygnacją.

– Jak on się wabi? – mruknąłem, popatrując na niego niechętnie.

– Harry Puppins.

– O Boże.

– Dasz sobie radę.

– Mimo że mój dzisiejszy horoskop donosi, że w moim życiu nastąpią drastyczne zmiany?

Wzruszyła ramionami.

– No, sądzę, że mogą to być tylko zmiany na lepsze.

Zrobiła jeszcze jednego balona i sobie poszła.

Rozdział 4

Będziecie zasłaniać oczy, oglądając ten przerażający filmik!

VANESSA

Smarowałam pękniętą wargę carmexem, gdy nagle usłyszałam głosy na korytarzu. Wspięłam się na palce, żeby wyjrzeć przez judasza. Adrian rozmawiał z jakąś dziewczyną, trzymającą chihuahuę na rękach.

Jego ledwie widziałam, bo stał w drzwiach, które były za bardzo z boku w stosunku do wizjera, miałam natomiast doskonały widok na nią.

Była ładna, co nie powinno mnie w sumie dziwić. Facet był dziesiątką. Mógłby się umawiać z supermodelkami, gdyby chciał.

Adrian podszedł do niej, żeby popatrzeć na psa, i znalazł się w moim polu widzenia. Wciąż był w spodniach od garnituru, który miał na sobie wcześniej, ale zdjął marynarkę i krawat. Rozpiął też dwa górne guziki jasnoniebieskiej koszuli, a rękawy podwinął do łokci.

Boże, ależ on był seksowny. Można by zrobić cały kalendarz ze zdjęciami Adriana Copelanda i zebrać dość pieniędzy, by sfinansować lekarstwo na raka. Adrian uprawiający jogging bez koszulki. Adrian w garniturze. Adrian z moją małą siostrzenicą w ramionach.

Wydawał się rozdrażniony. Skrzyżował ręce na piersi. Nie słyszałam, o czym rozmawiali.

Mój laptop zadźwięczał, informując mnie o przychodzącym połączeniu na Skypie.

Drake.

Opuściłam posterunek przy judaszu, usiadłam i odebrałam.

Na monitorze pokazała się opalona twarz Drake'a Lawlessa. Sądząc po palmach w tle, był gdzieś w tropikach. Już mu zazdrościłam.

Miał swój naszyjnik z zębów rekina, rozwichrzone blond włosy i, jak zwykle, był bez koszulki. Prawie czułam zapach kokosowego kremu, słońca i oceanu.

– Siema, ślicznotko. – Posłał mi jeden z tych swoich oszałamiających uśmiechów. – No więc... Pan Kaloryfer, powiadasz?

Parsknęłam.

– Żebyś wiedział. Ten facet to chodzący cud – oświadczyłam, rozglądając się za pilnikiem do paznokci na blacie biurka. – Dla niego nie ma rzeczy niemożliwych.

„Szkoda tylko, że pewnie nigdy już go nie zobaczę, chyba że przez judasza".

Drake nie zdążył mi odpowiedzieć, bo na ekranie za nim pojawił się goły Laird.

– Laird! – wrzasnęłam, gwałtownie odwracając głowę. Obaj moi kumple zaśmiali się z wnętrza laptopa.

– Cześć, Nesso! – zawołał Laird.

Fuknęłam z oburzeniem, wpatrzona w podłogę.

– Laird, w ogóle nie zamierzam z tobą rozmawiać.

– Och, daj spokój. – Słyszałam uśmiech w jego głosie. – On mi złożył propozycję nie do odrzucenia.

Zerknęłam na ekran. Laird uśmiechał się znad ramienia Drake'a, bezpośredni widok na jego krocze został na szczęście przysłonięty torsem tamtego.

Skrzyżowałam ręce na piersi.

– Najpierw zostawiasz mnie dla Drake'a i zmuszasz mnie do szukania na gwałt nowego operatora, a teraz jeszcze pokazujesz mi swoje jajka. A już myślałam, że ten tydzień nie może być gorszy.

Obaj znów się roześmiali, po czym Laird wyszedł z kadru, majtając penisem. Przeniosłam wzrok na Drake'a.

– Błagam, kup swojemu współpracownikowi jakieś gatki czy chociaż skombinuj mu liść figowy albo jakąś przepaskę na biodra, co?

Zachichotał dobrodusznie.

Cały Drake. Zero poczucia przyzwoitości. Obóz Lawlessa był jak hipisowska komuna. Joga na golasa i gadki o czakrach. Wcale bym się nie zdziwiła, gdyby za chwilę pojawiła się koza w lei wioząca kurę na grzbiecie.

Drake przechylił głowę.

– Potrzebujesz czegoś, motylku? Jak tam macierzyństwo?

– Dobrze. Świetnie. Niesamowite, jak to człowieka zmienia. No wiesz, łapię się na tym, że mówię: „To tylko dziecięce siuśki". Jakby to nie było nic takiego, jakby takie siuśki niemowlaka były lepsze niż zwyczajne i nie powinno mi przeszkadzać, że są na mojej kołdrze.

Zaśmiał się.

Westchnęłam przeciągle.

– Nie mam tylko pojęcia, ile jeszcze materiału do kolejnych filmików wyciągnę z tej sytuacji.

– A z Annabel bez zmian? Masz jakiekolwiek pojęcie, gdzie ona może być?

Skrzywiłam się.

– Doskonale wiem, gdzie ona jest. U taty. A skoro już o nim mowa, zjawił się tu dziś razem z nią, żądając, żebym im pozwoliła zobaczyć Grace. Annabel była kompletnie naćpana.

A potem niechcący uderzył mnie drzwiami w usta. – Dotknęłam ranki językiem. – Pan Kaloryfer akurat wrócił do domu i ich przegonił, no bo oczywiście nie wystarczyło, żebym tylko raz wyszła przed nim na wariatkę.

Udało mu się zrobić jednocześnie zatroskaną i rozbawioną minę.

– Jak wyglądała?

Odwróciłam wzrok.

– Nie najlepiej. W tak złym stanie chyba jeszcze jej nie widziałam – przyznałam.

Drake był wtajemniczony w moje problemy rodzinne. Nie musiałam wdawać się teraz w szczegóły.

Wiedział o dniu, w którym Annabel podrzuciła mi Grace i już nie wróciła. Przed wyjściem skorzystała z mojej łazienki. Wybąbliła całą buteleczkę hydrokodonu i innego leku na kaszel z kodeiną, po czym napełniła buteleczki wodą, żebym się nie zorientowała – ale się zorientowałam.

– Usiłuję wysłać ją na odwyk, ale ona nie chce – powiedziałam.

– Nie możesz pogadać z tatą?

Prychnęłam.

– Taaa. On sobie nie radzi nawet sam ze sobą – stwierdziłam z rozgoryczeniem. Potarłam czoło dłonią. Drake spojrzał na moją rękę i skupił wzrok na stabilizatorze. Bodaj po raz pierwszy w życiu z jego twarzy zniknęło rozbawienie, a kąciki warg skierowały się ku dołowi. Drake *zawsze* się uśmiechał. Widziałam jego uśmiech, kiedy z oparzeniami trzeciego stopnia leżał na noszach. Radość tego kolesia nie miała wyłącznika.

Zabrałam rękę sprzed kamerki.

– Wkładam go tylko do pisania na komputerze – skłamałam.

Przez chwilę milczał.

– Pokażesz to komuś? – spytał cicho.

Zacisnęłam usta.

– Nie ma sensu, żebym miesiącami leżała w szpitalu, pozwalając się badać i kłuć w nadziei na diagnozę, która i tak niczego nie zmieni. Nie zamierzam żyć jak Cyklopi, którzy poświęcili oko w zamian za wiedzę o tym, jak i kiedy umrą. Moja babcia to miała. Moja siostra Melanie. Moja ciocia Linda. I moja mama. Wszystkie kobiety w mojej rodzinie umarły przed trzydziestką. Istnieje pięćdziesięcioprocentowa szansa, że ja też odziedziczyłam ten gen, a biorąc pod uwagę historię kobiecej linii mojej rodziny, powiedziałabym, że nawet większa. Wolę żyć w błogiej nieświadomości, dopóki nie stanie się boleśnie oczywiste, że skończę tak samo jak one. To *mój* wybór. I muszę z nim żyć, zresztą tak jak i z gównianymi wyborami niektórych innych osób.

Nie mogłam nawet zrobić testów genetycznych, żeby sprawdzić, czy jestem nosicielką. Lekarze nie potrafili zidentyfikować zmutowanego genu obecnego u kobiet z mojej rodziny. Jeśli się z nim urodziłam, dowiem się o tym dopiero wtedy, kiedy zacznie mnie zabijać.

Patrzył na mnie w milczeniu.

– Nie ma jakichś nowych badań klinicznych? Nie zaszkodziłoby spróbować.

Potrząsnęłam głową. Drake znał moje stanowisko również w tej kwestii.

Kiedy Melanie zachorowała, w desperacji chwytała się każdego rozwiązania. Próbowała dosłownie wszystkiego. Obiecałam sobie, że jeśli mnie kiedykolwiek też to dopadnie, nie będę się tak miotać. Nie było sensu.

– To pewnie nic takiego. Przejdzie mi. I hej, mogłoby być gorzej – dodałam. – Mogłabym mieć ten gen, który sprawia, że kolendra smakuje jak mydło.

To wywołało krzywy uśmieszek na jego twarzy.

Widząc, że nie chcę ciągnąć tej dyskusji, zlitował się nade mną i zmienił temat.

– Jeśli szukasz materiału do filmików, moglibyśmy znowu się spiknąć, ty i ja.

Przewróciłam oczami.

– Tak. Ha, ha.

Odsłonił zęby w uśmiechu.

– Tworzyliśmy świetną parę, motylku. Brakuje mi ciebie. A gdybyś tu przyjechała, oddałbym ci Lairda.

– Możesz go zatrzymać. Napatrzyłam się na niego za wszystkie czasy.

Zachichotał.

– Zresztą i tak nie mogę wywieźć małej z kraju. Jestem uwięziona w mieszkaniu, użeram się z opieką społeczną, przyznano mi w trybie natychmiastowym tymczasową opiekę nad porzuconym niemowlęciem, bo moja rodzina po raz kolejny zwaliła na mnie odpowiedzialność za swoje sprawy.

– Przysłać ci mojego zielarza?

Zaśmiałam się krótko.

– Nie trzeba. Dzięki. Dam sobie radę. Jak zawsze.

No, w każdym razie dopóki będę mogła. Bo kiedy mnie zabraknie, nic już nie zrobię. A ten dzień być może nadejdzie nawet wcześniej, niż sądziłam.

Rozdział 5

Facet ratuje psa ze schroniska, poczekajcie jednak, aż zobaczycie, co się przez to stało z jego mieszkaniem!

ADRIAN

Ten pies srał dosłownie wszędzie.

Był u mnie od niecałych trzech godzin, a ja już odliczałem sekundy do chwili, kiedy będę mógł oddać go Becky z powrotem.

Pieluchy owijały jego brzuch i powstrzymywały go jedynie przed zalaniem wszystkiego naokoło moczem – z czego pewnie powinienem się cieszyć. W niczym jednak nie pomagały na brejowate kupy, które walił gdzie popadnie. Na szczęście miałem parkiet z twardego drewna, więc czyszczenie tego nie było zbyt uciążliwe, ale to i tak była średnia przyjemność.

Zadzwoniłem do Becky w tej sprawie, a ona stwierdziła, że pewnie lek na odrobaczenie spowodował rozstrój żołądka i że to mu przejdzie.

Nie znałem się na psach. Nie mieliśmy żadnego, kiedy dorastałem. Ale na razie nie zapowiadało się najlepiej.

Pomijając paskudzenie podłogi, byłem prawie pewny, że pies jest nie tylko głuchy, ale i ślepy. Wpadał na ściany i nogi krzeseł. Warczał za każdym razem, kiedy brałem go na ręce, ale głównie dlatego, że mnie nie widział i chyba po prostu się mnie bał.

Postanowiłem, że spróbuję wyprowadzić go na spacer, ale przy lodowatej aurze końca listopada biedak stał tylko na chodniku i się trząsł. Wyglądał tak żałośnie, że w końcu się zlitowałem, schowałem go sobie za pazuchę i wróciłem na górę.

Gdy szedłem korytarzem i wyciągałem już klucze z kieszeni, zerknąłem na mijane właśnie drzwi Vanessy.

Zatrzymałem się.

A jeśli tamten facet wrócił, kiedy mnie nie było?

Powinienem sprawdzić, co z nią.

Zapukałem.

Kiedy otworzyła, wyglądała zdecydowanie lepiej niż wcześniej. Ranka na wardze była prawie niewidoczna i już nie krwawiła. Długie włosy dziewczyna starannie zaplotła w przerzucony przez ramię warkocz – zero wymiocin – a różowa koszulka na ramiączkach była czysta i podkreślała jej ponętne kształty, na które przedtem zupełnie nie zwróciłem uwagi.

– Witaj, mój bohaterze. – Uśmiechnęła się.

Bawiłem się kluczami.

– Chciałem się tylko upewnić, czy wszystko w porządku, i sprawdzić, czy nie trzeba wyrzucić śmieci. Domyślam się, że trudno ci je wynosić z maleńkim dzieckiem pod opieką.

– Tak. Byłabym ci bardzo wdzięczna, dziękuję. – Przechyliła głowę. – Rany, jesteś niesamowicie uczynny!

– Jak by to powiedzieć… Twoje karaluchy są moimi karaluchami – wymamrotałem, spoglądając w głąb korytarza i przenosząc wzrok z powrotem na nią.

Uśmiechnęła się szeroko.

– Nie wiedziałam, że masz psa.

Zerknąłem na łepek Harry'ego wystający spod mojej kurtki. Cały dygotał, język zwisał mu z pyszczka.

– Nie jest mój. Mam go tylko pod opieką.

– O, czyli oboje jesteśmy tymczasowymi opiekunami. Fajnie. Wiesz, to bywa całkiem satysfakcjonujące.

Mruknąłem znacząco.

– No, na razie jest głównie srające.

Roześmiała się.

– No tak, u mnie podobnie.

– A może powinniśmy wymienić się numerami telefonów – zaproponowałem. – Żebyśmy mogli się ze sobą kontaktować w razie potrzeby. – Podniosłem rękę i dodałem uspokajająco:

– Nie próbuję cię poderwać.

Skrzywiła się sarkastycznie.

– No, dzięki Bogu choć za to, bo jesteś naprawdę *odrażający*.

Parsknąłem śmiechem.

Oparła się o framugę drzwi.

– Hej, właśnie miałam zamówić pizzę. Może się przyłączysz? Możesz wziąć psa. I żeby było jasne, ja też nie próbuję cię poderwać – zastrzegła. – Nie umawiam się na randki. Po prostu chcę ci w ten sposób podziękować i pobyć dla odmiany z kimś, kto jest wystarczająco duży, żeby mieć prawo jazdy.

Zawahałem się, rozważając jej propozycję. Nie miałem ochoty na kontakty towarzyskie – choć wiedziałem, że pewnie dobrze by mi zrobiły. Nie służy mi siedzenie w domu i użalanie się nad sobą. Prawie słyszałem w głowie głos mamy, mówiący mi, że powinienem wyjść do ludzi.

Słyszałem też głos Becky. Był bardziej irytujący, ale mówił dokładnie to samo.

– No więc? – Vanessa przechyliła głowę.

– Tak, jasne. – Czemu nie. – Ale żadnej pizzy. To kryzysowe żarcie. Przyniosę nam coś.

Zrobiła wielkie oczy.

– Że niby co? *Prawdziwe* jedzenie? Z restauracji? Takiej, w której nie składa się zamówień przez internet?

– Właśnie to mam na myśli.

Położyła sobie rękę na piersi.

– O mój Boże. Od tygodni nie jadłam nic pysznego.

Uśmiechnąłem się.

– Lubisz Muffoletto's?

– Tak. – Westchnęła. – Kurczak tikka masala i... i cannoli. Czekaj, nie. Tiramisu. I spaghetti, i klopsiki, i...

Zachichotałem i wyjąłem telefon.

– Dobra, podaj mi swój numer. Puszczę ci sygnał, więc będziesz mieć mój, a ty mi napisz w esemesie, na co masz ochotę. Będę pewnie z powrotem za jakieś czterdzieści pięć minut, może tak być?

– Pewnie, że tak. Zwrócę ci forsę – dodała szybko.

– Nie trzeba. Ja stawiam. Mam wrażenie, że miałaś jeszcze gorszy dzień ode mnie. – Jeśli to w ogóle możliwe.

Podała mi numer i przesłała swoje zamówienie na mój. Ostatecznie nie poprosiła o cannoli, ale i tak je wziąłem. A potem zaszedłem do delikatesów przy restauracji i wziąłem dla niej kilka gotowych posiłków. Piccatę z kurczaka, lazanie i jeszcze jednego kurczaka tikka masala.

Przystanąłem, patrząc na półkę z winami.

Lubiłem napić się dobrego białego do włoskich dań, ale gdybym przyniósł wino, to by trochę za bardzo wyglądało na randkę.

Chrzanić to. Oboje jasno daliśmy sobie do zrozumienia, że to nie będzie randka. A mnie dobrze by zrobił kieliszek wina.

Wybrałem chardonnay, które lubiłem, i zapukałem do jej drzwi pięć minut przed czasem.

Otworzyła i wpuściła mnie do środka. Zarzuciła na siebie ciemnozielony sweter z paskiem. Rozchylony pod szyją. I trochę się umalowała. Wyglądała bardzo ładnie.

Vanessa była atrakcyjną kobietą. Przypominała mi aktorkę – jak ona się nazywała? Jennifer Lawrence. Zabawne, bo ona była akurat typem dziewczyny z sąsiedztwa.

Przytrzymała drzwi, kiedy wchodziłem z torbami.

– Ta-dam! Posprzątane! – oznajmiła z dumą, wykonując zamaszysty gest, żeby pokazać mi mieszkanie. – Znacznie łatwiej wszystko ogarnąć, kiedy nie trzeba nosić na rękach wrzeszczącego niemowlaka.

Kawalerka wyglądała nieskazitelnie. Miałem wręcz wrażenie, że to inne mieszkanie.

– Dzięki Bogu – powiedziałem, stawiając torby na niewielkim stole obok aneksu kuchennego. – Bałem się, że będziemy musieli zdjąć pieluchy ze stołu, zanim rozłożymy talerze.

Roześmiała się.

Grace spała w małym bujaczku obok kanapy. Kołysała się w przód i w tył, w buzi miała zielony smoczek.

Zostawiłem Harry'ego Puppinsa u siebie, zamkniętego w łazience wyłożonej podkładami na siuśki. Uznałem, że jeśli pozwolę mu obsrać całe mieszkanie Vanessy, nie wypadnę najlepiej podczas pierwszej oficjalnej wizyty sąsiedzkiej. Ugryzł mnie na pożegnanie.

Zacząłem wykładać jedzenie.

– Kupiłem ci parę dodatkowych dań. Mogę je włożyć do zamrażalnika? – Zrobiłem to, nie czekając na jej odpowiedź. – Wziąłem też cannoli.

Spojrzała na mnie podejrzliwie.

– Jesteś pewny, że mnie nie podrywasz? – spytała, krzyżując ręce na piersi. – Bo jeśli mam być szczera, to mogłabym na to polecieć. – Spostrzegła butelkę wina i aż się zachłysnęła, podnosząc ją. – Och, uwielbiam je! Od miesięcy nie piłam chardonnay z Château Montelena.

Uniosłem brew, zamykając zamrażalnik.

– Widzę, że znasz się na winach.

– Kocham wino! Kiedyś wypiłam całą butelkę Château Margaux na dachu mojego hotelu w Paryżu. – Wyjęła z szuflady korkociąg. – Nigdy nie zapomnę kaca, jakiego miałam następnego dnia, ale naprawdę było warto.

– Kosztowna butelka. – Jakieś tysiąc dwieście. W hotelu jeszcze droższe. Najwyraźniej dobrze zarabiała.

– Raz się żyje – wykrzyknęła. – Boże, wiem, że zajmuję się dzieckiem dopiero kilka tygodni, ale mam poczucie, jakbym robiła to od wieków. Z noworodkami nie można też zbyt dużo wychodzić, bo ich system immunologiczny nie jest wystarczająco silny, więc czuję się jak w więzieniu. – Podała mi korkociąg. – Otworzysz?

Grace właśnie się obudziła i przyglądała się nam wielkimi niebieskimi oczami, zupełnie jakby rozumiała, co mówimy. Słodkie maleństwo.

Otworzyłem butelkę i podałem ją Vanessie.

– Dlaczego zdecydowałaś się nią zaopiekować?

Nalała wina do dwóch kieliszków.

– Trudno tu mówić o decyzji. To córeczka mojej siostry. Tej, którą widziałeś tu wcześniej na korytarzu. Annabel.

Postawiła mój kieliszek przed jednym z krzeseł przy stole i wyjęła kilka talerzy z szafki.

– Ma dziewiętnaście lat. Nie mam pojęcia, kto jest ojcem dziecka. Przez jakiś tydzień starała się być mamą, a potem przyjechała tutaj, zostawiła mi Grace, bo niby musiała coś załatwić, i już nie wróciła. – Urwała. – Zmaga się z uzależnieniem od narkotyków.

– Przykro mi to słyszeć – odparłem, siadając przy stole.

Rozłożyła serwetki i sztućce.

– Na szczęście niczego nie brała, kiedy była w ciąży. Naprawdę świetnie sobie radziła. Przez prawie dwa lata była czysta, ale teraz znów wróciła do nałogu.

W restauracji dali nam masło do chleba, ale Vanessa polała talerze oliwą, pokropiła octem balsamicznym i posypała świeżo zmielonym pieprzem, po czym otworzyła dwie paczuszki z parmezanem i nasypała go na wierzch.

Wyjąłem z torby pojemniczki z naszymi daniami i nałożyłem jej na talerz kurczaka tikka masala.

– A tamci dwaj?

– Mój brat przyrodni, Brent. I mój tata.

Zamarłem i spojrzałem na nią.

– To był twój tata?

Wzruszyła ramionami.

– Chce zobaczyć wnuczkę. I wcale mu się nie dziwię, ale nie mogę wpuścić Annabel, kiedy jest na haju. A tak w ogóle, to on nie chciał uderzyć mnie w wargę. Właściwie to wpadł na drzwi i one mnie walnęły. Swoją drogą naprawdę nie wiem, jak sobie dam radę z tym dzieckiem. Najczęściej wydaje mi się, że wszystko robię źle. – Usiadła i zgarbiła się na krześle.

– No, powinnaś wiedzieć, że ona tak płakała w nocy, bo miała w pajacyku kłującą żyłkę od metki. To nie miało nic wspólnego z tobą czy brakiem wprawy w opiece nad noworodkiem.

Otworzyła szeroko oczy.

– Mówisz serio?

Zdjąłem wieczko z pojemniczka z ravioli i nałożyłem sobie trochę na talerz.

– Nigdy nie żartuję na temat żyłek od metek.

Vanessa wybuchnęła śmiechem. To był perlisty uśmiech, który rozjaśnił całą jej twarz.

– O mój Boże! – Potrząsnęła głową. – Biedna Grace.

– Pomyślałem, żeby to sprawdzić, bo sam nie znoszę drapiących metek na ubraniach. Uznałem, że to może być to. Coś takiego bardzo łatwo przeoczyć.

– No, bardzo się cieszę, że się wtedy zjawiłeś. – Zastygła z widelcem w dłoni. – Wiesz, jesteś legendą w tym budynku.

Przekroiłem pierożek na pół.

– Naprawdę? To znaczy?

– Jesteś seksownym singlem. Tajemniczym i wyniosłym. Masz taką wszechogarniającą aurę samca alfa. Przyszedłeś tu z tą swoją miną i, no wiesz: „Daj mi to dziecko" – powiedziała to z zaciętym wyrazem twarzy, śmiesznie pogrubionym głosem.

Parsknąłem śmiechem. Nie byłem ani wyniosły, ani tajemniczy. W każdym razie nie sądziłem, że taki jestem. Chociaż jeśli się zastanowić, to tak naprawdę nie rozmawiałem z nikim w tym budynku. Nie dlatego, że chciałem być nieuprzejmy. Po prostu wychodziłem wcześnie, a wracałem późno i na ogół się śpieszyłem.

W duchu obiecałem sobie, że będę się częściej uśmiechał.

Vanessa włożyła do ust kawałek grzybka, pogryzła i przełknęła.

– Nie uwierzą, kiedy im powiem, że spędzam z tobą czas.

– To znaczy kto? – spytałem, sięgając po kieliszek.

– Dziewczyny.

Uniosłem brew.

– Dziewczyny?

– Tak. Pani Joga spod 303. Superwczesnoporanna joggerka spod 309. No i jeszcze dwie lesbijki spod 302, które, tak na marginesie, są bardzo ciekawe, czy mogłyby dostać trochę twojej spermy.

Omal się nie udławiłem.

– Planują rodzinę – ciągnęła jakby nigdy nic. – Prosiły, żebym spytała, czy rozważyłbyś taką ewentualność, jeśli kiedykolwiek cię spotkam, jako że jesteśmy bezpośrednimi sąsiadami i w ogóle. Ale nie przejmuj się, powiedziałam im od razu, że to pomysł mający małe szanse powodzenia. W końcu nie można podejść do kompletnie obcego faceta z pytaniem: „Mogę dostać trochę twojej spermy?". Powiedziałam im: „Dajcie spokój, dziewczyny, trzeba chociaż gościowi najpierw postawić obiad". – Wykrzywiła zabawnie usta.

Zakaszlałem w pięść, łzy napłynęły mi do oczu.

– Dzięki.

– Nie ma za co. To znaczy, wiesz, wcale im się nie dziwię. Gdybym szukała dawcy spermy, pewnie też bym cię poprosiła. Widać, że jesteś inteligentny. Masz dobrą sylwetkę, ładne zielone oczy.

Odchrząknąłcm i wypiłem solidny łyk wina. No, czyli jednak miałem jakieś atuty.

Uśmiechnęła się.

– No to opowiedz mi o sobie. Faktycznie jesteś seksownym singlem? Czy może się z kimś spotykasz? Powinniśmy ukrócić niepotrzebne plotki.

Wytarłem usta serwetką.

– Miałem dziewczynę. Rachel.

– Czas przeszły? Co się stało?

Normalnie nie wyjawiałbym raczej szczegółów mojego życia uczuciowego. Zwłaszcza nieznajomej. Ale – sam nie wiem dlaczego – nie miałem jakoś ochoty niczego ukrywać. Może dlatego, że Vanessa sprawiała wrażenie osoby szczerej do bólu.

– Poznaliśmy się przez aplikację randkową osiem miesięcy temu. Ona mieszka w Seattle. Jest też mężatką. Dowiedziałem się o tym dziś rano.

Wciągnęła powietrze przez zęby.

– Auć. To okropne. – Miałem wrażenie, że naprawdę przykro jej to słyszeć. – To był poważny związek?

– Jeśli o mnie chodzi, dawno nie byłem w poważniejszym – odparłem szczerze.

– I znowu do tego wrócisz? Odpalisz aplikację randkową?

Zaśmiałem się sarkastycznie.

– Nie. Oficjalnie kończę z randkami i nie zamierzam tego zmieniać w możliwej do przewidzenia przyszłości.

Naprawdę miałem już ich dość. Przynajmniej na razie. Byłem kompletnie wyczerpany. Nie użyłbym słowa „załamany" – na to nie byliśmy ze sobą dość długo. Ale byłem zraniony i rozczarowany i poważnie się zastanawiałem, czy zdołam jeszcze komukolwiek zaufać. Delikatnie mówiąc, byłem emocjonalnie niedostępny.

Zmieniła temat.

– Więc jesteś właścicielem tego budynku?

– Tak. Przedsiębiorstwo zarządzające zajmuje się wszystkim w moim imieniu. Nie mam bezpośredniego kontaktu z lokatorami. Chociaż zanim wynajęłaś tę kawalerkę, zaproponowałem ją mojej asystentce Becky.

– Czy to ta dziewczyna, która przyniosła ci psa?

– Widziałaś ją? – zapytałem.

– Usłyszałam głosy na korytarzu i wyjrzałam przez judasza. Ładna. Umawialiście się kiedyś?

Pokręciłem głową.

– Nie, jesteśmy tylko kolegami z pracy.

– Dlaczego? Ma chłopaka albo coś?

Uśmiechnąłem się kpiąco.

– Czasami.

– I nigdy nie chciała się z tobą umówić?

– Nic mi o tym nie wiadomo. To jest zresztą wzajemne.

– No, to musi mieć samokontrolę godną Herkulesa. – Wymierzyła we mnie widelec. – No wiesz, tobie chyba trudno się oprzeć. Masz ciało, które sugeruje, że właśnie wyszedłeś z więzienia.

Prychnąłem. Plotła, co jej ślina na język przyniosła.

– No a ty? – zagadnąłem. – Powiedziałaś, że nie chodzisz na randki.

Westchnęła dramatycznie.

– No cóż, kobiety w mojej rodzinie mają skłonność do umierania młodo. Uważam, że to nie byłoby fair zmuszać kogoś, żeby mnie pochował, więc jestem singielką.

Uniosłem brew.

– Zechciałabyś to rozwinąć?

Potrząsnęła głową.

– Nie, raczej nie.

– W porządku. To czym się zajmujesz?

– Jestem youtuberką.

Zmarszczyłem czoło.

– Kim?

– Vlogerką. Mam kanał podróżniczy. Z grubsza polega to na tym, że jeżdżę w różne miejsca i kręcę o tym filmiki.

Zaczęła kroić swojego kurczaka. Zauważyłem, że z trudem posługuje się nożem. Jej prawa ręka jakby nie mogła go dobrze uchwycić. Jakoś sobie jednak radziła, więc nie spytałem, czy potrzebuje pomocy.

– A w jaki sposób ci za to płacą? – spytałem, odwracając wzrok, żeby nie być niegrzecznym. – Masz sponsorów?

– Tak. Poza tym ludzie płacą mi za puszczanie reklam w trakcie moich filmików. No i pojawiam się na różnych konferencjach i takich tam. Dostaję też jakiś procent ze sprzedaży produktów na Instagramie, a wiele ośrodków zaprasza mnie za darmo w zamian za wideorelację z pobytu.

– Ha! To gdzie już byłaś?

Wzruszyła ramionami.

– Wszędzie. Zjeździłam cały świat. Byłam na safari w Ugandzie i pływałam gondolą w Wenecji. Wspinałam się na wulkany i jeździłam na ośle w greckich górach. Wymień jakąkolwiek turystyczną atrakcję, a na pewno mam ją na koncie. – Nadziała kurczaka na widelec i odgryzła kęs.

– Rany! Jak się w to wkręciłaś?

Przeżuła kęs i przełknęła.

– No cóż, moja siostra Melanie zachorowała w wieku dwudziestu siedmiu lat. Rok później zmarła. Po jej śmierci postanowiłam, że począwszy od moich dwudziestych szóstych urodzin, będę podróżowała po świecie tak, jakby został mi na to tylko rok. Zaczęłam więc od zarejestrowania się na platformie Go Fund Me, zlikwidowałam moje skromne oszczędnościowe konto emerytalne i przygotowałam wszystko, by móc wyruszyć w drogę. A tuż przed samym wyjazdem nakręciłam filmik o tym, co zamierzam. Zrobił furorę w sieci. Reszta jest historią.

– Mogę zajrzeć na twój kanał? – spytałem.

– Jasne. Nazywa się Social Butterfly.

Towarzyski motyl. Nigdy o nim nie słyszałem. Ale też nie pamiętałem nawet, kiedy ostatnio byłem na YouTubie.

– A czym zajmowałaś się wcześniej?

Pokręciła głową.

– Nikomu o tym nie mówię.

Uniosłem brew.

– A dlaczegóż to?

– Trzeba na to zasłużyć. – Uśmiechnęła się. – To coś tak wspaniałego, że nie mogę ot tak tego zdradzać.

– Będę o tym pamiętał. – Nabiłem kolejny kęs na widelec. – Na pewno lubisz swoją obecną pracę. Ja zawsze chciałem więcej podróżować.

Uniosła wdzięcznie ramię.

– To zrób to. Co cię powstrzymuje?

Zaśmiałem się ponuro.

– No, po pierwsze to, że nie latam samolotami. A po drugie życie.

– Życie to żadna wymówka – odparła. – Zawsze powinieneś mieć w planach jakąś przygodę. Jeśli masz coś, na co czekasz z niecierpliwością, to automatycznie jesteś szczęśliwy.

Przekroiłem kolejne ravioli na pół.

– Tak?

Zmierzyła mnie wzrokiem.

– Tak. Nawet jeśli nie masz pieniędzy ani czasu albo pogoda jest kiepska, możesz wieść ekscytujące życie. Wystarczy trochę się postarać.

– No dobra – powiedziałem. – Jak? Podaj mi jakiś przykład.

Odłożyła widelec.

– W porządku. Choćby dzisiaj. Pogoda jest marna, więc można pobawić się w chowanego w tym budynku. Albo zbadać jego zakamarki.

Spojrzałem na nią z rozbawieniem.

– No co? Mówię serio. Ten budynek jest super. To znaczy, wiem, że jesteś jego właścicielem, ale czy kiedykolwiek tak naprawdę się nim interesowałeś?

– Oczywiście. Pod koniec XIX wieku był tu zakład przetwórstwa zbożowego. Na dole, tam, gdzie teraz jest hol wejściowy, była rampa przeładunkowa dla wagonów kolejowych. To jedna z rzeczy, które mnie tu zachwyciły. Tory kolejowe zostały pokryte podłogami w części do użytku publicznego, ale w kotłowni wciąż są zachowane.

Uśmiechnęła się promiennie.

– Uwieeelbiam ten budynek. Wiedziałeś, że w schowku na szczotki w holu, obok skrzynek na listy, wciąż są oryginalne cegły, na których pracownicy zakładu wypisywali swoje imiona i nazwiska?

Tego nie wiedziałem.

– Możesz wybrać któreś z nich i wpisać w Google. Sprawdzić, kto to był i jakie prowadził życie. – Chwyciła widelec i zjadła kęs kurczaka. – Zawsze można znaleźć jakiś sposób, żeby zrobić coś ciekawego. Nawet jeśli nie możesz nigdzie wyjechać.

Ha.

Z pewnością była świetna w swojej pracy. Miała niewyczerpane pokłady energii. Taką żwawość i blask, na które zawsze się silą niedoświadczeni prezenterzy telewizyjni.

– To pewnie dlatego nigdy wcześniej cię tu nie widziałem – stwierdziłem. – Dużo wyjeżdżasz.

– Och, w domu też sporo siedzę. – Posłała mi krzywy uśmieszek. – Pewnie po prostu nie zwróciłeś na mnie uwagi.

Grace zaczęła popłakiwać w swoim bujaczku. Vanessa wstała i wyjęła butelkę ze zmywarki. Patrzyłem na nią, kiedy stała tyłem do mnie. Miała ładny tyłeczek. Prawdę powiedziawszy, wszystko miała ładne.

Oderwałem wzrok od Vanessy, która oparła się o blat, żeby wyjąć z szafki mleko w proszku.

– Ile masz lat? – zagadnąłem, żeby coś powiedzieć.

– Dwadzieścia osiem. – Odmierzyła proszek łyżeczką. – Ile masz wzrostu?

– Metr osiemdziesiąt osiem.

– Jesteś bardzo wysoki – stwierdziła, napełniając butelkę wodą. Uśmiechnęła się. – Czy jeśli będę musiała wyjąć coś z górnej szafki, mogę wysłać ci esemesa, a ty wpadniesz i mi pomożesz? Czy to byłoby nadużycie twojego świeżo zdobytego numeru?

Zachichotałem.

– Pisz śmiało.

– Mam też kłopot z odkręcaniem słoików. Słabe ręce. – Pomachała palcami. – Czy tu też mogę na ciebie liczyć?

– Czemu nie?

– Suuuper – powiedziała, wsypując mleko do butelki. – Na pewno skorzystam.

Wytarłem usta serwetką i gestem wskazałem bujaczek.

– Nakarmię ją. Zjedz spokojnie.

Potrząsnęła butelką, zakrywając palcem smoczek.

– Naprawdę?

– Tak. – Wstałem, żeby umyć ręce, i dołączyłem do niej przy zlewie. – Musisz mi tylko pokazać, jak to się robi.

– Nigdy nie karmiłeś niemowlaka? – spytała, zadzierając głowę, żeby spojrzeć mi w oczy.

Wytarłem ręce w papierowy ręcznik.

– W ogóle nigdy nie miałem do czynienia z niemowlęciem. To pierwsze, jakie kiedykolwiek trzymałem na rękach.

– Serio? No to masz wrodzony dar.

Podszedłem do bujaczka, pochyliłem się, wziąłem Grace na ręce tak, jak Vanessa pokazała mi nad ranem, i usiadłem z małą przy stole.

Vanessa przykucnęła obok mnie.

– To całkiem łatwe. – Przyłożyła butelkę do buzi Grace, a ona chwyciła łapczywie smoczek, wydając słodkie odgłosy przypominające gruchanie. – Tylko musisz trzymać butelkę przechyloną pod takim kątem, żeby nie nałykała się powietrza.

Jej głowa była tuż pod moim nosem, kiedy nachylała się nad Grace z butelką, a ja znów pomyślałem o tym, jak pięknie pachną jej włosy. Zwłaszcza bez dodatku niemowlęcych wymiocin.

Chwyciłem butelkę, a Vanessa siadła z powrotem przy stole.

– Hej, chcesz obejrzeć film? – spytała. – Jak już zjemy? Czuję się tu jak w izolatce. Nudzę się *śmiertelnie* i mam po prostu ochotę pobyć w czyimś towarzystwie.

Teraz, kiedy już się przemogłem i tu przyszedłem, uświadomiłem sobie, że chętnie zostanę. Miałem już dość czytania akt Kellera. I szczerze mówiąc, wcale nie zachwycała mnie perspektywa powrotu do pustego mieszkania, gdzie będę siedzieć i roztrząsać sytuację z Rachel, mamą i Richardem, aż wystarczająco się zmęczę, żeby pójść spać. Więc czemu nie.

– Jasne – powiedziałem, zerkając na Grace.

– Super! To co chcesz obejrzeć?

– Wszystko, cokolwiek wybierzesz – odparłem, uśmiechając się do Grace. Zasypiała przy jedzeniu, oczka same jej się zamykały, mleko ciekło z kącików maleńkich usteczek.

Była taka maleńka. I taka ufna.

Nigdy tak naprawdę nie byłem przekonany, czy chcę mieć dzieci. Zawsze się bałem, że coś spieprzę. Że jakoś je zawiodę. Sam nie miałem najlepszego dzieciństwa. Małżeństwo moich rodziców było burzliwe. Potem tata odszedł, a ja praktycznie wychowywałem się sam. Nie miałem dobrego wzoru ojca.

Pogłaskałem delikatnie knykciem różowy policzek Grace.

Ale może ojcostwo polegało właśnie na tym. Żeby po prostu być i robić, co trzeba, krok po kroku, aż uzbiera się z tego coś dobrego.

Może gdyby zacząć od początku, a potem przy tym trwać...

Vanessa sięgnęła po pilota.

– Wiem dokładnie, co powinniśmy obejrzeć. *Biuro* to zawsze dobry wybór, chociaż pewnie oglądałeś już wszystkie odcinki z milion razy.

– Nigdy nie oglądałem tego serialu – wyznałem.

Zbladła.

– Nigdy... Żartujesz sobie? – Popatrzyła na mnie jak na wariata. – Jak ty się uchowałeś? To jak łapiesz memy?

– Tak się składa, że memy nie stanowią istotnej części mojej codzienności.

Zamrugała.

– O mój Boże! To... Dobra, wiesz co? – Machnęła ręką.

– Zaraz to naprawimy. Zaczniemy teraz, żebyś od jutra nie musiał już chodzić po świecie i mówić ludziom jak jakiś wariat, że nigdy nie oglądałeś *Biura*.

Roześmiałem się. Znowu.

* * *

Trzy godziny później wstałem, żeby się przeciągnąć. Netflix pytał nas, czy oglądamy dalej, a ja miałem nadzieję, że tak. Podobał mi się ten serial – a Vanessa była świetnym kompanem. Należała do tych osób, które zawsze są całkowicie naturalne i na luzie. Przebywanie z nią nie wymagało żadnego wysiłku.

Grace wypluła smoczek, więc nachyliłem się nad bujaczkiem i włożyłem go jej z powrotem do buzi.

Miałem też za sobą moje pierwsze przewijanie. Skoro już tu byłem, równie dobrze mogłem trochę ulżyć Vanessie. Pokazała mi, jak to się robi, więc kolejną pieluszkę zmieniłem całkiem sam.

Vanessa trzymała na rękach Harry'ego Puppinsa.

Po jakiejś godzinie oglądania sumienie zaczęło mnie dręczyć i po niego poszedłem. Uznałem, że dopóki ktoś będzie trzymał go na rękach, może nie narobi pod siebie. Vanessa z radością się zgodziła. Wyglądało na to, że kocha psy.

Ugryzł ją, kiedy brała go na ręce.

Nie miał zębów, więc to nie bolało, ale liczy się intencja. Bałem się, że to ją zrazi, ale nie mogła przestać się śmiać. Powiedziała, że on jest jak wściekły kartofel na nóżkach.

– Więc tam jest twoja sypialnia? – spytała, wskazując ścianę za wezgłowiem swojego łóżka.

– Zgadza się.

Rama szczytowa mojego łóżka była dosunięta do tej samej ściany. W nocy dzieliło nas jedynie kilkadziesiąt centymetrów cegieł i tynku. Trochę dziwaczne, gdy o tym pomyśleć.

Poczułem retrospektywną ulgę, że Vanessa nie słyszała przez tę ścianę, jak uprawiam seks z Rachel. Nie zdawałem sobie sprawy, że byliśmy tak blisko siebie.

Wynajmowała tę kawalerkę dopiero od trzech miesięcy. Kiedy Rachel przyjechała we wrześniu i w październiku, spaliśmy w hotelu, który wynajęła dla niej jej firma. A tym razem miała okres i nie miała ochoty na seks. Ona, nie ja. Mnie nie robiło żadnej różnicy, w której fazie cyklu akurat była. Teraz jednak zastanawiałem się, czy to nie była tylko wymówka. Pewnie tak. Myślę, że przyjechała zdecydowana ze mną zerwać i chciała wytworzyć między nami pewien dystans.

Nie spaliśmy ze sobą od początku października. A był już prawie grudzień.

Powinienem był się zorientować, że coś jest nie tak.

Nie mogłem przestać wypatrywać wszelkich sygnałów. Przeszukiwać ostatnich kilku miesięcy pod kątem czerwonych chorągiewek czy spraw, na które powinienem był zwrócić uwagę. Oboje byliśmy zajęci. Ona była programistką. Podobnie jak ja, dużo pracowała i miała nieregularne godziny pracy, więc w sumie w tym, że nie mogłem się do niej dodzwonić, nie musiało być nic niepokojącego. Było mi jednak trudno nie złościć się na siebie, że nie zauważyłem całej tej ściemy.

Mimo wszystko musiałem się otrząsnąć i skupić uwagę na czymś innym, żeby znów nie popsuć sobie nastroju. Rozejrzałem się po kawalerce Vanessy. Jedna ściana była cała obwieszona dziełami sztuki.

– Bardzo ładne zdjęcie – powiedziałem, wskazując oprawioną fotografię. Przedstawiała rudego psa nad brzegiem jeziora. Chyba gdzieś na północy.

Vanessa podeszła do mnie.

– To nie zdjęcie, tylko obraz.

Uniosłem brwi.

– Naprawdę?

– Tak. Wylicytowałam go na aukcji charytatywnej zorganizowanej przez MADD. Dałam za niego fortunę. To Sloan Monroe.

– Och, żona Jaxona Watersa. Znam ją – powiedziałem, przyglądając się obrazowi.

– Znasz ją? – zdumiała się Vanessa. – Skąd?

– Mój kuzyn Josh jest mężem jej najlepszej przyjaciółki. Mieszkają po sąsiedzku w Ely. Kiedyś nawet byłem z nią na randce.

– Nabierasz mnie.

Popatrzyłem na nią, a ona zrobiła wielkie oczy. Wyjąłem z kieszeni telefon i otworzyłem Instagram. Znalazłem prywatne konto Sloan i podałem Vanessie telefon.

– O mój Boże – wyszeptała, przeglądając zdjęcia Sloan i Jaxona, przeplatające się z fotkami mojego kuzyna i jego rodziny, siedzących przy ognisku, przy stole w Święto Dziękczynienia, bawiących się z dziećmi.

– Niesamowite! Od razu urosłeś w moich oczach – oświadczyła z żartobliwym uśmiechem. – Jestem jej wielką fanką. Uwielbiam ją, ma ogromny talent. Na jej obrazy trzeba się zapisywać z trzyletnim wyprzedzeniem.

– Rozumiem dlaczego – odparłem, spoglądając na obraz. Z pewnością sporo kosztował. Vanessa musiała naprawdę nieźle zarabiać jako vlogerka, żeby móc sobie pozwolić na dobre wina i na Sloan Monroe.

Podszedłem do kolejnego dzieła na ścianie. Zostało zrobione z prawdziwych motylich skrzydeł, ułożonych w kunsztowny wielobarwny wzór.

– Cóż za różnorodność.

– Otaczam się rzeczami, które mnie uszczęśliwiają. Można powiedzieć, że to taka moja zasada. Ten przywiozłam z Kostaryki.

– A to? – Wskazałem czarno-biały rysunek, ukazujący półnagą kobietę owiniętą prześcieradłem. Głowę miała przechyloną, włosy zakrywały jej jedno oko.

– Artysta z Sycylii. To ja tak w ogóle.

Uniosłem brew.

Roześmiała się.

– Antonio ma jakieś siedemdziesiąt pięć lat i jest bardzo profesjonalny. Chciałam przed śmiercią zostać narysowana jak jedna z francuskich dziewcząt Jacka. Wiesz, z *Titanica*.

Ponownie spojrzałem na rysunek. Był zrobiony z wielkim smakiem. Co nie zmieniało faktu, że modelka była naga od pępka w górę.

– Mogłaś przyprawić staruszka o atak serca.

Znowu się zaśmiała.

– On malował Sophię Loren topless. Moje cycki nie mogły zrobić na nim aż tak porażającego wrażenia.

Miałem na ten temat inne zdanie.

Powiesiła ten rysunek na ścianie, więc raczej nie miała nic przeciwko temu, by ludzie go oglądali – ale ja tak naprawdę nie podziwiałem kunsztu artysty, tylko *widok*, a to jednak nie to samo. Przeszedłem do kolejnego dzieła, żeby nie gapić się na gołą Vanessę.

To było zdjęcie ściany pokrytej graffiti: kobieta ubrana jak Statua Wolności trzymała w wyciągniętej dłoni globus.

– Dlaczego to graffiti wydaje mi się znajome?

– To Banksy – odparła.

Zmrużyłem oczy i przyjrzałem się twarzy kobiety.

– To też ty? – Przeniosłem wzrok na nią.

Wzruszyła ramionami.

– No tak. Spotkałam go w parku wodnym w Szanghaju.

– Spotkałaś Banksy'ego, słynnego anonimowego artystę ulicznego, w parku wodnym w Szanghaju? – zdumiałem się.

Znowu wzruszyła ramionami.

– To znaczy, wtedy nie wiedziałam, że to on. Rozmawialiśmy może ze dwadzieścia minut przy basenie dla dzieci. A potem dwa dni później do mojego pokoju w hotelu dostarczono to zdjęcie, co było zresztą strasznie dziwne, bo nie mówiłam mu, gdzie się zatrzymałam. Na odwrocie napisał: „Od faceta, z którym rozmawiałaś przy basenie dla dzieci – Banksy".

Zamrugałem.

– Można potwierdzić autentyczność tego graffiti na jego stronie. Ma przedstawiać globalną jedność osiągalną poprzez podróże i poznawanie innych kultur czy coś takiego. Nie wiem, trochę to pokręcone. Sprzedają reprodukcje tego malowidła.

Pokręciłem głową.

– Jak wyglądał?

– Nie wiem. Normalnie. Nie był taki przystojny jak ty.

Prychnąłem.

Zadarła głowę, żeby spojrzeć mi w oczy.

– Jakiego rodzaju prawem się zajmujesz, Adrianie?

– Jestem obrońcą w sprawach karnych.

– O! Dlaczego? – Przechyliła głowę.

Popatrzyłem na Banksy'ego.

– Bo to wyzwanie.

– Czy wielu twoich klientów jest winnych?

Uśmiechnąłem się drwiąco.

– Większość.

– I nie przeszkadza ci, że bronisz ich przed więzieniem, chociaż wiesz, że zasługują na karę?

– Każdy ma prawo do obrony – odparłem.

Milczała przez chwilę.

– Wiesz, ktoś taki jak ty mógłby naprawdę zmienić świat, gdyby tylko chciał.

Popatrzyłem na nią.

– W jaki sposób?

– Walcząc o coś, o co warto walczyć. Jak choćby prawa osób z niepełnosprawnością.

– To temat rzeka.

– Moja siostra przed śmiercią jeździła na wózku. Nie uwierzyłbyś, z czym musiała się zmagać. – Zaczęła wyliczać na palcach. – Dyskryminacja, brak środków, brak elementarnych udogodnień. Chociażby w budynkach mieszkalnych. Wiesz, jak trudno znaleźć dostępne dla wózka i przystępne cenowo mieszkanie dla osoby z niepełnosprawnością? Dlatego tyle ich trafia do zakładów opiekuńczych albo mieszka poniżej wszelkich standardów i w warunkach zagrażających ich życiu.

Skrzyżowałem ręce na piersi.

– I uważasz, że ta sprawa potrzebuje jeszcze jednego dobrego prawnika?

– O tak. – Uśmiechnęła się. – Zwłaszcza takiego, który lubi wyzwania.

Odwzajemniłem jej uśmiech i spojrzałem na zegarek.

– Chyba powinienem pozwolić ci pójść spać. Dochodzi północ.

Nie miałem pewności, ale przez jej twarz przemknęło jakby rozczarowanie. Podała mi Harry'ego.

– Dzięki za odwiedziny.

– Dzięki za zaproszenie.

Pół godziny później leżałem już w łóżku, a Vanessa zapukała w ścianę nad moją głową.

Uśmiechnąłem się i odpukałem.

Rozdział 6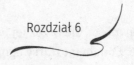

Jeśli masz te objawy, być może umierasz!

VANESSA

Prawą rękę znów miałam odrętwiałą.
Obudziłam się rano, a kiedy sięgałam po telefon, prawie nie miałam czucia w palcach.

Była 6:34. Sobotni poranek. Siedziałam po turecku na łóżku, owinięta kocem, w ciemnym pokoju, starając się oddychać tak, jak mnie nauczyła Pani Joga: wdech nosem i wydech ustami, żeby się uspokoić. Ale strach i tak przetaczał się przeze mnie falami. Narastał coraz bardziej, aż wreszcie wybuchnął w postaci stłumionego szlochu.

Nie chciałam zbudzić Grace, więc zataczając się i zasłaniając usta dłonią, poszłam do łazienki. Opuściłam klapę sedesu i usiadłam, po czym wyszukałam w komórce artykuł na stronie WebMD, żeby jeszcze raz go przeczytać. Prawą dłoń zacisnęłam w pięść, bojąc się, że telefon mi z niej wypadnie.

ALS, czyli stwardnienie zanikowe boczne, może zacząć się od takiej drobnostki, jak słabość dłoni czy stóp. To choroba, która atakuje komórki mózgu kontrolujące wiele ruchów mięśni.

Stowarzyszenie ALS:

Wstępnym, najczęściej występującym objawem ALS jest nasilająca się stopniowo, na ogół bezbolesna, słabość mięśni. Inne wczesne objawy mogą się różnić, bywa to potykanie się, upuszczanie przedmiotów, nadmierna męczliwość rąk i nóg, niewyraźna mowa, skurcze i drżenie mięśni.

Klinika Mayo:

Słabość czy niezdarność dłoni…

Sama nie wiem, dlaczego miałam potrzebę wciąż czytać to od nowa. Doskonale przecież wiedziałam, jakie są objawy tej choroby.

Tak mocno przygryzłam policzek od środka, że aż poczułam smak krwi.

Z początku miałam nadzieję, że to tylko zespół kanału nadgarstka, ale zrobiłam badania, które tego nie potwierdziły. Chcieli mnie wysłać na kolejne testy, jednak odmówiłam.

Nie istniały testy na ALS. Diagnozowało się je, wykluczając wszelkie inne choroby o podobnych objawach oraz monitorując nasilanie się owych objawów. Jego stwierdzenie mogło wymagać nawet roku inwazyjnych zabiegów i najróżniejszych badań, a wtedy i tak nic by nie można było z tym zrobić. ALS było w stu procentach śmiertelne.

I teraz może wreszcie zaczęło się odliczanie.

Możliwe, że moje życie oficjalnie zbliżało się ku końcowi.

Od pojawienia się pierwszych symptomów choremu dawano średnio trzy lata życia – ale jeśli miałabym wnioskować z przypadków w mojej rodzinie, było to nawet mniej. Melanie żyła tyko dziewiętnaście miesięcy, odkąd jej mowa stała się bełkotliwa, a ona brała lekarstwa, czego ja nie zamierzałam robić.

Doszłam do wniosku, że mam około roku. Moje mięśnie będą stopniowo słabnąć, aż w końcu nie będę już mogła chodzić, sama się żywić, poruszać. Umrę, nie mogąc przełykać i mówić, tak samo jak Melanie. Żywcem pogrzebana we własnym ciele, w pełni świadoma, dopóki choroba nie wywoła paraliżu płuc i nie uduszę się na śmierć.

Odłożyłam telefon na umywalkę i szlochałam, zakrywając twarz dłońmi.

Rozdział 7

Rzeczy, które możesz robić, żeby się uszczęśliwić (nie uwierzycie, jaki jest punkt 4!)

ADRIAN

Obudziło mnie pukanie do drzwi. Spojrzałem na telefon. 7:03. Była sobota, więc nie musiałem pracować i zamierzałem dłużej pospać. Cholera. To pewnie Becky.

Poprzedniego wieczoru przysłała mi kilka esemesów z pytaniem o psa, a ja nie odpowiedziałem. Prawdopodobnie przyszła sprawdzić, czy żyję.

Gdy odgarnąłem kołdrę i włożyłem kapcie, Harry Puppins warknął z poduszki obok. Pozwalałem mu spać na łóżku. Początkowo chciałem go na noc zamykać w pralni, ale nie mogłem znieść jego żałosnej, zdezorientowanej miny.

Wciąż gryzł mnie przy każdej nadarzającej się okazji.

Otworzyłem drzwi, spodziewając się mojej asystentki, ale na korytarzu stała Vanessa. Na brzuchu miała Grace w nosidełku.

– Hej! – Uśmiechnęła się do mnie promiennie.

Nie widziałem jej od poniedziałku, czyli od pięciu dni, kiedy jedliśmy razem obiad i oglądaliśmy *Biuro* w jej mieszkaniu.

Przez cały tydzień pracowałem do późna i po powrocie do domu nie pukałem już do niej z propozycją wyniesienia śmieci, bo nie chciałem jej budzić.

Od czasu do czasu wysyłała mi memy nawiązujące do *Biura*. To było jak taki fluterny uśmieszek pojawiający się znienacka w moim telefonie, żeby mi zrobić niespodziankę. Podobało mi się to, chociaż na ogół byłem zbyt zajęty, żeby odpowiadać.

Uśmiechnąłem się do niej.

– Hej. Dzień dobry.

Oczy miała trochę zaczerwienione. Może źle spała w nocy. Kołysała Grace w nosidełku.

– Przepraszam, że nie wysłałam najpierw esemesa. To taka spontaniczna wizyta. Spacerowałam po budynku. Dostaję już świra od tego siedzenia w zamknięciu. Mijałam twoje drzwi i zanim się zorientowałam, co robię, zapukałam.

Była bardzo żwawa jak na siódmą rano. Poczułem, że uśmiecham się od ucha do ucha.

Miała na sobie flanelowe spodnie od piżamy z Grinchem. Szarej góry dobrze nie widziałem pod nosidełkiem, ale wydawała się workowata. Włosy związała w prowizoryczny kok na czubku głowy, na nogach miała kapcie z jednorożcami. W takim niechlujnym wydaniu była dziwnie atrakcyjna.

Zastanawiałem się, dlaczego tak naprawdę nie chodzi na randki. Z pewnością wielu facetów chciałoby się z nią umówić. Była ładna, inteligentna, zabawna. Roztaczała naturalny urok. Wciąż bardzo miło wspominałem tamten nasz wspólny wieczór.

Nie miałem jeszcze okazji zajrzeć na jej kanał. Byłem zawalony robotą i w środku procesu z udziałem przysięgłych. Teraz jednak żałowałem, że nie poświęciłem kilku minut, żeby choć rzucić okiem na jej filmiki.

Podtrzymywała Grace pod pupą.

– No, w każdym razie tak sobie pomyślałam, czy nie miałbyś ochoty... – Zmarszczyła czoło i spojrzała w głąb mojego mieszkania. – To zdjęcia z miejsca zbrodni?

Obejrzałem się przez ramię.

– A, tak. Wczoraj wieczorem pracowałem w domu.

Przecisnęła się do środka, nie czekając na zaproszenie, i skierowała się do stołu w jadalni. Oglądała zdjęcia, stojąc tyłem do mnie.

– No wiesz, gdybym nie wiedziała, że jesteś prawnikiem, wzięłabym cię chyba za seryjnego mordercę. Podejrzewałabym, że masz gdzieś naszyjnik z ludzkich zębów albo coś podobnego.

Zachichotałem.

– I nie boisz się być tu ze mną sam na sam?

Odwróciła się do mnie i pokręciła głową.

– Nie w ten sposób umrę. Uwierz mi, wiem to.

Na prawej ręce miała stabilizator. Wskazałem go gestem.

– Uraz dłoni? – spytałem.

– Nie. Kanał nadgarstka. – Przechyliła głowę. – Jesteś szczepiony na tężec?

Zmarszczyłem czoło.

– Że co?

– Pomyślałam, że moglibyśmy coś razem zrobić. Masz trochę czasu?

Uśmiechnąłem się. Miałem go akurat aż za dużo.

Ostatnio weekendy były dla mnie trudne. Wtedy moje życie osobiste (czy też raczej jego brak) naprawdę rzucało się w oczy. Nie miałem już coniedzielnych obiadków z mamą i babcią. Perspektywa przyjazdów Rachel co kilka tygodni również się skończyła. Niczego także ostatnio nie trenowałem, nie było maratonów ani biegów dla przyjemności – zima to moja najmniej ulubiona pora roku, niesprzyjająca wyjściom z domu. Gdyby Vanessa się nie zjawiła, pewnie popadłbym w przygnębienie, więc ucieszyłem się z jej wizyty.

– Mam czas – odparłem. – Co to za „coś"?

– Zobaczysz. Możemy to zrobić u mnie albo tutaj, bo masz więcej miejsca na podłodze. – Rozejrzała się, opierając ręce na biodrach. – Jak to możliwe, że twoje mieszkanie jest takie duże? Tutaj mam poczucie, że w moim było przedtem jakieś archiwum czy składzik.

– Pierwotnie to były dwa lokale. Połączyłem je, wyburzając ścianę. Dzięki temu mam większą kuchnię.

– Gotujesz?

– Właściwie to nie. Ale dzięki dużej kuchni wartość mieszkania rośnie, gdybym kiedyś chciał je sprzedać – powiedziałem, krzyżując ręce na piersi.

– No dobra. Ale bez wątpienia parzysz kawę. – Machnięciem głowy wskazała ekspres za dwa tysiące dolarów. – Co za wulgarne urządzenie.

Zerknąłem na ekspres.

– Lubię dobrą kawę. Kupuję lokalnie palone ziarna. – Spojrzałem na nią. – Napijesz się?

– Nie odmówię. Ale najpierw muszę coś zjeść. Może skoczę do siebie, szybko zjem płatki i wrócę za dziesięć minut?

– Mogę usmażyć nam jajka – zaproponowałem.

Uśmiechnęła się przekornie.

– Zdawało mi się, że mówiłeś, że nie gotujesz?

– Jajka dam radę usmażyć – zapewniłem ją.

– No dobrze. Skoro tak twierdzisz. Ale i tak muszę iść po to, czym chcę się z tobą zająć, więc zaraz wrócę. Możesz potrzymać Grace?

Trzymałem małą, a Vanessa dwa razy biegała do swojego mieszkania. Najpierw po bujaczek Grace i torbę z rzeczami do przewijania, a potem po tajemnicze „coś", czym chciała się ze mną zająć. W tym czasie umyłem zęby i twarz, na ile zdołałem, trzymając w ramionach niemowlę. Nie przebierałem się. Byłem w kapciach, białym T-shircie i szarych spodniach od piżamy.

Na ogół nie paradowałem tak w niczyjej obecności. Ale kiedy Vanessa zdjęła nosidełko, zobaczyłem, że ma na sobie koszulkę Schrute Farms z obrazkiem buraka na piersi – aluzja do *Biura*, którą teraz rozumiałem – i że jest bez stanika. Gdybym się przebrał, mogłaby poczuć się niezręcznie i uznać, że sama jest nieodpowiednio ubrana.

I podobało mi się to. Podobało mi się, że nie miała potrzeby robić na mnie wrażenia, dzięki czemu ja też mogłem wyluzować. Było w tym coś krzepiącego. Przy niej miałem poczucie, że mogę być po prostu sobą, w takim wydaniu, w jakim akurat byłem.

Wróciła, wlekąc za sobą ogromny płócienny wór. Był taki pękaty, że zaklinował się w drzwiach i musiałem odłożyć Grace, żeby pomóc Vanessie wciągnąć go do mieszkania.

– Co tam jest w środku, do diaska? – spytałem, stawiając wór na podłodze pośrodku salonu.

Vanessa sapała z wysiłku. Pochyliła się do przodu i oparła dłonie na kolanach, żeby złapać oddech.

– Przygoda. Dreszczyk emocji. To poczta od fanów, która bywa ekscytująca i przerażająca w równej mierze.

– Dostajesz aż tyle listów? – spytałem, wpatrując się w worek.

Wzruszyła ramionami.

– Pewnie. Przychodzą z całego świata, więc… – Ukucnęła, chwyciła wór od spodu, po czym uniosła go i wysypała na dywan jego zawartość, czyli niesamowite ilości kopert i paczek.

– Jezu, z ilu to miesięcy?

– Z jakichś dwóch tygodni – odparła, przyklękając i patrząc na przesyłki.

Zbladłem.

– Z dwóch ty... Ile osób ogląda twoje filmy?

Znów wzruszyła ramionami.

– Dużo.

Zaparzyłem nam cappuccino, a Vanessa rozdzieliła listy i paczki na dwie sterty. Potem podszedłem do lodówki i zacząłem w niej szperać. Była prawie pusta. Większość posiłków jadałem na mieście. Ale mając do dyspozycji kilka serów, sos, który został mi z cacciatore z kurczaka sprzed paru dni, śmietanę, resztki włoskiego chleba i pojemniczek guacamole z Chipotle, po który Vanessa skoczyła do swojej kawalerki, udało mi się usmażyć całkiem niezłe hiszpańskie omlety.

Usiedliśmy w salonie na podłodze, trzymając talerze na kolanach, żeby przy jedzeniu móc otwierać przesyłki.

– Smakuje wyśmienicie – stwierdziła Vanessa, zlizując sos z kciuka. – Zdecydowanie za słabo reklamowałeś swoje umiejętności przyrządzania jajek.

Grace drzemała w swoim bujaczku obok nas, a Harry pochrapywał, przytulony do uda Vanessy. Położyła mu dłoń na łebku. Zawarczał.

– Dobra, najpierw parę słów ostrzeżenia, jeśli chodzi o pocztę od fanów – powiedziała Vanessa, kładąc sobie talerz na kolanach.

Wypiłem łyk kawy i postawiłem kubek na dywanie.

– Wal śmiało.

– No dobrze. Nie wiem, co na nas czeka w tej stercie. Większość moich fanów to całkowicie normalni i mili ludzie. Ale to jednak Internet. Nie twierdzę, że na pewno znajdziemy ucięte ucho, ale może się tak zdarzyć. Generalnie, na zdrowy rozum, jeśli jakaś przesyłka cieknie, cuchnie albo wibruje, to jej nie otwieram.

Postawiłem talerz na kolanach i posmarowałem omlet śmietaną.

– Dlaczego, bo to może być bomba?

– Nie, bo to najprawdopodobniej wibrator.

Omal się nie zakrztusiłem ze śmiechu. Jezu, ale mnie rozbawiła.

– Będą też gołe zdjęcia. Możemy się więc umówić, że na wszelki wypadek będziesz otwierał tylko listy od kobiet.

Nadal chichotałem.

– Kobiety przysyłają ci gołe zdjęcia?

Patrzyła mi prosto w oczy.

– Bez przerwy. Z zasady nie jem też niczego, co mi przysłano.

– Nawet jeśli oryginalne opakowanie jest nienaruszone?

– Nawet wtedy. Ktoś mógł, na przykład, pocierać nim, genitalia albo coś. Nie biorę niczego do ust. Nie dotykam też niczego, co przychodzi z Monett w stanie Missouri. Trzeba to natychmiast spalić. Nie pytaj.

Sięgnęła do torby z rzeczami do przewijania, wyjęła płyn do odkażania dłoni oraz chusteczki nawilżane i położyła je między nami.

– Będą nam potrzebne. Gotowy?

– Gotowy – potwierdziłem.

Spojrzała na mnie z żartobliwie poważną miną.

– Jesteś bardzo odważny, Adrianie Copelandzie, że się na to decydujesz. Mało kto ma tyle odwagi.

Uśmiechnąłem się, chwyciłem pierwszą paczkę i zdarłem z niej taśmę.

Godzinę później siedzieliśmy w stosach pustych kopert i pudełek, cali w akcesoriach wyjętych z przesyłek od fanów.

Oboje byliśmy pokryci świecącymi bransoletkami. Vanessa miała naszyjnik z oponek do mleka Froot Loops. Namówiła mnie, żebym włożył ogromną koszulkę z napisem „Mam wszy łonowe" od fana z Maryland, oboje mieliśmy też naklejki na przedramionach.

To było idiotyczne. Normalnie nigdy bym się nie wdał w taką dziecinadę, ale musiałem przyznać, że świetnie się bawiłem.

Vanessa otwierała wszystkie listy, a ja wszystkie paczki, ponieważ miała problem z dłonią. To oznaczało, że większość zdjęć penisów przypadła jej.

– Jeszcze jedno – oznajmiła, odkładając je obrazkiem do dołu na stercie fotek męskich przyrodzeń.

Z uśmiechem pokręciłem głową.

– Niezła kolekcja.

Vanessa prychnęła drwiąco.

– Nie rozumiem, dlaczego faceci sądzą, że my chcemy coś takiego oglądać. To wygląda jak pomarszczony łokieć albo coś. Wcale nie jest ładne. Niechby wysłali raczej zdjęcie szczeniaczka albo ciasteczek. – Rozdarła kolejną kopertę. – Gdyby jakiś facet wysłał mi o drugiej nad ranem zdjęcie ciasta z pytaniem: „Hej, nie śpisz?", natychmiast bym odpowiedziała: „Jasne, że nie, wpadaj".

Zaśmiałem się w głos.

– To naprawdę takie powszechne? Kobiety często dostają zdjęcia penisów obcych facetów?

Rozdarła różową kopertę.

– Być kobietą to być nieustannie narażoną na atak penisów – mruknęła. – Mam nadzieję, że ty ich nie wysyłasz.

Sięgnąłem po kolejną paczkę.

– Nigdy nie wysłałem żadnej kobiecie zdjęcia mojego penisa. Wolę ten szok i niedowierzanie w ich oczach, kiedy widzą go na żywo.

Wybuchnęła głośnym śmiechem, a ja uśmiechnąłem się z satysfakcją, że aż tak udało mi się ją rozbawić.

– Ale chcę, żebyś wiedział – wykrztusiła – że ci nie wierzę.

Rzuciłem jej rozbawione spojrzenie.

– Nie wierzysz, że nie wysyłam zdjęć penisów?

Pokręciła głową, wciąż chichocząc.

– Właśnie tak. Tacy faceci jak ty *zawsze* wysyłają zdjęcia penisów.

Uśmiechnąłem się, spoglądając na zawartość otwieranego pudełka. Wielkie squishy w kształcie emotki kupy.

– Tacy faceci jak ja, tak? Czyli jacy? – Podniosłem brązową spiralę, a Vanessa wskazała stertę „do oddania".

– Przebojowi, pewni siebie, nieprzystępni – typowe samce alfa.

Zachichotałem.

– No cóż, przykro mi, że cię rozczaruję, ale, o ile mi wiadomo, mój penis nigdy nie był fotografowany.

Wyciągnęła rękę.

– Pokaż mi swój telefon.

Zmrużyłem oczy.

– Co?

Spojrzała na mnie z pełną powagą.

– Pokaż mi go. Nie masz żadnych zdjęć penisów, więc w czym problem?

Uśmiechnąłem się.

– Dobra. To ty pokaż mi swój.

Wzruszyła ramionami.

– Nie ma sprawy. Ale niczego nie usuwamy. Podajemy je sobie i to, co w nich jest, to jest. Żadnych filtrów.

– Dobra. – Odblokowałem ekran i podałem jej telefon.

Chwyciła go skwapliwie. Potem jednak znieruchomiała i przycisnęła go do piersi.

– Zaraz, dlaczego się nie denerwujesz?

Uniosłem brew.

– Bo nie ma tam niczego, czego nie mogłabyś zobaczyć.

Zmrużyła oczy.

– To podejrzane. To lewa komórka na kartę?

Roześmiałem się.

– Nie. Z jakimi facetami ty się spotykasz, że podejrzewasz mnie o lewą komórkę?

– Mówiłam ci już, z nikim się nie spotykam, bo z zasady nie chodzę na randki. Po prostu wydaje mi się to strasznie dziwne, że nie pocisz się teraz ze strachu.

– Bo nie ma tam żadnych zdjęć penisa. Tak jak mówiłem.

– Wyciągnąłem rękę po jej telefon.

Rzuciła mi przeciągłe, żartobliwie groźne spojrzenie, po czym energicznym ruchem położyła go na mojej dłoni.

W milczeniu przeglądaliśmy nawzajem swoje telefony.

Komórka Vanessy była jak cyfrowa wersja jej samej. Czysta zabawa. Etui ze sztucznymi diamencikami, błyszczący uchwyt z tyłu. Na ekranie zdjęcie Grace w czapeczce z uszami misia.

Mój telefon stanowił przeciwieństwo jej. Czarny, funkcjonalny, z firmową blokadą ekranu. I mówiłem szczerze. Nie było w nim nic, czego nie mogłaby zobaczyć.

Na jej ekranie głównym były ikonki aplikacji: z muzyką, Ubera, Lyfta, Tripadvisora, Audible'a, Instagrama, iFunny i kilku gier.

Otworzyłem galerię zdjęć i zacząłem je przeglądać. Wszystkie były ekscytujące i barwne. Fotki z różnych miejscowości wypoczynkowych. Łóżko w hotelowym pokoju, słoń z ręczników na kapie. Ośnieżone miasteczko z wielkim łańcuchem górskim w tle. Vanessa, śmiejąca się w bikini, przy barze koło basenu. Vanessa z sangrią w dłoni na brukowanej kocimi łbami uliczce. Statek wycieczkowy na błękitnej wodzie.

W porównaniu z tym moja galeria była nudna. Prawie było mi jej żal, że trafiła gorzej ode mnie, bo... na mnie. Miałem tam głównie zdjęcia dokumentów prawniczych i kilkadziesiąt fotek znaków na podziemnym garażu koło sądu, żebym zapamiętał, gdzie zostawiłem samochód. Zdjęcie żarówki, którą miałem odebrać w sklepie, i kwitka z pralni chemicznej.

– Rany! – wykrzyknęła, wpatrzona w ekran. – Naprawdę dużo parkujesz!

Zachichotałem, przeglądając dalej jej zdjęcia. Na jednym Vanessa w kostiumie mleczarki stała pod wielkim namiotem. Trzymała gigantyczny, większy od niej kufel piwa. Przekręciłem ekran w jej stronę.

– Gdzie to było?

Podniosła wzrok znad mojego telefonu.

– Na Oktoberfest. W Niemczech. A gdzie trzymasz zdjęcia Rachel?

– Chyba nie mam żadnych – przyznałem.

Roześmiała się.

– Czyli miałeś dziewczynę, ale ona nie chodzi do tej szkoły?

Uśmiechnąłem się.

– Nie wierzysz, że miałem dziewczynę?

Wzruszyła ramionami.

– Tak tylko mówię.

Machnąłem głową w stronę mojego telefonu.

– Znajdź ją na Instagramie. Ma prywatne konto, ale w moim telefonie możesz je zobaczyć. Nazywa się Rachel Dunham.

Patrzyłem, jak dotyka ikonki i przegląda zdjęcia, i mój uśmiech zbladł. Pewnie powinienem odobserwować Rachel z jej fałszywym kontem. Odnotowałem to w myślach jako rzecz do zrobienia, gdy tylko odzyskam telefon z rąk Vanessy. Znowu spojrzałem na jej zdjęcie, żeby odwrócić swoją uwagę od mojej byłej dziewczyny.

Na Oktoberfest piersi miała prawie pod brodą, podniesione przez swego rodzaju gorset. Włosy, zaplecione w kunsztowny warkocz, oplatały jej głowę; uśmiechała się promiennie. Wyglądała prześlicznie.

Jej komórka zawibrowała mi w dłoni i u góry ekranu wyświetlił się numer. *Mój*!

– Co ty tam przesyłasz? – spytałem.

Nie podniosła wzroku.

– Twoje zdjęcia. Mówiłam ci, dziewczyny nie uwierzą, że spędzam z tobą czas. Będę potrzebowała dowodu.

Otworzyłem wiadomość i zobaczyłem, że przesłała sobie trzy zdjęcia z mojej galerii. Na jednym byłem z mamą i babcią na urodzinach mamy w czerwcu tego roku. Na drugim ściskałem dłoń Marcusa na jakiejś imprezie dobroczynnej. Na ostatnim dobiegałem do mety ostatniego maratonu, w jakim brałem udział, pół roku temu.

– Wiesz, to, że masz moje zdjęcia, niczego nie dowodzi – powiedziałem. – Dziewczyny mogą pomyśleć, że ściągnęłaś je po prostu z Instagrama.

Zmrużyła oczy.

– Słuszna uwaga, panie prawniku. Faktycznie jestem znaną cyberstalkerką. Co zatem proponujesz?

– Moglibyśmy zrobić sobie selfie – zaproponowałem.

Rozpromieniła się.

– Świetny pomysł! Jeśli mała i pies też zmieszczą się w kadrze, będzie wiadomo, że to aktualne zdjęcie.

Wzięła na ręce Grace i podała mi ją. Potem chwyciła psa i przepełzła przez stertę makulatury między nami, po czym pochyliła się w moją stronę tak, że ramieniem oparła się o mój biceps.

Pod wpływem jej dotknięcia moje ciało zalała fala ciepła. Zaskoczyło mnie to i sprawiło, że spontanicznie skłoniłem głowę w jej stronę.

Twarz wciąż miałem skierowaną przed siebie.

Wyciągnęła rękę z moim telefonem, uśmiechnęliśmy się i zrobiła nam zdjęcie. Odebrała ode mnie Grace i przeniosła się z powrotem na swoją stronę sterty, trzymając małą na kolanach.

Miejsce, gdzie dotknęła mnie Vanessa, wydawało mi się teraz opuszczone.

Jeszcze przez kilka minut przeglądaliśmy nawzajem swoje telefony. Oboje puściliśmy pierwszą piosenkę z naszych ulubionych playlist.

W telefonie Vanessy to było *Redemption* Loli Simone. W moim: *Back Down* Boba Mosesa. Lubiłem jej słuchać.

– No dobrze – powiedziała Vanessa, oddając mi telefon. – Powiedz mi, Adrianie, ile czasu spędzasz na siłowni? Jak to możliwe, że jesteś taki wyrzeźbiony?

– Wyrzeźbiony? – Roześmiałem się.

– Tak. – Przytuliła Grace i pocałowała ją w policzek. – Czytam dużo romantycznych powieści i wiem z całą pewnością, że masz wyrzeźbioną sylwetkę.

– Staram się utrzymać formę. Zdarza mi się startować w triatlonach.

Zbladła.

– Dla przyjemności?

Oderwałem taśmę z pudełka.

– A co, twoim zdaniem bieganie, jazda na rowerze i pływanie nie należą do przyjemności?

– Uważam, że spacery po plaży, niezobowiązujące przejażdżki rowerem i unoszenie się na wodzie to przyjemności. Ale nigdy nie biegam, o ile ktoś mnie nie goni. A pijesz jeszcze coś oprócz wina?

– Czasami burbona. A ty?

– Gin, w sytuacjach towarzyskich. Jakie masz wady?

Zmarszczyłem czoło.

– Za szybko jeżdżę samochodem. I lubię dobre restauracje. Za dużo pieniędzy wydaję na jedzenie.

– Ja też! Jeśli chodzi o restauracje, nie jazdę samochodem. Jaka jest twoja ulubiona miejscówka?

– No, z tym będzie trudno. – Wyjąłem z otwieranego właśnie pudełka owiniętą w bibułkę szklaną kulę śnieżną, przechyliłem tak, żeby śnieg sypał, i pokazałem Vanessie. Skinęła głową w stronę sterty z rzeczami do zatrzymania. – Nie umiałbym wskazać swojej ulubionej restauracji. Najwyżej ulubione dania.

Patrzyła na pocztówkę z ilustracją narysowaną kredkami.

– To nawet lepsze. Jakie dania lubisz najbardziej?

– Niech pomyślę. Lubię cavatelli z duszonym królikiem w Lucrezia's.

Kiwnęła głową.

– Ich gnocchi są w pierwszej dziesiątce na liście moich ulubionych dań.

– Tak. A jeśli chodzi o steki, lubię Clo...

– Clove and Cleaver – dokończyła za mnie, nie podnosząc wzroku.

Uśmiechnąłem się.

– Uwielbiam ich jalapeño poppers.

– A ja smażone zielone pomidory.

Roześmiałem się.

– Tak.

Odłożyła pocztówkę na stertę do zatrzymania.

– Jestem wieeelką smakoszką. Kiedyś w Rzymie prawie zemdlałam, gdy mój agent chciał zjeść w McDonaldzie. Kiedy ktoś zaprasza mnie na lunch i zabiera mnie do Taco Bell czy innej sieciówki, to już nie jest wspólne wyjście, tylko porwanie. Uznaję wyłącznie małe lokalne knajpki, z wyjątkiem Chipotle – dodała. – Chipotle lubię.

Zachichotałem, bo miałem identyczne podejście. Ilekroć zabierałem mamę na obiad na mieście, a ona chciała iść do Perkins, coś we mnie umierało. Ja też wolałem wspierać małe lokalne knajpki. No i po co miałbym jeść coś produkowanego masowo, skoro mogłem spróbować czegoś wyjątkowego? Liczba posiłków, jakie dane jest nam zjeść w ciągu całego życia, jest ograniczona, więc marnowanie choćby jednego na kiepskie żarcie, kiedy ma się środki na coś innego, lepszego, to skandal.

– Byłeś kiedyś w Badger Den? – spytała Vanessa. – W LA?

Przez parę sekund gapiłem się na nią bez słowa. Nie mogłem uwierzyć, że siedzę i gadam z osobą, która wie, co to Badger Den. W Los Angeles nie byłoby w tym nic dziwnego. Ale w Minnesocie? Obiad w tej ekskluzywnej, sekretnej, dostępnej wyłącznie na zaproszenie restauracji bez stałego menu znajdował się na liście moich marzeń, odkąd pamiętałem.

– Znasz Badger Den?

Przyglądała się kolejnej kopercie, przytulając Grace do piersi.

– Od dwóch lat jestem na ich liście oczekujących.

Zamrugałem.

– Ja też jestem na liście oczekujących, ale jeszcze nie udało mi się tam dostać.

Uśmiechnęła się.

– Może zawrzemy pakt? Jeśli któreś z nas dostanie się do Badger Den, wybierzemy się tam razem. W sensie, to drugie będzie osobą towarzyszącą.

– Umowa stoi! – wykrzyknąłem trochę zbyt szybko.

– Oczywiście będziesz musiał polecieć samolotem. Oni wysyłają zaproszenia jedynie z parodniowym wyprzedzeniem.

– Jeżdżę samochodem naprawdę *bardzo* szybko.

Roześmiała się i odłożyła Grace do bujaczka. A potem chwyciła grubą żółtą kopertę i wyjęła z niej zestaw gąbek kuchennych.

– Taaaaak! – pisnęła z radości. – Tak, tak, TAK!

Uniosłem brew.

– Gąbki?

Uśmiechnęła się do kolorowych zmywaków, które trzymała w dłoniach.

– Nakręciłam jeden odcinek o drobiazgach, którymi możemy się uszczęśliwić. Czysta pościel, ciepłe ręczniki prosto z suszarki, świeże kwiaty w sypialni. Nowa gąbka kuchenna. – Podniosła wzrok i spojrzała na mnie. – To niesamowite, jak taka gąbka może człowieka podnieść na duchu. – Wstała. – Dam ci jedną.

– Gąbkę? – spytałem, wykręcając się, żeby popatrzeć, jak idzie do kuchni.

– Tak. Zobaczysz, odmieni twoje życie. – Wypakowała gąbkę i położyła ją na zlewie, a starą wyrzuciła. – To jak duchowe oczyszczenie. Kosmiczny reset.

– Gąbka... – powtórzyłem z namaszczeniem, rzucając jej rozbawione spojrzenie.

Patrzyła na mnie i chciała mi coś odpowiedzieć, ale w tym momencie z korytarza dobiegł nas głośny łomot. Vanessa spojrzała w stronę drzwi.

– To jakby u mnie, co nie? – Podeszła do drzwi, odsunęła zasuwkę i wystawiła głowę na korytarz. Obejrzała się na mnie z zatroskaną miną. – Muszę iść. Pod moimi drzwiami jest policja.

Rozdział 8

Pojawiła się policja, a to, co stało się potem, wprawi was w osłupienie!

VANESSA

W czym mogę pomóc? – spytałam, wychylając się z mieszkania Adriana.

Policjant spojrzał na mnie.

– Szukam Vanessy Price.

– To ja.

Zerknął w swoje notatki.

– Jest pani właścicielką białej kii rio z dwa tysiące osiemnastego roku?

Cholera!

Serce zaczęło mi dziko walić.

– Tak, czy coś się stało? – Przełknęłam ślinę.

Adrian stanął za mną i też wyjrzał na korytarz.

– Sanchez! – odezwał się znad mojego ramienia. – Jak się masz?

Twarz gliniarza rozjaśnił uśmiech.

– Copeland! Mieszkasz tutaj?

– Już prawie pięć lat – odparł Adrian. – Jak twoja żona?

Roześmiał się.

– Znowu w ciąży. Ostatnio nie widziałem cię jakoś na siłowni.

– Byłem zajęty. Jestem w środku procesu z udziałem przysięgłych. A co cię tutaj sprowadza?

Sanchez przeniósł wzrok na mnie, nadal uśmiechnięty.

– No właśnie, znaleźliśmy dziś rano pani samochód, pani Price, owinięty wokół drzewa w pobliżu wesołego miasteczka. Nikogo nie było w środku. Wie pani coś na ten temat?

Wyraźnie się rozluźnił, odkąd Adrian wyjrzał na korytarz. W jego tonie nie było nic oskarżycielskiego. Ale i tak czułam, jak serce łomocze mi w gardle.

– Nie – odparłam, z nadzieją, że mówię normalnym głosem.

– Udostępniała pani komuś swój samochód?

Adrian dyskretnie ścisnął mnie za łokieć.

– Wygląda na to, że został skradziony – odezwał się. – Pewnie ktoś urządził sobie nielegalną przejażdżkę.

Sanchez popatrzył na Adriana nad moją głową.

– Kluczyk był w stacyjce. Nie został odpalony przez zetknięcie przewodów.

Oddech Adriana łaskotał mnie w ucho, kiedy zwrócił się do mnie:

– Nie mówiłaś, że zapodziałaś gdzieś kluczyki, Vanesso?

Podpowiadał mi linię obrony. I stał tak blisko mnie. Absurdalnie blisko. Robił to specjalnie. Chciał, żeby ten policjant uznał, że jesteśmy parą. Użyczał mi swojej wiarygodności.

Znał mnie niecały tydzień, nie miał pojęcia, co się dzieje w moim życiu, a mimo to stawał w mojej obronie, stosował wobec mnie przywilej wątpliwości i chronił mnie przed reperkusjami, jakie mogły się wiązać ze znalezieniem mojej rozbitej kii. Nie wiedziałam, dlaczego to robi, ale czułam ogromną wdzięczność, bo w duchu byłam przerażona.

Kiwnęłam głową.

– Tak, rzeczywiście. Zgubiłam je kilka tygodni temu – skłamałam. – Używałam zapasowych.

Sanchez przytaknął, ale jego wzrok zdawał się nagle przeszywać mnie na wylot.

– Gdzie pani była minionej nocy około trzeciej nad ranem?

Adrian się roześmiał.

– A myślisz, że gdzie była?

Sanchez przenosił wzrok ze mnie na Adriana i z powrotem. Zachichotał niezręcznie.

– W porządku, stary. Odnotuję wóz jako skradziony. – Popatrzył na mnie. – Został skonfiskowany. Tu ma pani szczegółowe informacje. – Podał mi kartkę.

Odchrząknęłam.

– Przepraszam, mmm.... czy znaleziono krew albo coś? Sądzi pan, że ktoś ucierpiał?

Sanchez potrząsnął głową.

– Trudno powiedzieć. Poduszka powietrzna zadziałała, ale przeczesaliśmy najbliższą okolicę i nie znaleźliśmy nikogo rannego ani martwego. Sądzę, że sprawca wypadku uciekł na własnych nogach. – Kiwnął głową w stronę Adriana. – Hej, musisz wrócić na siłownię, żeby mi dorównać.

Śmiech Adriana wprawił mnie w drżenie.

– Tak zrobię. Miłego dnia. I pozdrów Karlę.

Gdy tylko wróciliśmy do jego mieszkania i zamknęliśmy za sobą drzwi, rzuciłam się do telefonu.

Zadzwoniłam do taty. Od razu włączyła się poczta głosowa. Wybrałam numer Annabel. Tu też włączyła się poczta. Brent pewnie by odebrał, ale zablokował mnie po tym, jak mu powiedziałam, że dostanie mój plecak Gucciego, kiedy znajdzie pracę. Ech!

– Cholera! Cholera, cholera, cholera! Muszę iść.

Zaczęłam zbierać rzeczy, ładować chusteczki i płyn do odkażania rąk do torby z rzeczami do przewijania Grace, pobiegłam do kuchni po umytą butelkę, którą zostawiłam na zlewie. Musiałam jeszcze zabrać Grace i jej bujaczek. Moje przesyłki od fanów zajmowały całą podłogę w salonie. Byłam tak spanikowana i roztrzęsiona, że nie mogłam się z tym wszystkim zorganizować.

Adrian skrzyżował ręce na piersi i patrzył, jak miotam się po jego mieszkaniu.

– Kto prowadził ten samochód?

Szpital. Musiałam obdzwonić szpitale.

– Mój tata. Kupiłam ten samochód dla niego. Ma nadzór sądowy i pewnie się wystraszył.

– Z jakiego powodu ten nadzór? – spytał.

– Naruszenie przepisów sanitarnych. Zagracone podwórze. – Stanęłam na środku pokoju, dysząc ciężko, z torbą z rzeczami Grace przewieszoną w zgięciu łokcia. – Myślisz, że twój kolega się zorientował, że kłamiemy?

Wzruszył ramionami.

– To bez znaczenia. Nikt nie odniósł żadnych obrażeń, nie uszkodzono niczyjego mienia. Bez zapisu z kamery monitoringu nie może nic udowodnić i dobrze o tym wie. Sprawa nie jest warta jego czasu. Uwolniłem cię od wszelkiej odpowiedzialności, a jemu oszczędziłem papierkowej roboty i wyprawy do domu twojego taty. Poza tym wiedziałem, że to nie ty. Słyszałem, jak krzątasz się koło Grace o trzeciej nad ranem.

Kiwnęłam głową, zbyt zdenerwowana, żeby mieć wyrzuty, że znów obudziłyśmy Adriana w środku nocy. Minęłam go, by zabrać nosidełko leżące na stole.

– Hej. – Położył mi dłonie na ramionach, żeby zatrzymać mnie w pędzie. – Odsapnij chwilkę. – Pochylił głowę i spojrzał na mnie tymi swoimi głębokimi zielonymi oczami. – Jak mogę ci pomóc?

Przełknęłam ślinę.

– Mógłbyś... Mógłbyś popilnować Grace? – wyjąkałam.

Te słowa wydobyły się z moich ust, zanim zdążyłam się zastanowić, co mówię. Ale naprawdę nie mogłam taszczyć jej po szpitalach i posterunkach policji. A już z całą pewnością nie mogłam zabrać jej do domu taty.

Adrian kiwnął głową i zdjął mi z ramienia torbę z rzeczami Grace.

– Oczywiście. Nie ma sprawy. Idź i załatw, co musisz.

– Jesteś pewny? – spytałam bez tchu. – Dasz sobie radę?

Spojrzał mi w oczy.

– Całkowicie pewny. Idź. Zajmę się nią.

Emanowały z niego spokój, siła i opanowanie. Miał aurę osoby, która przywykła do odpowiedzialności. Był taki opiekuńczy i pozbierany, że mimowolnie pomyślałam, czy tacy właśnie są ojcowie innych ludzi.

Kiwnęłam głową i wybiegłam z mieszkania, dosłownie potykając się o własne nogi. Wpadłam do siebie, żeby się przebrać, ale w połowie drogi do windy uświadomiłam sobie, że nie wzięłam torebki ani kluczyków do samochodu i wciąż miałam na nogach kapcie z jednorożcami, a na szyi oponki Froot Loops.

Jechałam do Eagan dwadzieścia minut. Po drodze obdzwoniłam wszystkie lokalne szpitale. Taty w żadnym nie było. Nie znaleziono go też w systemie więziennym hrabstwa Ramsey. Pytałam również o Annabel, w obawie, że mogła być razem z nim w samochodzie podczas wypadku i została ranna, ale jej imię i nazwisko także się nigdzie nie pojawiło.

Kiedy zaczęłam łomotać do drzwi domu taty, mój popłoch przemienił się we wściekłość.

No bo, kurwa, co on sobie myślał? Rozbija samochód i nie przyjdzie mu do głowy, że się o tym dowiem? Nie raczy do mnie zadzwonić z jakimś wyjaśnieniem, z informacją, że nic mu nie jest?

Kiedy otworzył drzwi, poczułam smród łazienkowej pleśni i gnijących śmieci.

– Tato – przywitałam go oschle, gdy tak stał naprzeciwko mnie, rozczochrany i z zaczerwienionymi oczami. Nie *wyglądał* jak ktoś, kto niedawno przeżył wypadek samochodowy, ale kto go tam wie.

Zmrużył oczy.

– Melanie?

Równie dobrze mógłby uderzyć mnie pięścią w brzuch. Musiałam chwilę odczekać, żeby się uspokoić, zanim odpowiedziałam:

– Tato, to ja, *Vanessa*.

Zamrugał, a blask w jego oczach nieco przygasł. Otworzył drzwi szerzej i wpuścił mnie do środka, a sam sztywnym krokiem wrócił na kanapę, na której zaległ z bolesnym grymasem.

Zamknęłam za sobą drzwi.

Boże, dom był w strasznym stanie. Tata zawsze był zbieraczem i bałaganiarzem, ale tym razem przeszedł samego siebie.

Zmarszczyłam nos, widząc i *czując* stojący przy drzwiach wejściowych worek z gnijącymi śmieciami, które ktoś wyniósł z kuchni, ale nie dotarł z nimi do kubła przed domem. Przeciekał od spodu i stał teraz w cuchnącej brunatnej kałuży. Jak zwykle wszędzie walały się sterty różności. Graty przeznaczone do wywiezienia na śmieci, które wypatrzył przy krawężniku i przytaszczył do domu, mając szalone plany naprawienia ich lub wykorzystania w jakiś sposób. To było żałosne.

Zwykle, wchodząc do czyjegoś domu, zdejmowałam buty, ale tutaj nie zamierzałam chodzić boso.

– Widzę, że chcesz pobić życiowy rekord – stwierdziłam, przechodząc nad brudnym, podartym psim posłaniem, którego obecność tutaj była ciekawa sama w sobie, bo tata nie miał żadnych zwierząt.

Odezwał się z kanapy zbolałym głosem.

– Vanesso, wyjątkowo kiepsko się czuję. Twoja siostra ogołociła mnie z percocetu, a plecy potwornie mnie bolą. W nocy nie zmrużyłem oka. Jeśli zamierzasz mnie dręczyć, to po prostu sobie pójdź.

Doznał urazu pleców, kiedy w zeszłym tygodniu potknął się o coś w domu. Mówiłam mu, żeby zamykał tabletki na klucz, ale oczywiście tego nie zrobił. Prosiłam go też, by choć trochę ogarnął dom, ale to było jak rzucać grochem o ścianę.

Podeszłam do kanapy i stanęłam nad nim, krzyżując ręce na piersi.

– Nie jesteś ciekawy, dlaczego tu jestem? – spytałam. Ponieważ nie raczył nawet otworzyć oczu, ciągnęłam: – Była u mnie policja. Podobno dziś rano znaleźli twój samochód owinięty wokół drzewa. Pusty. Wiesz coś może na ten temat?

Jęknął i zasłonił twarz przedramieniem.

– Jesteś ranny? – spytałam z rozdrażnieniem. – Mam cię zawieźć do szpitala?

– Zdrów jak ryba – mruknął.

– Czyli co? Rozbiłeś wóz i zwiałeś?

Nie odpowiedział, a ja kopnęłam dół kanapy.

– Tato!

Podniósł się powoli, cały czas się krzywiąc.

– Dobra, już dobra. Masz moją pełną uwagę. Zadowolona?

Spiorunowałam go wzrokiem.

– To nie ja – powiedział. – To Annabel. Mnie nawet tam nie było.

Opuściłam ręce.

– Pożyczyłeś jej samochód?! – Stałam tam z rozdziawionymi ustami. – Co ci strzeliło do głowy, żeby dawać jej samochód? Pewnie była nawalona! No i zawiesili jej prawo jazdy!

– Nie trzeba jakiegoś wydanego przez rząd papierka, żeby prowadzić samochód. – Machnął lekceważąco ręką. – To sposób Wielkiego Brata, żeby wyciągać od nas pieniądze za coś, co potrafi już dziesięcioletnie dziecko. I co dalej? Obowiązkowe dżi-pi-esy wszczepione w nasze mózgi, za które będziemy mieli przywilej bulić coroczne opłaty. Ludzkie kody kreskowe. Dziękuję bardzo.

Gapiłam się na niego.

– Proszę, powiedz, że żartujesz.

– Czemu miałbym żartować? Zresztą wcale nie dałem jej samochodu – dodał, masując się po krzyżu. – Sama go sobie wzięła.

– Bez pozwolenia?

Łypnął na mnie zmrużonymi oczami.

– To dorosła kobieta, Vanesso. Chyba nie potrzebuje mojego pozwolenia, żeby wyjść z domu...

Wytrzeszczyłam oczy.

– Rany! O rany! – Pokręciłam z niedowierzaniem głową. – Wiesz co? Mam już dość! Ty się bierzesz w garść, Brent znajduje pracę, a ona idzie na odwyk i nie mieszka tu, dopóki nie wróci czysta, rozumiesz? – Dźgnęłam się kciukiem w pierś. – To ja spłacam dług hipoteczny. Ja płacę za samochód, który ona właśnie rozbiła. Jest zarejestrowany na moje nazwisko. Ja opłacam ubezpieczenie, ponoszę koszty jego utrzymania, a teraz będę musiała wyłożyć pieniądze na naprawę. A wszystko po to, żebyś mógł jakoś funkcjonować i żeby Brent miał środek transportu, jeśli kiedykolwiek zdecyduje się podjąć jakąś pracę, a nie po to, by Annabel używała go do stwarzania zagrożenia na drodze. Chyba wszyscy troje oszaleliście, jeśli się wam zdaje, że pozwolę na ten... na ten obłęd, w dalszym ciągu fundując wam wszystko.

Zaczęłam zbierać ze stolika do kawy puste butelki po napojach gazowanych, przyciskając je kolejno do brzucha.

– Mogła kogoś *zabić* – wycedziłam wściekle, postukując butelkami. – Masz szczęście, że skończyło się na wjechaniu w drzewo. – Urwałam i przeszyłam go wzrokiem. – Dałeś jej forsę? Tylko nie kłam.

Naburmuszył się.

– Odcięłaś ją od pieniędzy. Skąd niby miałaby na jedzenie?

– Ile? – spytałam.

Machnął ręką z lekceważeniem.

– Może kilka dwudziestek. I mój telefon – dodał. Kiwnął głową. – I jeszcze...

Czekałam.

– Obrączkę twojej matki.

No do kurwy nędzy!

Wyrzuciłam wolną rękę w górę i poszłam do kuchni. Miałam ochotę coś zniszczyć. Zbić talerz. Wziąć kij baseballowy i rozwalić cały ten pieprzony, śmierdzący dom.

Poszedł za mną i patrzył, jak wrzucam butelki do pojemnika.

– Wiesz, mogłabyś wykrzesać z siebie odrobinę empatii dla twojej siostry – powiedział do moich pleców. – Uzależnienie od narkotyków to choroba. A matka zasługuje na to, żeby zobaczyć swoje dziecko.

Odwróciłam się do niego gwałtownie.

– Mam dla niej mnóstwo empatii. Dlatego właśnie robię, co w mojej mocy, żeby wysłać ją na odwyk. Gdybyś ją kochał, tobyś mi w tym pomagał. Jej trzeba postawić wyraźne granice, tato. Musi ponosić konsekwencje. A jeśli nie stawiasz jej granic, stanowisz część problemu.

Jego nieogolona twarz stężała.

Odwróciłam się do niego tyłem i zaczęłam wściekle zmywać naczynia.

– Wiesz, choć raz chciałabym mieć przestrzeń, żeby móc opuścić gardę. Mam powyżej uszu sprzątania po was wszystkich.

Drzwi z garażu prowadzące do kuchni otworzyły się i do środka wszedł Brent.

Mieszkał ze swoim chłopakiem Joelem i jego rodziną w domu po drugiej stronie ulicy. Pewnie zobaczył mój samochód na podjeździe i jak zwykle czegoś ode mnie chciał. Bóg nam świadkiem, że żadne z nas nie zjawiało się w tej potwornej rupieciarni bez powodu.

– Widzę, że księżniczka wróciła do pałacu – zażartował.

Rzuciłam mu piorunujące spojrzenie.

– Stąpasz po cienkim lodzie, Brent. Nie nadużywaj mojej cierpliwości. A tak w ogóle to masz czelność blokować mój numer w telefonie, za który ja płacę?

Z obrzydzeniem rozejrzał się po kuchni i zatkał sobie nos dłonią, na którą naciągnął rękaw swetra.

– Fuj, ale tu capi. Ale przyszedłem, bo chciałem z tobą pogadać...

Uśmiechnęłam się drwiąco.

– No jasne. Na jaką piramidę finansową tym razem potrzebujesz forsy?

Prychnął z urazą.

– Przede wszystkim, to nie jest żadna piramida. To legalny biznes, w którym będę swoim własnym szefem. Potrzebuję tylko kapitału na początek, żeby móc zainwestować w towary.

– Wspaniale. Kolejna spółka MLM. Jeszcze lepiej. – Z impetem odstawiłam talerz na suszarkę. – Nie dam ci już ani centa, Brent. Skończyłeś studia. Zarządzanie i administrację! Więc znajdź sobie pracę. Prawdziwą!

– Nie nadaję się do pracy w tradycyjnym systemie, Vanesso, i dobrze o tym wiesz! Wszyscy mnie denerwują, jedzenie jest obrzydliwe, praca fizyczna mnie męczy – wyjęczał.

Tata, który stał za mną, odezwał się:

– Twój brat jest początkującym przedsiębiorcą i prosi tylko o trochę pieniędzy na początek.

– Ach tak? Więc ty mu je daj.

– W tej rodzinie troszczymy się o siebie nawzajem – ciągnął tata niezrażony. – Tak właśnie postępujemy. Opiekowałem się tobą i twoją siostrą, kiedy umarła wasza mama. Potem razem z Annabel opiekowałyście się Melanie, a teraz ty troszczysz się o nas. Tak właśnie jest w rodzinie Price'ów. Jeśli nie będziemy się wspierać, to co nam zostanie?

– Ty się nami opiekowałeś? – Zaśmiałam się z oburzeniem.

– Tak to nazywasz?

– Spójrz tylko na siebie. Świetnie ci się powodzi! – wrzasnął za moimi plecami.

Z wściekłością stuknęłam kolejnym talerzem o suszarkę.

– Jak śmiesz nazywać „opieką" swoją rodzicielską strategię pod hasłem „radźcie sobie sami". Nie mieliśmy pieniędzy, nasze ubrania cuchnęły wilgocią, przez co w szkole ciągle nam dokuczali, w spiżarni było samo przeterminowane jedzenie. A raz przywlokłeś do domu zapleśniałą i zapluskwioną kanapę, którą znalazłeś przy śmietniku, i musieliśmy spędzić Wielkanoc u rodziców Joela, podczas gdy ty odymiałeś dom...

Brent przyglądał się swoim paznokciom.

– Ta kanapa była naprawdę ohydna...

– To było prawie piętnaście lat temu – powiedział tata.

– Jak długo jeszcze będziecie wypominać mi tę kanapę... zresztą to był wspaniały wiktoriański mebel, który wymagał jedynie nowej tapicerki, jeśli chcecie wiedzieć. A daty ważności to mit. Chcą po prostu, żebyśmy bez przerwy kupowali jedzenie, którego wcale nie potrzebujemy.

– Kto niby tego chce? Wielki Sklep? – zapytał Brent sarkastycznie.

Prychnęłam.

– Nauczyłem cię zaradności – ciągnął tata. – A to niezbędna do życia umiejętność, za którą powinnaś mi dziękować. Wszystko, co osiągnęłaś, zawdzięczasz temu, jak cię wychowałem, a ty pozwalasz, żebym jeździł używaną kią. Ojciec takiej internetowej sławy powinien mieć bardziej wyszukany środek lokomocji. Może lexusa. Albo tego nowego mercedesa klasy C...

Uśmiechnęłam się drwiąco.

– Z samochodem koniec. Od tej pory, jeśli chcesz gdzieś jechać, możesz zamawiać Ubera. I masz sprzątnąć ten dom i zmienić zamki, albo przestanę płacić rachunki i będziesz musiał radzić sobie sam.

A potem broda zaczęła mi drżeć, bo jak niby ta rodzina da sobie radę, kiedy mnie zabraknie? Cały ten cholerny rodzinny bajzel trzymał się na taśmę klejącą.

Po mojej śmierci tata będzie musiał zaopiekować się Grace, a nie bardzo chciało mi się wierzyć, że zdoła wziąć się w garść przez wzgląd na małą. Nie chciałam nawet przywozić jej tu w odwiedziny, a co dopiero pozwolić jej tutaj zamieszkać. Tata był w kompletnej rozsypce. Pewnie umrze przysypany lawiną śmieci w swoim pokoju, a jego ciało zostanie odgrzebane dopiero, kiedy sąsiedzi zaczną się uskarżać na smród. Annabel w końcu przedawkuje w tej swojej pogoni za narkotykowym szczęściem i w ogóle nie wróci po Grace, a Brent roztrwoni cały spadek na jakiś superplan szybkiego wzbogacenia się, zbankrutuje i będzie przymierał głodem, zanim jeszcze moje ciało zdąży ostygnąć.

Zakładałam, że został mi jeszcze jakiś rok życia. Zaledwie rok, jeśli drętwienie ręki oznaczało to, co podejrzewałam. Potem pójdę do piachu, a ten bajzel będzie trwał beze mnie i nie będzie nikogo, kto by wziął ich w ryzy, tak więc będą się miotać i dręczyć aż do śmierci.

Wyrwał mi się szloch, odwróciłam się i zsunęłam oparta o zmywarkę, aż usiadłam na brudnej podłodze i zakryłam twarz dłońmi. A najgorsze w tym wszystkim było to, że nie miałam czucia w opuszkach palców.

Usłyszałam, że tata idzie w moją stronę, żeby mnie pocieszyć, bo linoleum było tak lepkie, że jego buty przy każdym kroku wydawały dźwięk odrywanej taśmy klejącej, co sprawiło, że rozpłakałam się jeszcze żałośniej.

Zupełnie jakby cała rodzina Price'ów była skazana na wymarcie. Wadliwe geny, skłonności i pieprzone prawo Murphy'ego.

Biedna mała Grace. Matka narkomanka, narcystyczny dziadek, żyjący złudzeniami wujek i umierająca opiekunka.

Zalewałam się łzami, a tata objął mnie ramieniem.

– Czemu płaczesz, słoneczko? Życie jest piękne. Annabel wyzdrowieje, a Grace ma przecież ciebie.

Zaszlochałam jeszcze głośniej.

Nie mogłam mu powiedzieć o mojej dłoni. Nie mogłam o niej powiedzieć żadnemu z nich. Tata by się kompletnie rozsypał – to by go do reszty rozwaliło. Brent oczywiście dramatyzowałby na całego, a kto wie, jak by to podziałało na moją siostrę.

Boże. Ktoś powinien po prostu adoptować Grace. Zastrzec w umowie zakaz kontaktów z biologiczną matką i uciec z nią gdzieś daleko. Jakaś miła para, która skandalicznie by ją rozpieszczała, wysyłała na letnie obozy, kupiłaby jej kucyka, tak że mała by dorastała, nie wiedząc, z jakiej popieprzonej rodziny się wywodzi, bo tu nigdy nic się nie zmieni.

Brent odezwał się scenicznym szeptem ze swojego miejsca przy drzwiach do garażu:

– Dobra, wiesz, jak bardzo chcę cię teraz pocieszyć, prawda? Ale za żadne skarby nie usiądę na tej podłodze.

Roześmiałam się przez łzy.

Otarłam oczy rękawem bluzki i wzięłam głęboki, nieco drżący oddech, starając się uspokoić. Jak zwykle nie mogłam sobie pozwolić na luksus prawdziwego załamania.

Pewnie dobrze by mi zrobiła jakaś forma terapii, może przynajmniej kolejna grupa wsparcia online. Ale jaki był sens szukania pomocy psychologicznej, skoro za rok prawdopodobnie już mnie w ogóle nie będzie?

– Jak myślicie, gdzie ona jest? – zapytałam szeptem, uciskając powieki dłońmi.

– Rano przysłała mi esemesa – powiedział Brent takim tonem, jakby go to wkurzało. – Nic jej nie jest.

– Znasz Annabel – dodał tata z lekceważeniem. – Zawsze spada na cztery łapy.

Brent uśmiechnął się drwiąco.

– Ona jest bardziej jak karaluch niż kot – mruknął.

Poczułam, że tata odwraca się w jego stronę.

– To twoja *siostra*, młody człowieku!

– No co? To nie była złośliwość! Chciałem tylko powiedzieć, że jest niezniszczalna. Mogłaby wybuchnąć bomba atomowa, a i tak Annabel pomykałaby w ruinach nietknięta, wciąż w tym szaliku Burberry, który mi ukradła, chociaż twierdzi, że go nie widziała. – Skrzyżował ręce na piersi. – Tęsknię za nim – dodał.

Westchnęłam przeciągle.

– Zgłosiłam kradzież samochodu. Na szczęście, kiedy zjawiły się gliny, byłam akurat w towarzystwie adwokata specjalizującego się w sprawach karnych. – Otarłam oczy dłonią. – Wiesz, ta sprawa trafi do policyjnych akt, tato. Co może zaszkodzić mojemu wizerunkowi. Musisz bardziej uważać.

– To ten seksowny koleś z korytarza? – spytał Brent.

Ze znużeniem kiwnęłam głową.

– Przystojny facet – podchwycił tata. – Do tego ze świetną pracą. Prawnicy doskonale zarabiają – dodał. – Miło byłoby mieć prawnika w rodzinie.

Prychnęłam cicho. Cóż to by była za wygoda!

Nie mieliśmy z tatą takiej relacji, żeby jego opinie na temat facetów, z którymi się spotykałam, miały dla mnie jakiekolwiek znaczenie. Zresztą nie spotykałam się z Adrianem w *takim* sensie ani też nie zamierzałam tego czynić. Jeszcze tego mu brakowało, żebym go wciągnęła w moje rodzinne bagienko. Na myśl o tym również chciało mi się płakać.

Lubiłam go. Był jak najbardziej w moim typie. W innej sytuacji, gdyby był choć trochę zainteresowany, a ja nie zbliżałabym się tak dramatycznie do mojej daty ważności, rzuciłabym się na to ciacho jak szalona.

Cierpłam na samą myśl o tym, jak Adrian by to wszystko podsumował. Właściwie codziennie spotykało mnie jakieś upokorzenie na jego oczach, zupełnie jakby wszechświat chciał się zabawić moim kosztem. W gardle dławił mnie ni to śmiech, ni to szloch. Oparłam czoło na kolanach.

Musiałam sprawić, że ta rodzina stanie się ode mnie niezależna. *Musiałam*. Nie mogłam pozwolić im na dalszą nieodpowiedzialność. Już niedługo mnie tu nie będzie, by pomóc im posprzątać ten bałagan. Nie wiedziałam jednak, co mam robić. Nie mogłam pomóc Annabel, dopóki ona sama nie będzie chciała sobie pomóc. Brent z uporem maniaka bujał w obłokach i gonił za marzeniami. A tata...

Miałam nadzieję, że interwencja straży miejskiej sprawi, że się ocknie. Dostał grzywnę i pół roku nadzoru sądowego za bajzel na podwórzu. Wiem, że to było dla niego upokarzające. Ale i tak nie skończył z tym swoim zbieractwem. Jego chorobliwa oszczędność przeszła w coś znacznie gorszego. Niczego nie wyrzucał. Część rzeczy, z którymi nie mógł się rozstać, to były najdosłowniej śmieci. A znosił te rupiecie do domu szybciej, niż byłam w stanie je wynosić.

Pociągnęłam nosem i przyłożyłam dłoń do czoła.

– Idź wziąć prysznic. Wybierzemy się na spotkanie grupy Nar-Anon. Ty też, Brent.

Nie spierali się ze mną. Pewnie dlatego, że wiedzieli, że jeśli chcą, bym w dalszym ciągu ich utrzymywała, muszą przynajmniej stwarzać pozory współpracy.

Poszłam za tatą do salonu i dałam mu dwie tabletki aleve, które miałam w torebce. Będziemy musieli skombinować mu kolejną receptę – i sejf, w którym będzie mógł bezpiecznie przechowywać leki. Będzie też potrzebował nowego telefonu.

Kiedy usłyszałam szum prysznica, zorganizowałam szybkie sprzątanie domu. Zmusiłam Brenta, żeby wyciągnął odkurzacz, a sama chwyciłam mopa. Wrzuciłam również stertę brudów do pralki. To nie była nawet jedna setna tego, co trzeba było zrobić, ale zawsze to jakiś początek.

Pół godziny później, gdy ja włączałam zmywarkę, tata wyszedł z łazienki i pojawił się na parterze czysty i ubrany.

– Możemy skoczyć do Perkinsa na lunch? – spytał, podciągając rękawy swetra.

Westchnęłam. Tata był całkiem przystojny. Miał na sobie białą koszulę i sweter z wycięciem w serek. Ogolił się i włożył okulary. Wyglądał jak mężczyzna, który przesiaduje w skórzanym fotelu przy kominku, czytając powieść. Jak wykształcony, wyrafinowany dżentelmen, szalenie bystry i aż nazbyt uroczy dla swego własnego dobra. Bo tak naprawdę taki właśnie był.

Czasami nachodziła mnie myśl, że to inteligencja taty doprowadziła go do tego punktu. Był zbyt łebski, żeby trwać w błogiej nieświadomości, nic nie uszło jego uwadze, chłonął świat jak gąbka. Mógłby osiągnąć wszystko. Zostać lekarzem. Naukowcem. Pracować jako księgowy, tak jak kiedyś.

Tymczasem był... w rozsypce.

Nie znałam drugiego takiego miejsca, do którego mniej chętnie poszłabym zjeść niż sieć restauracji Perkins.

Ale i tak go tam zabrałam.

* * *

Nie było mnie prawie pięć godzin. Minęła czternasta, kiedy wróciłam. Kilka razy dzwoniłam, żeby sprawdzić, co z Grace. Adrian za każdym razem zapewniał mnie, że wszystko jest w najlepszym porządku, i mówił, żebym się nie śpieszyła. Kiedy wreszcie dotarłam do jego mieszkania, zapukałam do drzwi, a on zawołał ze środka, żebym weszła.

Był w kuchni przy zlewie, puszczał wodę. Na kuchennym stole leżała otwarta teczka i jakieś papiery, jakby usiłował pracować, kiedy mnie nie było. Zrobiło mi się głupio, bo zabrałam mu pół dnia z powodu moich problemów. Pewnie miał swoje sprawy do załatwienia.

– Hej – powiedziałam, zamykając za sobą drzwi. – Jak się sprawowała? – Zerknęłam na bujaczek Grace, ale był pusty.

– Dobrze, to znaczy aż do około dwudziestu minut temu – odparł, spoglądając w dół na to, co mył w zlewie. – Miała bardzo brudną pieluszkę.

Podeszłam bliżej i zobaczyłam, że w zlewie leży Grace.

On ją kąpał.

Rozczuliło mnie to.

Włożył do zlewu zrolowany ręcznik, żeby ją podeprzeć, na blacie leżała zwinięta w kulkę myjka. Spłukiwał ją kubkiem. Wyjął z torby buteleczkę z płynem do kąpieli dla niemowląt, która była teraz w połowie pusta.

Otarł czoło wierzchem dłoni.

– Sięgało jej aż na plecy. Miała kupę nawet we włosach. Nie wiedziałem, że to w ogóle możliwe. Miałem ochotę wyrzucić całe dziecko do śmieci i zacząć od początku.

Parsknęłam śmiechem i zakryłam usta dłonią.

– Przepraszam, to wcale nie jest śmieszne. Nie powinnam się śmiać.

Uśmiechnął się.

– Nie przejmuj się. W końcu obiecałaś mi dzisiaj przygodę i dreszczyk emocji. – Ruchem głowy wskazał worek na śmieci leżący na podłodze. – Tam jest jej brudny pajacyk. Zamierzałem go wyprać.

Podeszłam do niego i podwinęłam rękawy.

– Pomogę ci. Ona bywa naprawdę śliska, kiedy jest mokra. – Nasze ręce zetknęły się ze sobą, gdy oboje pochyliliśmy się nad zlewem.

Ładnie pachniał. *Bardzo* ładnie.

Przypomniałam sobie, jak blisko mnie stanął wcześniej, kiedy rozmawiał z Sanchezem, i poczułam motyle w brzuchu.

Zdecydowanie zbyt długo nie uprawiałam seksu. Nie umawiałam się na randki, ale nie miałam nic przeciwko przygodzie na jedną noc od czasu do czasu. Jednak w miarę, jak moja sława rosła, takie jednorazowe numerki stawały się coraz trudniejsze do zorganizowania. Poznawałam różnych facetów, a oni wiedzieli, kim jestem, więc sytuacja robiła się niezręczna. Bałam się, że będą opowiadać o mnie w internecie jakieś pikantne kawałki albo zrobią mi zdjęcia, gdy będę spała, i sprzedadzą plotkarskim portalom. A w obliczu umowy o zachowaniu poufności cały romantyzm ulatuje.

Moja sława sprawiała, że coraz bardziej się izolowałam. Niemal w równym stopniu, co moje prywatne powody, żeby z nikim się nie wiązać.

I nagle uderzyła mnie myśl, że może ostatni raz, kiedy uprawiałam seks, był naprawdę ostatni. Westchnęłam, zgnębiona tą perspektywą. Jeśli naprawdę byłam chora, również wiele innych rzeczy robiłam być może po raz ostatni. Być może ostatni raz spędziłam Święto Dziękczynienia. To będzie moje ostatnie Boże Narodzenie. I ostatni sylwester. Być może także po raz ostatni stałam ramię w ramię z atrakcyjnym mężczyzną.

Starałam się odpędzić te myśli. Postępować jak zawsze – skupiać się na wdzięczności za to, co mam, a nie na rozpamiętywaniu tego, co straciłam.

Adrian odwrócił moją uwagę i pomógł mi w momencie, kiedy bardzo tego potrzebowałam. Umożliwił mi nagranie tamtego filmiku, zapewnił materiał na mój kanał, żebym nadal mogła zbierać pieniądze na badania nad ALS. A teraz poznałam go bliżej, choć nigdy bym się tego nie spodziewała. Jeszcze kilka dni temu byliśmy dla siebie kompletnie obcymi ludźmi. A więc miałam kolejne powody do wdzięczności.

Mimo to czułam coraz większe przygnębienie.

Może dlatego, że wszystko spadło na mnie jednocześnie i nie mogłam odbić się od dna tak lekko jak zwykle. Stan mojej ręki i świadomość, co to może oznaczać. Tata, Brent, Annabel. Ogólne przemęczenie. I jeszcze obrączka mamy.

Przerażała mnie myśl, że tracę odporność na przeciwności losu. Że może w końcu osiągnęłam limit życiowych tragedii i rozpaczy, którym mogłam stawić czoło.

Szybkie odbijanie się od dna stanowiło mój mechanizm obronny. Po każdym ciosie potrafiłam się natychmiast pozbierać. Zawsze widziałam szklankę do połowy pełną. Byłam z natury optymistką, pozytywnie patrzyłam na świat. Taką miałam filozofię życiową. Żyłam pełnią życia, każdy dzień spędzałam tak, jakby miał być moim ostatnim.

Ale dzisiaj? Dzisiaj czułam, jakby coś mi odebrano. A najdziwniejsze w tym wszystkim było poczucie, że ta utrata miała więcej wspólnego z Adrianem niż z czymkolwiek innym.

Przywykłam już do emocjonalnego rozchwiania Annabel i idiotycznych wyskoków taty oraz Brenta. Przywykłam już nawet do myśli, że umrę przed trzydziestką. Ale nie przywykłam do *tego*.

Do niego.

Adrian uosabiał jeden z tych kamieni milowych, których nigdy nie osiągnę. Bo tu nie chodziło nawet o niego samego. On był niezainteresowany i nieosiągalny. Ale o niego jako o wyobrażenie mężczyzny, w którym mogłabym się zakochać.

Nigdy nie będę miała męża. Ani własnej rodziny. Cholera, nigdy nie będę już nawet miała chłopaka.

ALS mi to odebrało, tak jak odebrało mi wiele innych rzeczy. Ta choroba była nie tylko złodziejką życia. Kradła także nadzieję. Godność. Marzenia. I będzie brała i brała, aż nic już nie zostanie.

Nawet ja.

Mój oddech drżał.

– Jak na kogoś, kto nigdy nie kąpał niemowlęcia, świetnie sobie poradziłeś – powiedziałam, starając się odepchnąć czarne myśli wywołane jego bliskością.

– Musiałem zadzwonić do mamy. Nie miałem pojęcia, od czego zacząć.

Roześmiałam się, ale nie było mi wesoło.

Wylał ostatni kubek wody na ramionka Grace, a ja wyjęłam ją ze zlewu i owinęłam w ręcznik.

Wyciągnął korek z odpływu, a ja przytuliłam to moje mokre maleństwo i pocałowałam w policzek. Zalała mnie fala czułości i opiekuńczości. Bo praktycznie rzecz biorąc, to było teraz *moje* dziecko.

Nigdy nie planowałam mieć dzieci. Kilka lat temu poddałam się zabiegowi podwiązania jajowodów. Ponieważ nie było wiadomo, jaki gen wywołuje ALS w mojej rodzinie, nie mogłam nawet wybrać selektywnego zapłodnienia in vitro, żeby go wyeliminować. Bo chociaż ja sama, pomimo zagrożenia, bardzo się cieszyłam, że żyję, a wiele osób w mojej sytuacji i tak decydowało się na dzieci, z zasady nie chciałam jednak grać w genową rosyjską ruletkę z moim potomstwem.

Nie chciałam dawać ALS ani jednej ofiary więcej. Dosyć już odebrało rodzinie Price'ów. Nie powołam na świat kolejnej niewinnej istotki, która pójdzie na stracenie.

Były inne opcje. Dawczyni komórek jajowych albo adopcja. Nigdy jednak ich nie rozważałam, bo nie miałam nawet pewności, czy będę żyła dość długo, by wychować dziecko. I na tym froncie nic się nie zmieniło. Grace też nie mogłam wychowywać.

Choćbym nawet chciała.

Pragnęłam wierzyć, że wszystko będzie dobrze. Że Annabel wyjdzie z nałogu, jak już raz jej się udało. Że wróci po swoją córeczkę. Nie miałam jednak czasu na samą wiarę. Już nie. Nie mogłam sobie pozwolić na to, że przegram ten zakład z losem.

Potrzebowałam dla tej maleńkiej dziewczynki długoterminowego planu, który mogłabym wcielić w życie już teraz, póki wciąż byłam w stanie.

– Znasz jakiegoś dobrego prawnika specjalizującego się w adopcjach? – spytałam.

Adrian oparł się o blat kuchenny i wytarł ręce w ściereczkę.

– Znam jednego. Myślisz o tym, żeby ją adoptować?

Nie mogłam wyznać mu prawdy. Nie musiał jej znać. Sama odpychałam od siebie myśl, że będę musiała oddać małą, znaleźć jej inną rodzinę. Ta perspektywa była zbyt bolesna.

– Wiesz, uważam po prostu, że ona potrzebuje stabilizacji.

– A czy twoja siostra zrzeknie się praw rodzicielskich?

Pokręciłam głową.

– Nie wiem.

Adrian odłożył ściereczkę na blat.

– Jeśli nie będzie chciała zrzec się praw, zawsze możesz zaproponować jej pieniądze. Bodziec finansowy zwykle działa. – Skrzyżował ręce na piersi. – Wyjaśniłaś wszystko ze swoją rodziną?

Westchnęłam przeciągle.

– Powiedzmy. To Annabel rozbiła samochód. Ukradła go tacie, więc dobra wiadomość jest taka, że nie popełniłeś krzywoprzysięstwa wobec przedstawiciela prawa. Ukradła też tacie telefon, pieniądze i obrączkę ślubną mojej ma... – Zadławiłam się tym ostatnim słowem. Nic nie mogłam na to poradzić. Nie spodziewałam się, że tak się rozkleję, i teraz nie mogłam już opanować emocji. – Przepraszam – zdołałam wyjąkać. – Jeszcze tego wszystkiego nie przetrawiłam.

Miałam pewną zasadę. Nie rozpamiętywałam doznanych przykrości. To było zabronione, choćby nie wiem, co się działo. Życie było za krótkie. Ale tę stratę odczuwałam szczególnie boleśnie.

Obrączka mamy była jedną z niewielu rodzinnych pamiątek, do których byłam przywiązana. Tak mało mi po niej zostało. A teraz utraciłam nawet to.

– Zgłosiłaś kradzież na policji? – spytał za moimi plecami.

Kiwnęłam głową i położyłam Grace na kanapie, żeby włożyć jej czystą pieluszkę. Z wysiłkiem przełknęłam ślinę, zanim się odezwałam. Nie chciałam się przy nim rozpłakać.

– Tak, ale to złota obrączka z maleńkim brylantem. Nie jest nawet warta tysiąca dolarów. Nie będą szukać zbyt usilnie. Jest grawerowana, w środku ma inskrypcję „Przeznaczenie", więc jej znalezienie nie jest może całkiem niemożliwe, ale i tak wydaje mi się mało prawdopodobne. – Pociągnęłam nosem. – Jest jak jest. Trudno. Tyle że miała dla mnie wartość sentymentalną.

Podszedł do mnie i podał mi pajacyk, który wybrał dla Grace. Wzięłam go, nie patrząc na Adriana.

– Wcześnie straciłaś mamę?

Kiwnęłam głową.

– Tak. Miałam sześć lat. Zginęła w wypadku samochodowym. – Włożyłam małej świeże ubranko.

– Twoja siostra jest od ciebie o dziewięć lat młodsza. Więc to siostra przyrodnia?

– Córka drugiej żony taty. Która jest też mamą Brenta.

– A gdzie ona jest teraz?

Dokończyłam zapinać pajacyk i wzięłam Grace na ręce.

– Tak daleko od nas, jak to tylko możliwe. I nawet nie mogę jej winić – mruknęłam. Odwróciłam się do niego i otarłam oczy. – Przepraszam, że zabrałam ci tyle dnia. Dziękuję, że z nią zostałeś. Już za minutkę przestanę ci się naprzykrzać.

– A może zjesz ze mną kolację?

To pytanie tak mnie zaskoczyło, że stanęłam jak wryta, gapiąc się na niego. Siedział na krześle. Łokcie oparł na kolanach, splótł palce i patrzył na mnie.

– Chcesz zjeść ze mną kolację? – zapytałam, mrugając z niedowierzaniem.

– Tak.

– Nie masz jeszcze dość mojego gówna? Ani jej gówna? – Ruchem głowy wskazałam Grace.

Zachichotał.

– Nie.

Nie podrywał mnie. Z jego strony to było całkowicie platoniczne. Ale on mi się podobał, a pozwolenie sobie na to, by spędzać czas z kimś, kto mógłby wywołać we mnie romantyczne uczucia, nie leżało ani w moim, ani w jego interesie. Nie miał, biedak, pojęcia, w co się pakuje. Moje życie było jak magazyn z tablicą informującą o liczbie dni, jakie upłynęły od ostatniego wypadku, a ta liczba zawsze wynosiła zero.

Oblizałam wargi.

– Zbliżanie się do kogoś to dla mnie w tej chwili nie jest dobry pomysł.

– Dlaczego? – spytał.

Westchnęłam.

– Adrian, moje życie jest w rozsypce. W totalnej rozsypce. Nawet sobie nie wyobrażasz. Mój świat to w tej chwili wielka góra gówna, a jeśli podejdziesz za blisko, to zjedziesz z niej razem ze mną.

– Bo masz problemy rodzinne? Nie ma czegoś takiego jak idealna rodzina. Są tylko rodziny, które mają lepszy PR niż twoja.

Kąciki moich ust drgnęły.

– Lubię spędzać z tobą czas – powiedział. – I muszę obejrzeć więcej odcinków *Biura*. I w dalszym ciągu nie zamierzam cię podrywać, jeśli o to się martwisz.

No, przynajmniej ta sprawa była jasna. *Boże*.

Moje pieprzone życie. Wyobraźcie sobie, jedna z drugą, że seksowny, błyskotliwy, niesamowity facet zapewnia cię, że nie zamierza cię podrywać, a ty oddychasz z ulgą.

– Zrobię goleń jagnięcą – oznajmił.

Zmarszczyłam czoło.

– Wydawało mi się, że mówiłeś, że nie gotujesz.

– Może nieprecyzyjnie się wyraziłem. Nie lubię gotować tylko dla siebie. Szkoda mi na to czasu. Ale bardzo lubię gotować dla kogoś. Zwłaszcza dla kogoś, kto to doceni.

Przygryzłam wargę.

– No nie wiem. Muszę zrobić pranie, a jeśli zjem z tobą kolację, będę mogła je wstawić dopiero wieczorem. W pralni jest tłok po ósmej.

Wzruszył ramionami.

– Wstaw je tutaj. Masz pralkę i suszarkę.

Uniosłam brew.

– Naprawdę?

– Nie zapominaj, że moje mieszkanie jest dużo większe od twojego. Możesz zrobić tyle prań, ile tylko potrzebujesz.

– Jesteś pewny?

– Całkowicie.

Uśmiechnęłam się.

– Stawiasz sprawę w taki sposób, że bardzo trudno ci odmówić.

– Tak powiedziała.

Parsknęłam śmiechem.

– Ha! Humor rodem z *Biura*. Już zmieniłam cię na lepsze. No dobrze. Pozwól, że najpierw wezmę prysznic. Dopiero co sprzątałam dom, który powinno się przeznaczyć do rozbiórki – powiedziałam, spoglądając na moje ubranie.

Wstał i wyciągnął ręce po Grace.

– Wezmę ją.

Przechyliłam głowę.

– Naprawdę?

Uśmiechnął się do małej w taki sposób, że aż zakłuło mnie w sercu.

– Tak, żaden problem. Nie zamknę drzwi na zasuwkę. Po prostu wejdź, gdy już się wyszykujesz.

* * *

No i się wyszykowałam. Tak wyszykowanej jeszcze mnie nie widział. Rzecz jasna nie dlatego, że to była randka, ale dlatego, że możliwość wyjścia z domu i ubrania się ładnie to był luksus, na jaki od tygodni nie mogłam sobie pozwolić. Ostatnio po prostu na różne sposoby zwlekałam się rano z łóżka. Poza tym moja prezencja musiała dorównać potrawie. Facet przyrządzał goleń jagnięcą.

Włożyłam luźny różowy sweter i dżinsy, zakręciłam włosy i zrobiłam makijaż. Gdy godzinę później weszłam do jego mieszkania, usłyszałam muzykę klasyczną. Harry Puppins, ubrany w pieluszkę, leżał skulony na posłanku obok kanapy. Grace siedziała na swoim bujaczku przy wejściu do kuchni, tak że Adrian cały czas miał na nią oko.

Adrian stał przy kuchence, trzymając łopatkę nad miedzianą patelnią, przez ramię przewieszoną miał czarną ścierkę. Był w dżinsach, białym fartuchu i bordowym swetrze z podwiniętymi rękawami. Cała ta scena wyglądała jak wyjęta z cholernego katalogu firmy Williams-Sonoma.

Na świecie nie było równowagi. Jakiś nieszczęśnik pewnie został pokrzywdzony, żeby Adrian Copeland mógł dostać swój nieproporcjonalnie duży przydział atrakcyjności.

– Hej – odezwałam się, wnosząc kosz z brudną bielizną i butelkę wina.

Cała moja poczta od fanów leżała przy drzwiach, starannie posegregowana i zapakowana w pudła archiwizacyjne.

– Poprosiłem Becky, żeby zaniosła wybrane przez ciebie rzeczy Armii Zbawienia – rzucił przez ramię. – Mam nadzieję, że jesteś głodna.

– Umieram z głodu.

W całym mieszkaniu pachniało *bosko*.

Kiwnął głową w stronę korytarza.

– Drugie drzwi po lewej to pralnia.

– Dzięki – odparłam. – Mogę najpierw w czymś ci pomóc?

Po raz pierwszy, odkąd weszłam do mieszkania, omiótł mnie spojrzeniem od stóp do głów i chwilę milczał.

– Nie. Wszystko pod kontrolą. – Jeszcze przez chwilę nie spuszczał ze mnie wzroku, po czym wrócił do pichcenia.

Uśmiechnęłam się do siebie. Pożerał mnie wzrokiem. Dało mi to miłą świadomość, że może moje zauroczenie nie jest jednostronne. Oczywiście nic z tego nie wynikało. Między nami nie mogło do niczego dojść. Cudownie natomiast podziałało na moją samoocenę.

Podeszłam do Grace. Miała smoczek w buzi i szeroko otwartymi oczami wpatrywała się w gotującego Adriana. Poprawiłam jej kocyk, po czym zabrałam kosz z brudną bielizną i ruszyłam w głąb korytarza.

W mieszkaniu były trzy sypialnie. Główna znajdowała się na prawo w stosunku do salonu i miała wspólną ścianę z moją. Drzwi były zamknięte.

Kuchnia była połączona z przestronną jadalnią, pośrodku której znajdował się stół i sześć krzeseł. Ja zagłębiłam się w korytarz ciągnący się w lewo. Po drodze zaglądałam do mijanych pokojów.

W jednym znajdował się gabinet o prawniczym wyglądzie, z półkami z wiśniowego drewna od podłogi do sufitu i solidnym biurkiem. Drugą wolną sypialnię Adrian przerobił na imponującą domową siłownię. Pomiędzy dwoma pokojami mieściła się wielka łazienka, a dalej – wreszcie – pralnia.

W całym mieszkaniu panował nieskazitelny porządek. Każda rzecz miała swoje miejsce. Adrian był pod tym względem wręcz pedantyczny. Nawet w pralni wszystko było idealnie rozplanowane i wypucowane. Środki piorące i płyny do płukania stały w równym rządku na pralce.

Ściany w całym mieszkaniu były w chłodnym odcieniu szarości z białym wykończeniem. Wszędzie położono parkiet z twardego drewna, tylko w łazience podłogę wyłożono ciemnoszarymi płytkami. Wszystko było bardzo zimne i męskie. Brakowało tu roślin i świeczek.

Wstawiłam pranie i wróciłam do kuchni.

– Boże, twoje mieszkanie to istny pałac.

Zerknęłam mu przez ramię, żeby zobaczyć, co szykuje. Przyrumieniał na patelni ziemniaki z dodatkiem rozmarynu. Zapach był tak zachęcający, że aż zaburczało mi w brzuchu.

– Dlaczego też nie sprawisz sobie większego? – spytał.

– Na tyle, na ile się zorientowałem, byłoby cię stać. Sądząc po twojej poczcie od fanów, odniosłaś wielki sukces.

Oparłam się o blat obok kuchenki.

– Większość pieniędzy oddaję na cele charytatywne. Dlatego żyję skromnie. Zostawiam sobie tylko tyle, ile potrzebuję, no i trochę na przyjemności. I wino – dodałam.

Nalał odrobinę merlota na patelnię. Rozległo się skwierczenie.

– No tak, czytałem, co o tobie napisali w Wikipedii. Przekazujesz pieniądze na badania nad ALS.

Wygooglował mnie.

Co oznaczało, że *wiedział*.

Wystarczyłoby, żeby obejrzał którykolwiek z moich filmików, i już miałby o mnie wystarczające pojęcie. Mówiłam o tym otwarcie: że istniało pięćdziesięcioprocentowe prawdopodobieństwo, że mam zmutowane geny wywołujące ALS. Że skuteczne badania były w moim przypadku niemożliwe. Również o mojej niechęci do poddania się leczeniu w razie wykrycia choroby. To wszystko tam było. Może nie wrzucone w jeden odcinek, ale przemycane po trochu tu i tam. Że nie wspomnę już o artykułach na mój temat i o mojej stronie w Wikipedii. Jeśli miał choć odrobinę prawniczej skrupulatności, a wyglądało na to, że miał jej sporo, powinien do tej pory uzyskać całkiem przejrzysty obraz mojego życia.

A teraz, kiedy zorientowałam się już, dokąd zmierza ta rozmowa, musiałam to powstrzymać. Nie chciałam wdawać się w towarzyską pogawędkę na temat mojej możliwej śmiertelnej diagnozy. Chciałam się rozkoszować tą kolacją. Zapomnieć o czającej się tuż za rogiem śmierci.

Założyłam za ucho kosmyk włosów.

– Mogę cię o coś prosić?

Skierował na mnie ciepłe spojrzenie tych swoich pięknych zielonych oczu.

– Nie chcę rozmawiać o tym… o niczym, czego dowiedziałeś się o mnie z mojego kanału. Nigdy. Po prostu… przebywanie z tobą to dla mnie taka odskocznia. Bo wiesz, nie jesteś moją zwariowaną rodziną ani częścią youtuberskiego świata, ani też świata związanego z ALS, i to mi się podoba.

Przez chwilę patrzyliśmy na siebie.

– Jasne – powiedział w końcu. – Dla mnie to również trochę taka ucieczka od rzeczywistości. Doskonale rozumiem. – Wprawnie podrzucił ziemniaki. – To jakie wino przyniosłaś? – zapytał.

Uśmiechnęłam się, sięgnęłam po butelkę i wyciągnęłam ją w jego stronę.

– Nieźle – powiedział i uśmiechnął się szeroko na widok etykiety. – Trzymałaś je na specjalną okazję? To świetny rocznik.

– Niczego nie trzymam na specjalną okazję – odparłam, biorąc korkociąg z blatu. – Wszystkim cieszę się od razu, na bieżąco. Palę drogą świeczkę, używam frymuśnego mydełka w kształcie róży i piję wino, nawet jeśli świętuję jedynie to, że jest wtorek.

Wyłączył palnik.

– Cieszę się, bo teraz i ja na tym skorzystam. A potrafię docenić dobre wino. Pozwól, proszę. – Wziął ode mnie korkociąg, z którym bezskutecznie się zmagałam, i otworzył butelkę. Następnie wyjął z szafki dwa kieliszki, napełnił je i podał mi jeden.

– Dzięki. – Zakręciłam kieliszkiem, przyłożyłam pod nos i zaciągnęłam się głęboko. – Skoro tak lubisz wino, powinieneś się wybrać do Toskanii. Byłeś tam kiedyś? – Rozejrzałam się po jego mieszkaniu, wypatrując zdjęć w ramkach. – Gdzie twoje fotki z wakacji? Trzymasz je w laptopie? – Machnęłam kciukiem za siebie. – Bo jeśli masz zdjęcia w chmurze, będę musiała je przejrzeć pod kątem zdjęć penisa.

Zaśmiał się głośno.

– Nie mam zdjęć w chmurze. Nie jeżdżę na wakacje.

Zamrugałam.

– Nigdy?

– Kilka lat temu pojechałem na tydzień do Los Angeles, ale to było z powodu konferencji prawniczej.

– Więc tylko tym się zajmujesz? Pracą?

– Na to wychodzi.

Wpatrywałam się w niego zdumiona.

– Dlaczego?

Wzruszył ramionami i oparł się o blat.

– Niełatwo jest mi wziąć urlop. Kancelaria mnie potrzebuje. Jestem wspólnikiem. I nie mam nic przeciwko tej pracy. Dobrze zarabiam.

– Potrzebujesz tego? – spytałam.

– Czego?

– Pieniędzy. Są ci potrzebne? To znaczy, czy masz jakiś cel, na który je zbierasz? Jak spłata pożyczek studenckich czy innych długów? Albo jakaś większa inwestycja?

Potrząsnął głową.

– Nie, nie mam żadnych długów. Mama płaciła za moje studia. Ten budynek też przynosi mi przyzwoity dochód. Chyba po prostu pracuję dla samej pracy.

Wyczułam w nim jakieś napięcie, kiedy to mówił.

– Co się stało? – spytałam.

Odwrócił wzrok.

– Sam nie wiem...

– Co? Powiedz mi.

Znowu na mnie spojrzał.

– Lubię moją pracę. Daje mi poczucie spełnienia. I satysfakcję. Tylko że... – Potrząsnął głową i zacisnął usta. – Nie mogę pozbyć się uczucia, że czegoś mi jednak brakuje. Może to dlatego, że właśnie zerwałem z dziewczyną. – Potarł czoło dłonią. – To pewnie dlatego.

Uniosłam kieliszek w jego stronę.

– To Syndrom Pewnego Dnia.

Zmarszczył czoło.

– Że co?

– Syndrom Pewnego Dnia. Żyjesz w przekonaniu, że kiedyś nadejdzie dzień, w którym zrobisz wreszcie wszystko to, co odkładasz na później. Pewnego dnia pojedziesz na wycieczkę. Pewnego dnia założysz rodzinę. Pewnego dnia spróbujesz tego czy tamtego. Cały czas pracujesz i za mało się bawisz. Pieniądze nie przyniosą ci szczęścia, o ile nie wiesz, czego pragniesz, Adrianie. To czego pragniesz?

Pokręcił głową i spojrzał na mnie bezradnie, jakby nigdy wcześniej nie zadawał sobie tego pytania.

– Nie wiem.

– Powinieneś się nad tym zastanowić. Wiesz, jesteś prawdziwym szczęściarzem. Większość ludzi nie ma środków do tego, żeby zacząć żyć inaczej ani dokonać drastycznych zmian stylu życia, spakować się, wziąć urlop na pół roku i wciąż móc opłacić rachunki. Ale ty masz. – Wzruszyłam ramionami. – Więc zrób to.

Wydawał się rozbawiony.

– Tak po prostu? Spakować się i wyjechać?

– Albo zostać w domu. Ale wygospodarować czas na inne rzeczy poza pracą. Znaleźć równowagę. *Radość*. Należysz do tych osób, które nie są w stanie zobaczyć kształtów chmur. Wcale nie dlatego, że brakuje ci wyobraźni, ale dlatego, że nie masz czasu, żeby spojrzeć w niebo.

Zamrugał. Przez jego twarz przemknęło coś, czego nie potrafiłam zinterpretować. A potem odchrząknął i odsunął się od blatu.

– No, z Włochami będzie trudno – powiedział, biorąc patelnię z ziemniakami. – Nie latam samolotami, pamiętasz?

Grace zaczęła się wiercić, więc wypięłam ją z bujaczka i wzięłam na ręce.

– Mówiłeś poważnie z tym lataniem, co? – zagadnęłam, kołysząc ją.

Przełożył zawartość patelni na półmisek.

– Mam ataki paniki.

Ściągnęłam brwi.

– No to faktycznie niedobrze. Próbowałeś brać xanax?

Odstawił patelnię do zlewu i zalał ją wodą. Zaskwierczała.

– Próbowałem wszystkiego.

– Terapii też?

Pokręcił głową.

– Wystarczy mi psychoanalizy ze strony mojej mamy. Ona uważa, że to dlatego, że podczas lotu nie mam kontroli nad sytuacją. Pewnie nie miałbym żadnego problemu, gdybym to ja pilotował samolot. – Zdjął z ramienia ścierkę i wytarł w nią ręce. – Uważa, że mam nieprzepracowaną kwestię porzuce-

124

nia. – Miał rozbawioną minę. – Mój tata odszedł od nas, kiedy byłem chłopcem. Mama twierdzi, że to zaowocowało u mnie głęboko zakorzenioną potrzebą kontroli w każdej sytuacji.

– Ha! Twoja mama jest psychologiem?

Zachichotał.

– Nie. Ale sama chodziła już do tyłu, że pewnie wie, co mówi.

– No a jak ta nieprzepracowana kwestia porzucenia wpływa na twoje związki? – spytałam, wkładając Grace smoczek do buzi.

Otworzył piekarnik i zajrzał do środka.

– Co masz na myśli?

– Traumy z dzieciństwa *zawsze* rzutują na związki w dorosłym życiu. Myślę, że to żelazna zasada.

Znałam ją, bo sama też jej podlegałam. A w moim wypadku oznaczała, że w ogóle nie angażowałam się w żadne związki.

Bardzo wcześnie nauczyłam się, że miłość zawsze kosztuje zbyt wiele. Miłość to odpowiedzialność. Zobowiązanie. Miłość wysysa z ciebie wszystko, wykorzystuje cię. Prosi cię o pieniądze, rozbija twój samochód, podrzuca ci dziecko.

Zostawia cię.

Umiera.

Nie chciałam fundować tego nikomu. Nie chciałam, żeby ktoś się we mnie zakochał, a potem patrzył, jak uchodzi ze mnie życie i jak go zostawiam. Zresztą nie byłam tego warta. Nie na tym etapie. Nikomu by się to nie opłaciło. Najpewniej zostało mi już za mało czasu.

Adrian zmniejszył temperaturę w piekarniku.

– Nie licząc tego, że było mi trudno wyprawić się do Seattle, żeby się z nią zobaczyć, nie sądzę, że moje traumy z dzieciństwa miały jakikolwiek wpływ na Rachel.

– A przed nią miałeś jakieś poważne związki? – spytałam.

Adrian złożył ścierkę w idealny kwadrat i położył ją na blacie.

– Kilka. Przez parę lat miałem dziewczynę na studiach. Potem umawiałem się na randki mniej zobowiązująco. Praca sprawia, że mam mało czasu. Rachel była moją pierwszą dziewczyną od jakichś... trzech lat?

Odchyliłam głowę do tyłu.

– Rany! Musiała być naprawdę wyjątkowa.

Westchnął ciężko, ale nic nie odpowiedział.

Zrobiło mi się przykro.

– Wszystko w porządku? Odkrycie, że ona ma męża, to naprawdę paskudny powód do zerwania.

Kiwnął głową.

– Jest okej. Będzie. Jakoś muszę się z tym uporać. Twoja obecność bardzo mi pomaga.

Uśmiechnęłam się i pocałowałam Grace w główkę.

– Powinniśmy wznieść toast. – Sięgnęłam po mój kieliszek i uniosłam go. – Za przyjaźń i tylko przyjaźń.

Posłał mi krzywy uśmieszek.

– Za przyjaźń i tylko przyjaźń.

Stuknęliśmy się kieliszkami.

Rozdział 9

Mężczyzna uwięziony przez makabryczną lawinę! Nie uwierzycie, co go przysypało!

ADRIAN

Obudziłem się z myślą o Vanessie.

Nie mogłem uwierzyć, że nie poznałem jej wcześniej. Że nie miałem pojęcia, że tak pozytywna osoba mieszka tuż obok mnie. Miałem wrażenie, że kogoś takiego nie można przeoczyć. Powinienem był poczuć przez ścianę bijące od niej ciepło.

Ubiegłego wieczoru przyniosła cabernet Far Niente z roku 2013. Było wyśmienite. Zjedliśmy kolację i zaczęliśmy oglądać *Biuro*, ale ostatecznie wdaliśmy się w rozmowę i tak dobrze nam się gadało, że zatrzymaliśmy odtwarzanie i już do niego nie wracaliśmy.

Kiedy pojechała rozmówić się z ojcem w sprawie „skradzionego samochodu", trochę poszperałem na jej temat. Wpisałem w wyszukiwarkę „Vanessa Price" i kliknąłem jej film z największą liczbą wyświetleń. Nagrała go z drugą youtuberką imieniem Willow Shea, na filmie obie jadły najostrzejsze papryki świata naga jolokia. To było przezabawne.

Potem przeczytałem informacje o niej w Wikipedii. Wpis był krótki: była zagorzałą rzeczniczką praw osób z niepełnosprawnością, prowadziła działalność charytatywną, zbierając fundusze na pracę nad leczeniem ALS, no i była sławna, co już zdążyłem wydedukować z liczby przesyłek od fanów, a także z pięciu milionów wyświetleń filmu o paprykach, który obejrzałem.

Miałem nadzieję, że dowiem się, gdzie wcześniej pracowała, ale w Wikipedii nie znalazłem nic na ten temat.

Powiedziała, że nie umawia się na randki, ponieważ kobiety w jej rodzinie młodo umierają.

Jej mama zginęła w wypadku samochodowym, a siostra zmarła na ALS. Sprawdziłem szybko w Google'u, że jest to postępująca choroba neurodegeneracyjna oddziałująca na komórki nerwowe mózgu i rdzenia kręgowego. Powoduje atrofię mięśni i ostatecznie prowadzi do śmierci. Zbieranie pieniędzy na ALS zapoczątkowało słynny Ice Bucket Challenge, czyli wyzwanie z wiadrem zimnej wody sprzed kilku lat. Stephen Hawking cierpiał na powoli postępującą wersję tej choroby.

Była naprawdę okropna i *bardzo* rzadka. W dziewięćdziesięciu pięciu procentach uderzała znienacka, co oznaczało, że prawdopodobnie Vanessa wcale jej nie odziedziczyła. Jej ojciec żył i miał się dobrze, a chociaż wcześnie straciła mamę, to nie z powodu ALS. Wikipedia nie podawała żadnych innych członków jej rodziny, których dotknęła ta choroba. Pech chciał, że zabrała jej siostrę, ale nic nie wskazywało na to, że Vanessa ma się czego obawiać.

Dwie przedwcześnie zmarłe osoby w rodzinie oraz siostra uparcie dążąca do autodestrukcji sprawiały pewnie, że Vanessa czuła, jakby jej życie było horrorem z cyklu *Oszukać przeznaczenie.*

To było, oczywiście, absurdalne i sądziłem, że Vanessa zmieni w końcu nastawienie. *Miałem nadzieję*, że tak się stanie. Była zbyt niesamowita, żeby na zawsze zostać singielką.

No i miała rację. Nie doceniałem pokrzepiającej siły nowej gąbki do zmywania.

Stałem w kuchni i parzyłem sobie cappuccino. Była dopiero 8:15. Nie miałem żadnych planów na dziś i myślałem właśnie, żeby wskoczyć na bieżnię, gdy nagle zadzwonił mój telefon.

Domowy numer Richarda.

Mój dobry nastrój natychmiast prysł.

Kiedy wczoraj zadzwoniłem do mamy, żeby ją zapytać, jak ratować Grace z pieluszkowej katastrofy, sądziła z początku, że chcę jej powiedzieć, że jednak przyjadę na święta. Była zaskoczona, że opiekuję się cudzym niemowlęciem. Znacznie mniej zdziwiło ją to, że wciąż się upieram i odmawiam przebywania pod jednym dachem z Richardem.

Odebrałem, przypuszczając, że po raz kolejny będzie usiłowała wpędzić mnie w poczucie winy.

Było nawet gorzej. Dzwoniła babcia.

– Adrian? – Usłyszałem jej cienki, delikatny głosik. – O której dzisiaj zabierasz mnie na lunch?

Ściągnąłem brwi.

– Babciu, dzisiaj się nie zobaczymy.

– Ale jest wtorek! Zawsze we wtorki zabierasz mnie do Perkinsa.

To nie był wtorek, tylko niedziela. I nigdy nie zabierałem jej na lunch. Naszą tradycją były wspólne kolacje.

Znowu coś jej się pomieszało.

Potarłem ze znużeniem czoło.

– Babciu, jesteś teraz w Nebrasce, pamiętasz?

Milczała, a ja wiedziałem, że robi teraz to, co zawsze, kiedy mąci jej się w głowie: ściąga te swoje cieniutkie brwi i wodzi wzrokiem po podłodze, jakby szukała tam podpowiedzi.

Przez telefon jeszcze trudniej było się z nią porozumieć. W osobistym kontakcie była mniej zdezorientowana. Od ich wyprowadzki właściwie ani razu nie udało mi się z nią pogadać. Za każdym razem, gdy dzwoniłem, traciła wątek albo zapominała, z kim rozmawia, odkładała słuchawkę i odchodziła od telefonu.

Tym bardziej byłem zły na mamę, że wywiozła ją gdzieś daleko, gdzie wszystko było dla niej nowe i obce, i moja nienawiść do Richarda jeszcze wzrosła.

Usłyszałem kogoś w tle.

– Z kim rozmawiasz? – Szuranie, a potem mama przejęła słuchawkę. – Kto mówi?

– To ja, mamo – odparłem zniechęcony.

– Adrian? Nie słyszałam dzwonka telefonu.

– To ona zadzwoniła do mnie.

Teraz mama też umilkła.

– Pytała o ciebie – podjęła po chwili.

Ucisnąłem sobie skronie.

– Ona nie rozumie, dlaczego cię tu nie ma – odezwała się mama. – A ja nie potrafię jej tego wyjaśnić.

– No, to może nie powinnaś była wywozić jej do innego stanu – odparłem ostrzejszym tonem, niż zamierzałem.

– Mam swoje życie, Adrianie. Nawet jeśli ty nie chcesz być jego częścią.

Rozejm, który udało nam się zawrzeć wczoraj, kiedy zadzwoniłem z pytaniem o umycie Grace, oficjalnie stracił ważność.

– Oddaję słuchawkę Audrey, żebyś mógł się z nią pożegnać – rzuciła krótko, wyraźnie mając mnie dość.

Znów usłyszałem szuranie i babcia wróciła do telefonu.

– Adrian?

– Kocham cię, babciu. A teraz muszę kończyć, dobrze? – powiedziałem stłumionym z emocji głosem.

– Dobrze. Sprawuj się grzecznie. Do zobaczenia. Pa.

Rozłączyłem się, zacisnąłem powieki i odetchnąłem głęboko.

To było jak walka o opiekę. Mogłem uzyskać zgodę na odwiedziny babci tylko pod warunkiem, że pogodzę się z Richardem i do nich pojadę – a na to nie mogłem przystać.

Natychmiast poczułem się wyczerpany i niejako ukarany za to, że mam swoje zasady.

Wróciłem do parzenia kawy. Telefon znów zadzwonił, a ja spojrzałem na wyświetlacz w obawie, że to znowu babcia. Tym razem dzwoniła Vanessa. Uśmiechnąłem się i odebrałem.

– Hej...

– Adrianie, potrzebuję pomocy. Sprawa jest pilna.

Odstawiłem filiżankę i od razu ruszyłem do drzwi.

– Co się dzieje?

– Muszę cię prosić, żebyś pojechał ze mną do taty.

Zastygłem z ręką na klamce.

– Do twojego taty?

– Tak, sytuacja nie wymaga wzywania policji, ale zdecydowanie jest dramatyczna i potrzebuję kogoś silnego do pomocy. Moja ręka jest za słaba, u Brenta w domu nikogo nie ma, a nikogo innego nie znam.

– Dobra. Tylko się ubiorę – powiedziałem, zawracając pędem do mojego pokoju.

– Nie wkładaj niczego, co byłoby ci potem żal polać benzyną i podpalić.

Vanessa zostawiła Grace u Pani Jogi – która naprawdę miała na imię Dawn. Ja prowadziłem.

– Co się stało? – zapytałem, wjeżdżając na autostradę.

Vanessa wykręcała nerwowo palce.

– Coś się na niego przewróciło i jest uwięziony.

Obróciłem głowę w jej stronę.

– Uwięziony? Pod spodem?

Kiwnęła głową.

– Tak, ale przywaliło mu tylko nogi. Był w stanie do mnie zadzwonić. Nie zagraża mu bezpośrednie niebezpieczeństwo. Chyba nic sobie nie uszkodził. Po prostu sam nie da rady się wydostać.

Pokręciłem głową.

– I nie chciałaś zadzwonić pod 911? Dotarliby tam szybciej.

– Nie mogę wezwać policji do tego domu. Przeznaczyliby go do wyburzenia.

Zmarszczyłem brwi.

– Do wyburzenia? Co z nim jest nie tak?

Westchnęła przeciągle.

– Pamiętasz, jak ci wczoraj mówiłam o wielkiej górze gówna? A ty zbyłeś to machnięciem ręki i szarmancko uznałeś, że mimo to będziesz moim przyjacielem?

Zmieniłem pas.

– Tak...

– No to zaraz właśnie z niej zjedziemy.

Piętnaście minut później podjechaliśmy pod piętrowy dom w Eagan. Vanessa wyskoczyła z wozu, podbiegła do drzwi i weszła do środka, nie czekając na mnie. Ruszyłem w jej ślady, ale w progu stanąłem jak wryty.

Smród walnął mnie jak obuchem.

Powoli wszedłem do domu, kryjąc twarz w zgięciu łokcia. Nigdy niczego podobnego nie widziałem. W każdym razie nie na żywo.

Jak okiem sięgnąć, wszędzie – od podłogi do sufitu – wznosiły się jakieś sterty. Najróżniejsze graty wypełniały dosłownie całą przestrzeń. Każda powierzchnia możliwa do wykorzystania była zajęta przez stosy rzeczy.

Kozetka w salonie była cała zawalona stertami gazet i czasopism, sięgającymi tak wysoko, że zasłaniały światło z okna. Na stoliku stał zepsuty mikser wypełniony nakrętkami do butelek, a obok gnijąca tykwa, wokół której krążyły owocówki. Wszędzie pod ścianami znajdowały się jakieś pojemniki z Bóg wie czym w środku, felga samochodowa, pudło wypełnione połamanymi ramkami na zdjęcia, jeden z tych białych wiklinowych koszy używanych na kwiaty na ślubach w latach osiemdziesiątych, a w nim powgniatana różowa butla z helem...

W tym szaleństwie była chaotyczna metoda. Niektóre graty zdawały się pogrupowane. Stos gier planszowych na krześle. Kolekcja płyt CD. Ale wokół walały się śmieci i popsute jedzenie. Bezużyteczne bibeloty i sprzęty.

Vanessa zawołała mnie z głębi domu, więc przedostałem się przez rupiecie na podłodze na korytarz tak zagracony, że musiałem przeciskać się bokiem. Stała w pokoju na jego końcu i próbowała dźwignąć przewróconą szafę ze stosu ciuchów.

– Ja to zrobię – powiedziałem, unosząc ją i opierając o ścianę. Dopiero kiedy chwyciłem mebel, zorientowałem się, że pod spodem leży człowiek.

Vanessa już wydobywała ojca spod koszul i spodni.

– Tato, nic ci nie jest? – zapytała, pomagając mu wstać.

Otrzepał swój sweter. Na ramieniu wciąż miał skarpetkę.

– Nic, nic, słoneczko. Położyłem stertę prania na otwartej szufladzie i to musiało ją przeciążyć. Przewróciła się na mnie. Na szczęście ubrania zamortyzowały upadek.

Vanessa spojrzała na mnie ze znużeniem.

– Dzięki za pomoc.

Jej ojciec posłał mi szeroki uśmiech sprzedawcy używanych samochodów.

– Nie zostaliśmy sobie oficjalnie przedstawieni – powiedział, wyciągając do mnie rękę. – Gerald Price.

Było mi niedobrze. Oczy zaczęły mi łzawić.

– Adrian Copeland – wykrztusiłem, ściskając jego dłoń.

Gerald wsunął ręce do kieszeni i zakołysał się jowialnie na piętach.

– Vanessa mówiła, że jest pan prawnikiem.

Uśmiechnął się do mnie jak gdyby nigdy nic. Jakbym właśnie nie zdjął z niego szafy, jakbyśmy wpadli na siebie w kawiarni.

Nie mogłem prowadzić z nim gadki szmatki, stojąc w stosie śmieci. Z trudem oddychałem. Nie tylko z powodu zapachu, lecz także dlatego, że ten pokój był tak zagracony, że dostawałem klaustrofobii. Pod stopami nie miałem równej podłogi. Stałem na kocach i zwiniętych w kulkę skarpetkach, głową prawie dotykałem sufitu. Zrobiło mi się słabo.

– Przepraszam, proszę mi wybaczyć. Muszę na chwilę stąd wyjść.

Zostawiłem ich tam. Nie zatrzymywałem się, dopóki nie wyszedłem na zewnątrz, na ganek, gdzie łapczywie zaczerpnąłem świeżego powietrza.

Jak to, kurde, możliwe, że Vanessa dorastała w czymś takim? Nie mogłem powiedzieć, że moje własne dzieciństwo minęło bez żadnej traumy, ale pobyt w tym domu sprawił, że miałem ochotę zadzwonić do mamy i jej podziękować.

Trzy minuty później Vanessa dołączyła do mnie na ganku i klapnęła obok mnie na zniszczonej ławce przy siatkowych drzwiach.

Pokręciłem głową.

– Rany.

Uśmiechnęła się gorzko.

– Użyłabym mocniejszego słowa, ale masz rację.

Popatrzyłem na nią.

– Przepraszam, nie chciałem być niegrzeczny wobec twojego taty, ale musiałem zaczerpnąć świeżego powietrza.

Westchnęła.

– To przytłaczające, wiem. Zwłaszcza dla kogoś, kto do tego nie przywykł.

– Ty przywykłaś?

– Przywykłam do wielu rzeczy. – Zaśmiała się posępnie. – Kiedyś znalazłam szopa pracza, który zamieszkał w jednej z szaf. Kiedy człowiek uświadomi sobie, że tylko jedno otwarte okno i zabałaganiona łazienka dzielą go od totalnej wspólnoty z szopami praczami, życie nabiera całkiem nowego wymiaru.

Roześmiałem się, chociaż to nie było śmieszne.

Trąciła mnie łokciem.

– I co, nadal uważasz, że „inne rodziny po prostu mają lepszy PR"?

Parsknąłem i pokręciłem głową, spoglądając na zaśmiecone podwórko.

– On zawsze taki był?

Wzięła głęboki oddech i westchnęła.

– Mniej więcej. Ale szczerze mówiąc, w aż tak złym stanie jeszcze go nie widziałam – przyznała. – Zawsze mu się pogarsza po jakimś dramatycznym zdarzeniu. Mama. Melanie. Annabel. Myślę, że to jego sposób radzenia sobie ze stresem.

Zanurzyła rękę w dekolt bluzki i wyjęła żółtą tubkę carmexu.

Zmrużyłem oczy.

– Czy ty właśnie wyciągnęłaś pomadkę ze stanika? – spytałem, patrząc, jak smaruje sobie wargi.

– No tak. Legginsy nie mają kieszeni. Poza tym robi się zimno i nie wycisnę nic z tubki, o ile nie będę jej trzymać w jakimś ciepłym miejscu. To mój patent. – Cmoknęła. – Chcesz trochę? – Wyciągnęła pomadkę w moją stronę.

– Nie. Nie lubię jej smaku.

– Tak, jest trochę paskudny. Ale wargi są potem supermiękkie. – Zacisnęła usta i schowała pomadkę z powrotem do stanika.

Na ułamek sekundy zerknąłem na jej usta. Rzeczywiście wydawały się bardzo miękkie...

Odwróciłem wzrok.

Na podjazd przed domem naprzeciwko wjechał samochód.

– Ha, a więc *teraz* jest w domu – mruknęła Vanessa.

– Kto?

Potarła ramiona dłońmi.

– Brent. Mieszka tam ze swoim chłopakiem Joelem.

– Ile lat ma twój brat?

– Dwadzieścia jeden. Joel też. Poznali się w liceum. Brent mieszka tam, odkąd skończył piętnaście lat.

Uniosłem brew.

– I ojciec mu pozwolił?

Wzruszyła ramionami.

– I tak cały czas tam przesiadywał. To przecież po drugiej stronie ulicy. A tata wymógł tylko, żeby co wieczór przychodził do domu na kolację i spędzał z nami święta. Można powiedzieć, że ta sytuacja była korzystna dla obu stron. Brent wyniósł się z tego domu, a tata mógł zagracić jego pokój. – Zaśmiała się ironicznie. – Joel ma miłą rodzinę, Brentowi jest tam dobrze. Ma największą szansę z nas wszystkich, żeby wyjść bez szwanku z tej popieprzonej rodziny – mruknęła.

Patrzyliśmy, jak Brent wysiada od strony pasażera. Stał i patrzył na nas przez parę sekund, zanim nam pomachał.

Następnie podszedł do bagażnika, wyjął torby z zakupami i wszedł do domu razem z drugim młodym mężczyzną.

– Czym on się zajmuje? – spytałem.

Skrzywiła się drwiąco.

– Trwonieniem pieniędzy. Studiował zarządzanie, ale wiosną zrobił licencjat. Kategorycznie odmawia pójścia do pracy. Zawsze ma na oku jakiś katastrofalny biznes, w który angażuje się bez reszty.

– Na przykład?

– O Boże, ziołowe suplementy, kosmetyki do pielęgnacji skóry, co tylko chcesz. Chociaż muszę przyznać, że legginsy mi się podobały. – Podmuchała sobie w dłonie. – W tej chwili usiłuje mnie namówić, żebym zainwestowała w jakiś nowy interes, których chce rozkręcić. Nie jestem zainteresowana.

– Dlaczego nie pójdzie po prostu do banku? Nie wystąpi o pożyczkę?

Zacisnęła usta w cienką linię.

– Nie może. Nie ma zdolności kredytowej. Żadne z nas nie ma. Kiedy Melanie zachorowała, prawie wszystko straciliśmy. Rachunki za leczenie były astronomiczne, a ubezpieczenie nie pokrywało nawet połowy wydatków. Tata musiał ogłosić bankructwo. Pod koniec żyliśmy z kart kredytowych.

Wstała.

– Chcesz zaczekać na mnie w samochodzie? Pojutrze zabierają śmieci. Skoro już płacę za tę usługę, równie dobrze mogę zapełnić kosz. Wiem, że to tylko kropla w morzu wobec tych ilości gratów, ale zawsze coś.

Odepchnąłem się rękami od kolan, żeby również wstać.

– Pomogę ci.

Zatrzymała się w drzwiach.

– Jesteś pewny? Tam jest co najmniej jeden wirus hepatotropowy.

– Jeśli ty zachorujesz na wirusowe zapalenie wątroby, to ja też – mruknąłem.

Roześmiała się, w jej oczach pojawiły się wesołe błyski, a ja cieszyłem się, że zaproponowałem pomoc.

Nie chciałem znów tam wchodzić, ale ona też nie miała na to ochoty. I naprawdę chciałem jej pomóc. Nawet jeśli to, co robiliśmy, było bezcelowe, sprawienie, by czuła się w tym mniej samotna, bynajmniej takie nie było.

Kiedy weszliśmy z powrotem do domu, Gerald stał w kuchni i dmuchał na kubek z zupą.

– Powrót bohatera – wymamrotał na mój widok.

Vanessa rzuciła mu piorunujące spojrzenie i wyjęła spod zlewu worki na śmieci. Podała mu jeden, kuksając go w pierś.

– Lepiej nam pomóż.

Łypnął na nią podejrzliwie.

– W czym mam wam pomóc? Powiedz mi z łaski swojej, co takiego zamierzasz wyrzucić, droga córko?

– Śmieci – odparła. – I ty też się za to weźmiesz.

– Tu nie ma żadnych śmieci. Wszystko w tym domu do czegoś służy.

Chwyciła potłuczony wazon.

– Ach tak? A do czego niby to służy? – Pomachała mu skorupą przed nosem.

– Jak tylko znajdę brakujące odłamki, skleję go z powrotem – oznajmił z pełną powagą.

Westchnęła przeciągle, starając się nie stracić cierpliwości, i energicznym ruchem odstawiła wazon na blat.

– Tato, ten dom nie może tak wyglądać. Rozumiem, że to dla ciebie trudne, ale musisz ze mną współpracować. Mamy trzy worki. Napełnimy je teraz i wyniesiemy. Dasz radę.

Skrzywił się, po czym zwrócił w moją stronę.

– Jakie są pańskie zamiary wobec mojej córki?

– Tato! Skup się! – warknęła Vanessa.

Podniosłem ręce w obronnym geście.

– Jestem tu tylko po to, żeby pomóc.

Przyglądał mi się zmrużonymi oczami, aż Vanessa fuknęła:

– Trzy worki. Ty sprzątasz na górze – przykazała mu, ponownie przyciskając worek do jego piersi naglącym ruchem.

Gerald rzucił mi jeszcze jedno spojrzenie zmrużonych oczu i odstawił kubek. Następnie chwycił worek i ruszył w stronę schodów, mamrocząc coś pod nosem.

Vanessa odprowadziła go wzrokiem, po czym odwróciła się do mnie, wydmuchując powietrze przez ściągnięte wargi.

– Chcesz coś zobaczyć? – Uśmiechnęła się do mnie.

– Jasne.

Poprowadziła mnie wąskim korytarzem i otworzyła drzwi do pokoju pełnego rowerów. Dosłownie pełnego. Piętrzyły się jedne na drugich, tworząc makabryczne rowerowe cmentarzysko. Rowery górskie z pogiętymi felgami, rowery terenowe o grubych, pozbawionych powietrza oponach, zardzewiałe rowerki dziecięce z doczepionymi bocznymi kółkami.

– To był mój pokój – powiedziała. – Spałam tam, pod tym z frędzlami i koszykiem. To znaczy jeszcze przed rowerami – dodała.

Mówiła to bez żalu w głosie. Po prostu pokazała mi swój pokój. Jakby potrafiła oddzielić to, jak wyglądał teraz, od tego, jaki był kiedyś, nie odczuwając smutku.

To była chyba jedna z jej cech, które najbardziej mi imponowały. Zwłaszcza teraz, kiedy zobaczyłem drugą stronę medalu. Nie pozwalała, żeby cokolwiek ją zdołowało. Przyjmowała wszystko tak, jak wór treningowy przyjmował ciosy. Odchylała się, po czym znów ustawiała w pozycji wyjściowej. Taka była odporna.

Ja nie byłem taki. Nie odpuszczałem tak łatwo.

Skrzyżowałem ręce na piersi i oparłem się o framugę drzwi.

– Opieka społeczna nigdy się wami nie zainteresowała?

Vanessa pokręciła głową, opierając się o framugę z drugiej strony.

– To znaczy, była wzywana. Ale tych kilka razy, kiedy się pojawiali, tato w ostatniej chwili brał się w garść i doprowadzał dom do stanu nadającego się do mieszkania, no i pozwalano mam zostać. To były jedyne sytuacje, kiedy widziałam, że naprawdę się spręża. – Popatrzyła na mnie. – Tata nawalił w wielu sprawach, ale zawsze udawało mu się utrzymać naszą rodzinę razem. Jest dla niego najważniejsza. Nawet jeśli okazuje to w osobliwy sposób – dodała.

Raz jeszcze spojrzałem na pokój. Dzięki Bogu, przestałem już czuć smród tego domu.

Na ścianach wciąż były jej rzeczy, na wpół zasłonięte narastającymi stosami rowerów. Ślady porzuconego życia. Plakaty zespołu Pussycat Dolls, lustro toaletki obklejone zdjęciami, medal za zwycięstwo w jakichś zawodach.

Zastanawiałem się, jak to musiało być dorastać w takim miejscu. Na pewno niełatwo. Vanessa odrodziła się z popiołów niczym feniks.

– Powinniśmy zaczynać – oznajmiła. Zawróciła do kuchni, a ja poszedłem za nią. Już po drodze zaczęła wrzucać śmieci do worka. – Muszę cię uprzedzić, że on będzie się ze mną wykłócał o każdą duperelę. Przejrzy worki, żeby się upewnić, że to prawdziwe śmieci.

– Prawdziwe śmieci. Jasne. – Chwyciłem zgniecioną torebkę po chipsach i zatłuszczony pojemnik po chińskim żarciu na wynos. – Tu są jakieś listy – powiedziałem, wskazując mały stolik pod ścianą. – Może powinniśmy je zebrać w jedną stertę? Te są chyba do twojej siostry.

Patrzyła na toster z postrzępionym kablem.

– Tak. Dzięki. – Wrzuciła toster do swojego worka.

Ten toster był niepokojący. A ten dom stanowił jedno wielkie zagrożenie pożarowe. Wyjścia były zablokowane, a wokół kuchenki stały stosy rupieci. Mógłbym się założyć, że czujnik dymu nie działał, i nie było nawet mowy, żeby ojciec Vanessy znalazł w tym bajzlu gaśnicę. Tu było niebezpiecznie. Nie podobała mi się myśl, że Grace mogłaby tu przebywać. Wcale a wcale.

– Czy Annabel mieszkała tu z małą?

Vanessa potrząsnęła głową.

– Nie, z małą nigdy. Miała jakieś współlokatorki w domu w Hopkins. Kiedy znów zaczęła brać, wykopały ją, a wtedy zatrzymała się tutaj na kilka tygodni. Nie mam pojęcia, gdzie spała. Jej dawny pokój jest dla odmiany pełen części samochodowych.

Przeszedłem do salonu, omijając tyle niewyrzuconych śmieci, że aż zrobiło mi się słabo. Znalazłem kolejne listy, które dołożyłem do sterty. A potem kolejne. I kolejne. Wyglądało na to, że ojciec Vanessy wyjmował je ze skrzynki, kładł byle gdzie i całkiem o nich zapominał.

– Strasznie dużo tych listów. Mówiłaś, że to ty opłacasz rachunki, tak?

– Tak. Najważniejsze rzeczy są przesyłane do mojego mieszkania. – Skrzywiła się na widok akwarium z gnijącym pomidorem w środku. Spojrzała na mnie znad niego. – Założę się, że kiedy się obudziłeś dziś rano, nie pomyślałeś, że tyle razy będziesz mamrotał: „Co to, kurwa, ma być?", zanim wybije dziesiąta.

Parsknąłem śmiechem.

Rozejrzała się po pokoju i westchnęła.

– Wiesz, zazwyczaj nie czuję się aż tak często upokorzona przed jedną i tą samą osobą. To mój nowy życiowy rekord.

– Nie powinnaś się tym przejmować. To nie twoja wina
– odparłem.

– Gdzie ta sterta listów? – spytała Vanessa, machając białą
kopertą. – Znalazłam kolejny.

Wskazałem stolik obok kanapy, a ona do niego podeszła.
Stanęła przy stosiku, który tam ułożyłem, i wzięła do ręki kopertę leżącą na wierzchu. Kąciki jej ust opadły do dołu. Roze-
rwała kopertę i zaczęła czytać jej zawartość z coraz posępniej-
szą miną.

– Co to jest? – spytałem.

Pokręciła głową i przeniosła wzrok z trzymanej w ręku
kartki na stos kopert.

– O mój Boże... – szepnęła. – Jest o wiele gorzej, niż myślałam.

Odstawiłem mój worek ze śmieciami,

– Co? – Pokonałem dzielącą nas przestrzeń i wziąłem od
niej kartkę.

To był rachunek za wizytę Annabel na pogotowiu.

Popatrzyłem na stos kopert, podniosłem połowę z nich
i przejrzałem pospiesznie. Było tam ze dwadzieścia, dwadzieścia pięć różnych rachunków. Z przychodni, pogotowia,
szpitali.

Vanessa spojrzała na mnie z pobladłą twarzą.

– Szukała prochów. Pozorowała urazy, żeby dostać recep-
ty. – Urwała. – I robiła to, kiedy była w ciąży.

* * *

Przez całą drogę do domu Vanessa milczała. Kiedy wjechaliśmy na podziemny parking i wyłączyłem silnik, siedziała bez
ruchu, wpatrzona w przednią szybę.

– Posłuchaj – powiedziałem. – Była tylko jedna wizyta w przychodni z okresu jej ciąży. I nie wiemy, czy wzięła leki, które jej przepisano.

Pokręciła głową.

– Nie rozumiem, jak lekarz mógł przepisać narkotyk kobiecie w ciąży.

– Odpowiedzialność. Lekarze nie mogą udowodnić ani wykluczyć bólu u pacjentki. Jeśli odmówią przepisania jej środków przeciwbólowych, będzie miała prawo ich pozwać.

Vanessa wzięła głęboki wdech i odwróciła się, żeby na mnie spojrzeć.

– Chcesz dziś pojechać do Duluth?

Zmarszczyłem czoło.

– Że co?

– Do Duluth. No wiesz, dwie godziny drogi na północ. Moglibyśmy zobaczyć światełka świąteczne w Bentleyville, a potem pójść na spacer nad jeziorem.

Wciągnąłem powietrze przez zęby.

– No nie wiem...

– Co?

– A może po prostu zostaniemy tutaj? Przygotuję lunch.

Uśmiechnęła się.

– Och, rozumiem. Chcesz spędzać ze mną czas, ale nie uznajesz spontaniczności.

– Potrafię być spontaniczny – próbowałem się bronić.

Posłała mi złośliwy uśmieszek.

– Ach, tak? Kiedy ostatnio zrobiłeś coś, czego dokładnie nie zaplanowałeś? A rzeczy, które robiłeś w tym budynku, się nie liczą. To nadal twoja bezpieczna przestrzeń.

– No, dzisiaj ocaliłem człowieka z lawiny rupieci.

Roześmiała się. Dobrze było znów widzieć wesołość na jej twarzy.

– To się nie liczy – odparła z uśmiechem. – Jesteś typem naprawiacza, więc dzisiejszy wypadek wpisał się idealnie w twoją specjalność. Ale ja mówię o prawdziwie spontanicznym, zaaranżowanym pod wpływem chwili działaniu *wyłącznie* dla przyjemności.

Nie miałem nic do powiedzenia.

Jak ta kobieta zdołała tak idealnie mnie rozgryźć?

Ponieważ milczałem, przechyliła głowę.

– Tak myślałam. Twój żywioł to przewidywalność. – Zmrużyła oczy. – Pewnie dlatego właśnie tak lubisz swoją pracę.

– Co masz na myśli?

– Lubisz kontrolować sytuację. A kiedyż można bardziej czuć się panem losu, niż zwyciężając w sądzie na przekór wszelkiemu prawdopodobieństwu? Uniewinniając winnego.

Zastanowiłem się nad tym.

– Nigdy w ten sposób o tym nie myślałem.

– Wcale nie tak trudno cię rozgryźć, Adrianie Copelandzie. Nawet twoje *hobby* wymaga szczegółowego planowania. Startujesz w wyścigach, do których trenujesz miesiącami, pracujesz, pracujesz, pracujesz, jesteś niewolnikiem przyzwyczajeń. Kompletnym maniakiem kontroli. Masz porządek nawet w szufladzie z duperelami.

Uniosłem brew.

– Zaglądałaś do mojej szuflady z duperelami?

– Szukałam łyżeczki do kawy. Nie byłam przygotowana na to, co zobaczyłam. Spinacze ułożone kolorami i mały metalowy pojemniczek na pojedyncze baterie. – Wzdrygnęła się. – Nie mogę nawet o tym rozmawiać. To mnie naprawdę przeraziło.

Parsknąłem.

– Przysięgam, nie implodujesz, jeśli zrobisz dziś coś niezaplanowanego. – Odsłoniła zęby w uśmiechu. – Jedź ze mną.

To będzie przygoda. A nad Jeziorem Górnym jest włoska restauracja, która – klnę się na Boga – serwuje najlepsze włoskie żarcie w Minnesocie.

W jej ustach to była najwyższa pochwała.

– Nie pamiętam, kiedy ostatnio wyprawiłem się na północ – odparłem z pewną rezerwą. – Ojciec kiedyś mnie tam zabierał, ale nie byłem tam już całe wieki.

– Sporo tracisz. Północny brzeg jest niewiarygodnie piękny. Czyli Duluth. Jedziesz?

Czekała na moją odpowiedź jak merdający ogonem szczeniaczek.

– Dobra. Ale ja prowadzę.

Klasnęła w dłonie podekscytowana.

– Hurrra!

Uśmiechnąłem się. Uświadomiłem sobie, że spełnianie jej życzeń wprawiało mnie w lekkie upojenie. Poprawiała mi nastrój – nawet jeśli to, co robiliśmy, sprowadzało się do wyrzucania śmieci z zagraconego domu.

Lubiłem ją.

To też wprawiało mnie w lekkie upojenie.

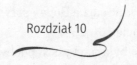

Rozdział 10

Jak znaleźć to, czego ci brakuje, dzięki jednemu prostemu trikowi?!

ADRIAN

W poniedziałek rano po powrocie z sądu wszedłem do kancelarii z poczuciem, że mój dwudniowy weekendowy wyjazd to były półroczne wakacje od zwykłego życia. Pomimo ilości gówna, z jakim najdosłowniej miałem obecnie do czynienia godzina po godzinie, uśmiechałem się promiennie.

Cały weekend spędziłem z Vanessą. Wróciliśmy z Duluth dopiero wczoraj przed północą.

Opatuliliśmy Grace i zwiedzaliśmy bożonarodzeniowe miasteczko świetlne w Bentleyville, w pełni przystrojone już na święta. Kupiliśmy sobie gorącą czekoladę i zjedliśmy obiad w restauracji nad Jeziorem Górnym. Vanessa miała rację – to było najlepsze włoskie żarcie w Minnesocie.

Świetnie się bawiłem. Wręcz wspaniale. Nie pamiętam równie udanej randki – choć to oczywiście nie była randka. Nie mogłem jednak pozbyć się poczucia, że od lat z nikim tak dobrze się nie bawiłem.

Vanessa mnie rozśmieszała. Sprawiła, że *zapomniałem*. Zapominałem o wszystkim poza tym, co właśnie robiliśmy tu i teraz. To był prawdziwy duchowy odpoczynek. Ostatnio żyłem w ciągłym stresie z powodu pracy, z powodu związku mamy i Richarda, a teraz jeszcze z powodu zerwania z Rachel, i nagle zupełnie przestałem o tym myśleć, świetnie się bawiłem i odciąłem się od tych wszystkich problemów. Jeszcze teraz wydawały mi się mniejsze. I mniej ważne. Zastanawiałem się, czy to właśnie miała na myśli Vanessa, mówiąc, że powinno się mieć coś, na co się czeka. Tyle że ja czekałem przede wszystkim na kolejne spotkanie z nią.

Nie w jakimś niestosownym sensie. Po prostu byłem ciekawy, co wymyśli następnym razem. Zupełnie jakbym odkrył świetną nową restaurację, w której menu nigdy nie było takie samo, a ja wciąż chciałem tam wracać, żeby sprawdzić, co tym razem podadzą.

Becky stała w drzwiach mojego gabinetu i czekała na mnie jak co ranka, trzymała moją kawę i przyglądała mi się badawczo, jak miała ostatnio w zwyczaju, próbując się zorientować, w jakim jestem nastroju.

– Opalałeś się czy coś? – zagadnęła, podając mi cappuccino. – Wyglądasz jakoś promienniej.

Obszedłem moje biurko, usiadłem, otworzyłem teczkę i wyjąłem akta Kellera.

– Nie opalałem się – odparłem, ignorując spojrzenie, jakim mnie obrzuciła, mrużąc oczy. – Co mam w planach na dzisiaj?

– O dziesiątej masz konsultację, o jedenastej piętnaście lunch z Marcusem, podczas którego macie przejrzeć akta Kellera, a resztę dnia masz wolną. – Rozejrzała się nagle. – Hej, a gdzie pies? Pamiętasz chyba, że masz go pod opieką, co?

– Przy tej ilości srania? Jak mógłbym zapomnieć? – Zalogowałem się do komputera.

– Zostawiłeś go w domu samego? Nie może cały dzień siedzieć zamknięty w mieszkaniu, będzie się czuł samotny.

– Ma do towarzystwa demona, który go opętał.

Przeszyła mnie wzrokiem.

Starałem się ukryć uśmiech.

– Jest pod dobrą opieką. Zatrzymam go, dopóki ktoś go nie adoptuje. – Nie podniosłem wzroku, żeby nie widzieć jej triumfalnego uśmiechu, który – dobrze wiedziałem – pojawił się na jej twarzy po moich słowach.

Vanessa lubiła Harry'ego. Zaproponowała, że się nim zajmie, kiedy będę w pracy, a ja zgodziłem się na to z radością.

Otworzyłem pocztę.

– Zadzwoń, proszę, do Sonji Duggar i zapytaj, czy jest dyspozycyjna. Może będę miał dla niej robotę. I nie umawiaj mnie z nikim po lunchu. Dzisiaj znów wyjdę wcześniej. Dokończę słuchanie taśm ze sprawy Buelera w domu.

Becky nie wyraziła swojej opinii na ten temat, jak to miała w zwyczaju. Milcząca Becky to było zjawisko niepokojące. Musiałem podnieść wzrok, żeby się upewnić, że nie umarła tak, jak stała.

Gapiła się na mnie z rozdziawionymi ustami.

– Wyjdziesz wcześniej z pracy? Znowu?

Moja komórka zapikała, więc ją wyjąłem. Vanessa przesłała mi filmik. Harry w pieluszce warczący na nogę od krzesła. Roześmiałem się.

Kiedy wymieniliśmy się telefonami, ustawiła nasze wspólne selfie jako blokadę ekranu. Zorientowałem się dopiero po paru godzinach.

Nie zmieniłem tego.

Miała tam na sobie ten głupi naszyjnik z oponek zbożowych, a ja tę koszulkę z krabem z Maryland i świecącą bransoletkę. Jej ręka była cała w naklejkach. Mała Grace się uśmiechała, a pies wywalił język. To był kolorowy, zabawny akcent szczęścia w samym środku mojego czarnego, poważnego telefonu – i wywoływał uśmiech na mojej twarzy, ilekroć na niego patrzyłem.

– Co się dzieje? – zapytała Becky. – Jesteś naćpany?

Zgromiłem ją wzrokiem.

– Nie, nie jestem naćpany. – Przeniosłem wzrok na ekran komputera. – Po prostu miałem udany weekend.

– Chodzi o *dziewczynę*? – Becky przyłożyła dłonie do ust i aż się zachłysnęła. – O Boże, chodzi o dziewczynę. To poważna sprawa. Twój horoskop na dziś mówi, że spotkałeś bratnią duszę.

Uśmiechnąłem się drwiąco. Mieliśmy ten sam znak zodiaku, a ten kretyn, z którym spotykała się Becky, w żadnym razie nie był niczyją bratnią duszą, a już na pewno nie jej.

Odczekałem chwilę, nim jej odpowiedziałem, żeby ją trochę podręczyć, bo aż ją skręcało z ciekawości.

– To moja sąsiadka – powiedziałem. – Ma na imię Vanessa i jesteśmy tylko przyjaciółmi.

Pisnęła, wyraźnie ignorując tę część o przyjaciołach.

– O mój Boże! Dobra, opowiedz mi wszystko. Czym ona się zajmuje? Jest ładna? – Nagle przestała podskakiwać i spoważniała. – Chyba nie zgrywasz przy niej ponuraka rodem z *Wywiadu z wampirem*?

Rzuciłem jej urażone spojrzenie, ale w tym momencie zadzwonił mój telefon. To zaprzyjaźniony detektyw reagował na moją wiadomość.

– Jest youtuberką. Jest piękna. Ale powtarzam: jesteśmy tylko przyjaciółmi – powiedziałem, po czym odebrałem połączenie i przyłożyłem telefon do ucha. – Adrian, słucham.

– Mówi Tom Hillbrand. Dostałem twoją wiadomość.

Odwróciłem fotel tyłem do Becky.

– Dzięki, że oddzwaniasz tak szybko. Obrączka została skradziona w piątek. Vanessa Price zgłosiła kradzież na policji w Eagan. Możesz zdobyć dostęp do tych danych?

W słuchawce usłyszałem wiatr, jakby Tom był gdzieś w terenie.

– Nie powinno być z tym problemu. Jakieś cechy ułatwiające identyfikację?

– Podobno w środku jest inskrypcja: „Przeznaczenie".

– Świetnie. Łatwiej jest, kiedy się wie, czego się szuka. Jak bardzo ci na tym zależy? Bez problemu mogę rozesłać moich ludzi po lombardach, ale jeśli tam nie znajdą obrączki, wytropienie jej może stać się kosztowne.

Wyrównałem sobie krawat.

– Cena nie gra roli. Ta obrączka ma wartość sentymentalną. Po prostu ją znajdźcie.

– Jasne. Będę cię informował o postępach w śledztwie.

Rozłączyłem się.

Nie mówiłem Vanessie, co zamierzam zrobić. Nie chciałem podsycać jej nadziei. Ale jeśli ktoś był w stanie znaleźć tę obrączkę, to był to Tom.

Odwróciłem się z powrotem do Becky, która stała bez ruchu i wyglądała jak marmurowa rzeźba. Twarz miała białą.

– Ty jesteś Pan Kaloryfer – wyszeptała.

Pochyliłem się nad biurkiem, sięgając po długopis.

– Kto taki?

– Pan Kaloryfer – powtórzyła. – Facet z białego vana bez okien. Nie mogę uwierzyć, że to się dzieje naprawdę...

– Że co się niby dzieje? – zapytałem, włączając i wyłączając długopis.

– To najwspanialszy dzień w moim życiu. Obcuję z bohaterem.

Zawiesiłem dłoń nad kartką papieru.

– Becky, dam ci pięć sekund na wyjaśnienie, o czym mówisz, a potem będziesz musiała stąd wyjść – oznajmiłem.

– Ta dziewczyna, z którą się spotykasz, to *Vanessa Price*? Ona o tobie mówi. W swoich filmikach. Twój kaloryfer na brzuchu jest sławny!

Zamarłem.

– Co takiego?

Becky już wyciągała komórkę i stukała gorączkowo w ekran. Po chwili podsunęła mi go pod nos.

– PATRZ!

Na filmiku Vanessa siedziała w swojej łazience. Sądząc po ubraniu, które miała na sobie, nagrała to tamtego ranka, kiedy ją poznałem.

Patrzyłem na nią szeroko otwartymi oczami.

A potem zaczęła mówić o mnie!

Rozdział 11

Rozwiąż ten quiz, żeby się przekonać, którą postacią z *Biura* jesteś!

VANESSA

Była 2:30 w poniedziałek. Harry Puppins spał w swojej pieluszce na psim posłanku w mojej łazience. Wpięłam fotelik samochodowy Grace do wózka i właśnie sięgałam po klucze, żeby wyskoczyć na zakupy, kiedy ktoś zapukał do drzwi. Otworzyłam i zobaczyłam Adriana, który jedną ręką opierał się o framugę drzwi, był w garniturze, krawat miał rozluźniony, a brew uniesioną pytająco.

– Pan Kaloryfer? – Uśmiechnął się łobuzersko.

Oglądał moje filmy.

Uśmiechnęłam się i rozłożyłam ręce w geście bezradności.

– Zawsze mówię prawdę i tylko prawdę.

Roześmiał się. Wydawał się tym szczerze rozbawiony. Dzięki Bogu!

Bo chociaż nie ujawniłam żadnych niestosownych informacji na jego temat, mogło mu się nie spodobać to, że wykorzystałam go jako pożywkę dla mojego kanału. Najwyraźniej jednak nie miał mi tego za złe.

I chwała Bogu, bo moi widzowie go uwielbiali!

Chociaż go nie widzieli i wspomniałam o nim tylko raz, Adrian, sądząc po komentarzach, zrobił, jak dotąd, największą furorę wśród oglądających (nie licząc mojego krótkiego romansu z Drakiem Lawlessem). Błagali mnie o kontynuację tego wątku.

Musiałam nagrać kolejny vlog, i to szybko.

Wychylił się nade mną i zajrzał do wózka Grace.

– Wychodzisz?

Obejrzałam się przez ramię.

– Tak. Chciałam kupić choinkę. – Urwałam na chwilę.

– Powiedzmy. Nie dam rady sama przytachać tu całego drzewka, więc pomyślałam, że zajrzę do Whole Foods i zobaczę, czy nie mają takich małych w doniczce albo coś. – Przechyliła głowę. – A dlaczego ty nie masz choinki? Już jest grudzień.

– Nie potrzebuję choinki. Mieszkam sam.

Roześmiała się.

– I co z tego? To Boże Narodzenie! – Pociągnęłam go żartobliwie za krawat. – Chcesz jechać ze mną?

Rozejrzał się na boki, po czym spojrzał na mnie z uśmiechem, od którego błyszczały mu oczy.

– No cóż, zamierzałem wymienić olej w moim białym vanie bez okien, ale myślę, że dam radę załatwić obie te rzeczy za jednym zamachem.

Zaśmiałam się.

– Żeby tylko od tego filmiku sodówka nie uderzyła ci do głowy. Muszę w tych vlogach mówić o moim życiu, a ty jesteś niemożliwie atrakcyjny. Nic na to nie poradzę.

Uśmiechnął się i cofnął o krok.

– Daj mi pięć minut na przebranie się.

* * *

Adrian znów się upierał, że to on będzie prowadził. Jeździł dziwacznym ciemnoszarym bmw coupé, w którym nie zmieściłyby się z tyłu ani fotelik samochodowy Grace, ani tym bardziej choinka. Nawet taka w doniczce. Więc wzięliśmy moje gmc acadia.

Pomimo jego ostrzeżeń, że jeździ zbyt szybko, był bardzo uważny i ostrożny, wioząc niemowlę w samochodzie.

Pachniał naprawdę ładnie. Jego woda kolońska, czy czego tam używał, miała superodświeżający zapach, który długo utrzymywał się w samochodzie. Specjalnie oddychałam nosem.

– Zawsze tak wcześnie wychodzisz z pracy? – zagadnęłam, kiedy staliśmy na czerwonym świetle. – W zeszłym tygodniu też wcześnie byłeś w domu.

– Nie – odparł, patrząc na drogę przed nami. – Zwykle pracuję do późna. Czasami wracam do domu dopiero przed północą. Wychodzę wcześniej, kiedy muszę zawieźć babcię do lekarza, ale to by było tyle.

– Jeździsz z babcią do lekarza?

– Jeździłem. Aż do października, kiedy jeszcze mieszkała w pobliżu.

Rany!

Ten facet był niesamowity. I to w każdym sensie. O ile nie miał mikroskopijnego penisa i bolesnej świadomości tego faktu, nie mogłam pojąć, dlaczego nie szalał na Tinderze i nie pozwalał, żeby kobiety wspinały się na niego jak na drzewo. Ja byłam gotowa się na niego wspiąć bez względu na to, co tam miał w spodniach.

A może faktycznie miał mikroskopijnego...

Może to dlatego nie wysyłał jego zdjęć...

Może to miał na myśli, mówiąc o szoku i niedowierzaniu...

Przełknęłam ślinę i zerknęłam ukradkiem na jego krocze.

– Moja asystentka ma obsesję na twoim punkcie – powiedział, wyrywając mnie z tych rozmyślań.

Oderwałam wzrok od jego spodni.

– Nie pochodzi przypadkiem z Monett w stanie Missouri, co?

Roześmiał się.

Dzisiaj był jakiś inny. Bardziej beztroski. Bardziej jak pan Bingley niż pan Darcy.

– Dzisiaj prawie wcale nie jesteś ponurakiem – powiedziałam. – Sama nie wiem, co o tym sądzić.

Uśmiechnął się do przedniej szyby.

– Myślę, że to ta gąbka.

Podciągnęłam nogi i usiadłam po turecku na siedzeniu pasażera.

– Wiesz, ja mam mnóstwo świetnych pomysłów.

Adrian wjechał na parking przed Whole Foods.

– Na przykład?

– Na przykład uważam, że przydałyby ci się ozdobne poduszki, polarowy koc i jakaś roślina w salonie. Twoje mieszkanie jest trochę jak z *American Psycho*. Za każdym razem kiedy tam jestem, mam wrażenie, że zaraz zaczniesz mówić o Philu Collinsie.

– *Invisible Touch* to niekwestionowane arcydzieło zespołu Genesis – podchwycił, recytując kwestię z filmu.

Tak strasznie się śmiałam, że omal się nie udławiłam własną śliną.

Zaparkował, uśmiechając się szeroko.

– Nie pozwolę ci urządzać mojego mieszkania.

Otarłam oczy.

– Nie zmierzam „urządzać ci mieszkania" – odparłam, rysując cudzysłów palcami. – Próbuję tylko poprawić jakość twojego życia. Najbliższe otoczenie wpływa na nasz nastrój.

– Kiwnęłam głową w stronę przedniej szyby. – Tam jest Pottery Barn. Możemy od razu tam zajrzeć.

Zachichotał, wrzucając bieg parkowania.

– Dobra. Mam propozycję. Pozwolę ci poprawić jakość mojego życia dzięki elementom wyposażenia domu pod warunkiem, że zdradzisz mi, co robiłaś, zanim zostałaś youtuberką.

Obróciłam się na fotelu, żeby spojrzeć mu prosto w twarz.

– Cztery dekoracyjne poduszki, dwa koce, choinka i jeszcze będę mogła wybrać ozdobę stołu do jadalni.

Przystąpił do negocjacji z iście prawniczą miną.

– *Dwie* poduszki, *jeden* koc, poinsecja i dogadamy się jakoś co do ozdoby stołu.

Zmrużyłam oczy.

– Nie. To nie wystarczy. – Rozpięłam pas i wysiadłam z samochodu.

– Oferta mojego klienta jest wyjątkowo wspaniałomyślna – powiedział i oboje w tym samym momencie z dwóch różnych stron sięgnęliśmy na tylne siedzenie, żeby wyjąć Grace. Pozwoliłam mu ją wziąć, a sama chwyciłam torbę z rzeczami do przewijania.

Spotkaliśmy się za samochodem. Wyciągnęłam wózek z bagażnika na mroźne zimowe powietrze.

– Moje poprzednie zajęcie miało naprawdę spektakularny i ironiczny wymiar. Będziesz zachwycony. Nie będę marnowała tak cennej informacji na jakieś żałosne próby zadowolenia mnie. – Rozłożyłam wózek i zamocowałam fotelik samochodowy na stelażu. Zaczęłam pchać Grace w stronę wejścia do sklepu.

– Żałosne próby zadowolenia cię? – powtórzył z uśmiechem, włączając alarm w samochodzie i doganiając mnie truchtem.

– Poinsecje są trujące. Masz psa i przebywające czasowo w twoim mieszkaniu niemowlę – argumentowałam.

– Kupię sztuczną.

Udałam, że mdleję, a on się roześmiał.

– Sztuczna roślina w ogóle mija się z celem. Mój Boże, ale z ciebie Scrooge! – wykrzyknęłam, wjeżdżając na chodnik.

– Chodzi o to, żeby wchodząc do domu, czuć zapach jodły! To jeden z najistotniejszych elementów całej tej akcji.

Przytrzymał mi drzwi Pottery Barn i natychmiast owiało mnie ciepłe cynamonowe powietrze. Weszłam do środka i odwróciłam się do niego.

– Jestem skłonna przystać na dwie poduszki i jeden koc – oznajmiłam. – Ale to ja wybiorę ozdobę stołu, a ty kupisz choinkę. Żywą!

Podparł podbródek dłonią i zastygł w bezruchu, jakby się nad tym głęboko zastanawiał.

– Zjesz dziś ze mną kolację w moim mieszkaniu? Bo nie zamierzam sam rozkładać tych bibelotów. Przyjdziesz i mi pomożesz albo nici z naszej umowy.

Parsknęłam.

– No wiesz, jasne, pewnie. Oczywiście, że przyjdę. Co to w ogóle za pytanie? – Nie chciałam się do tego przyznać, ale bardzo mi się spodobało, że mnie o to zapytał.

Byłam bardzo bliska zadurzenia się w nim. Nie mogłam dłużej temu zaprzeczać. Lubiłam go. *Bardzo*.

Nie mogłam nic na to poradzić. Miałam swoje zasady co do randkowania. Poza tym moje dobre dni były policzone – i nie była to duża liczba – zresztą on wcale nie był do wzięcia. Też nie umawiał się na randki, więc pewnie to by i tak nic nie zmieniło, nawet gdybym ja mogła. Tak czy owak, trochę się w nim zabujałam.

Uśmiechnął się.

– W porządku. Umowa stoi.

Odwzajemniłam uśmiech z satysfakcją i weszłam do sklepu.

– Czekam – odezwał się za moimi plecami.

Zatrzymałam się przy eleganckim skórzanym fotelu z podnóżkiem i chwyciłam poduszkę z wizerunkiem Rudolfa, która – byłam przekonana – wyjątkowo nie przypadnie mu do gustu. Zamiast nosa Rudolf miał czerwony dzwoneczek.

– Ta mi się podoba – powiedziałam, wymachując poduszką i dzwoniąc dzwoneczkiem. – A tobie?

Wyjął mi ją z rąk i odłożył na fotel, z którego ją wzięłam.

– Najpierw twoja część umowy. – Skrzyżował ręce na piersi.

Przygryzłam wargi i uśmiechnęłam się.

– Byłam recepcjonistką w firmie papierniczej.

Opuścił ręce.

– Och, daj spokój. Jak Pam Beesly z *Biura*? A ja już byłem gotowy kupić tę cholerną choinkę...

Spojrzałam mu w oczy.

– Mówię serio. Byłam taką recepcjonistką.

Odszedł w stronę działu z zastawą stołową.

Ruszyłam za nim, pchając wózek.

– Nie zmyślam – przekonywałam jego plecy.

– Zrywam naszą umowę – rzucił przez ramię.

– Mogę to udowooooodnić! – zawołałam śpiewnie.

Zatrzymał się przy stole ze świątecznymi nakryciami stołu i udawał, że ogląda obrączkę do serwetek, wiedziałam jednak, że czeka na mnie. Otworzyłam album ze zdjęciami w moim telefonie i pomachałam nim w stronę Adriana. Spojrzał na mnie i uniósł żartobliwie brew.

– Mówili na mnie Van Beesly – powiedziałam.

Prychnął.

– Niech ci będzie. Mogę przez chwilę udawać, że wierzę w tę farsę. – Wyciągnął rękę.

Podałam mu mój telefon.

– To ja trzy lata temu. – To był album zatytułowany „Wigilia w pracy". – Firma nazywała się Papierowo. Sprzedawaliśmy kartki okolicznościowe, zaproszenia, koperty i papier ozdobny. Pracowałam w ich macierzystym biurze w Edinie. Przejrzał moje zdjęcia z biurowej imprezy. Popatrzył mi w oczy.

– Van Beesley?

– Tak. Ale lepiej nie zwracaj się tak do mnie, jeśli chcesz, żebym zareagowała.

Miał taką minę, jakby nadal mi nie wierzył.

– Dobra, widzę, że potrzebujesz mocniejszych dowodów. W porządku. – Odebrałam od niego mój telefon. – Zadzwonię do dawnego współpracownika. Jestem gotowa na największe poświęcenie, bo uważam, że potrzebujesz choinki w swoim życiu, a jestem z natury hojna i wielkoduszna. Lubię dawać.

– Przejrzałam kontakty, znalazłam człowieka, którego szukałam, wybrałam jego numer i ustawiłam tryb głośnomówiący. Trzymałam telefon między nami, kiedy dzwonił, i obserwowałam twarz Adriana. Ktoś odebrał i męski głos wykrzyknął:

– Van Beesly!

Przerwałam połączenie.

– Proszę. Teraz mi wierzysz?

Adrian kiwnął głową.

– Kto to był?

– Nie mój Jim Halpert, tyle mogę ci powiedzieć. – Telefon już dźwięczał w mojej dłoni, bo tamten oddzwaniał. – Miał obsesję na moim punkcie przez cały ten czas, kiedy tam pracowałam, i dopiero jakieś pół roku temu przestał wysyłać mi prywatne wiadomości na Instagramie. Właśnie wbiłam kij w mrowisko. Dla ciebie. Widzisz, jaka jestem zaangażowana w ten projekt?

Roześmiał się.

– No dobra. Jakie chcesz te poduszki?

Uśmiechnęłam się triumfalnie.

Nie torturowałam go zbytnio. Wybrałam dwie bardzo gustowne, wyrafinowane świąteczne poduszki z napisem „Merry Christmas" i „Happy Holidays" oraz czerwony polarowy koc wykończony sztucznym futerkiem. Doszliśmy też do porozumienia w sprawie świątecznego stroika na stół. Dodatkowo pozwolił mi wybrać wieniec na drzwi, do zawieszenia od środka. Ale tylko dlatego, że opiekowałam się za darmo jego psem, jak powiedział.

Myślę, że nie chciał się przyznać, że po prostu mu się spodobał.

Wybraliśmy też trochę ozdób choinkowych, gwiazdę, kilka sznurów światełek i dekoracyjną osłonkę na stojak.

Kupiliśmy to wszystko, położyliśmy trzeci rząd foteli w moim samochodzie, załadowaliśmy ten majdan do bagażnika, a potem poszliśmy do Whole Foods po zakupy spożywcze.

– To co chcesz zjeść na kolację? – zapytał Adrian, kiedy przeszliśmy przez automatyczne drzwi.

– Zupę – odparłam, pchając wózek z Grace. – Możemy wszystko wrzucić do garnka i ubierać choinkę, kiedy zupa będzie się gotować.

– A zatem zupa – powiedział, biorąc wózek sklepowy. – Jaka?

– Mmm… z kurczakiem i dzikim ryżem. Będzie odpowiednio pożywna na kolację.

Uśmiechnął się.

– Zgoda. Możemy kupić do niej miseczki chlebowe.

Aż podskoczyłam.

– A na deser domek z piernika! Możemy go udekorować, a potem zjeść dach.

Uśmiechnął się, wchodząc do działu warzyw i owoców.

- Czy ktoś ci kiedyś odmówił?

Udawałam, że się zastanawiam.

- Nigdy.

- A, zapomniałem ci powiedzieć – wykrzyknął, przystając przy pomarańczach i wyciągając z kieszeni wizytówkę. – Pomyślałem, że to może cię zainteresować jako pomoc dla twojego ojca. – Podał mi wizytówkę. – Babka nazywa się Sonja Duggar. Jest towarzyszką trzeźwości i coachem życia.

- Kim? – spytałam, biorąc od niego wizytówkę.

- Towarzyszką trzeźwości i coachem życia. Korzystamy z pomocy takich osób, żeby nasi klienci nie wpakowali się w kłopoty w trakcie trwania procesu. Ona jest szczególnie pomocna w przypadkach, kiedy klient ma przed sędzią wykazać poprawę podczas kolejnej rozprawy. Jest dobra. Twój tata ją polubi.

Popatrzyłam na niego.

- Co ona dokładnie robi?

- Wszystko, co trzeba. Jeśli problemem jest alkohol czy inne uzależnienie, pilnuje, żeby klient był trzeźwy i czysty. Wozi swoich podopiecznych na spotkania AA, na terapię i nadzoruje ich kontakty z dziećmi. Pilnuje, żeby nie naruszyli żadnych postanowień sądu. Dba także o to, by brali leki, nie stracili pracy i punktualnie stawiali się w sądzie. Kiedyś była terapeutką. Teraz jest na emeryturze i w ten sposób sobie dorabia.

Uśmiechnęłam się drwiąco.

- Jako opiekunka. I to jest smutne, bo on naprawdę kogoś takiego potrzebuje – mruknęłam.

Zaczęliśmy iść w stronę cebuli.

- To będzie kosztować – powiedział. – Ubezpieczenie tego nie pokryje. Ale to cię uwolni od zamartwiania się o to, co się z nim dzieje, kiedy cię tam nie ma. Ona zajmie się domem i pomoże twojemu tacie dotrzeć do ukrytych przyczyn stanu, do którego go doprowadził.

O Boże, to by było coś niesamowitego, bo ja naprawdę nie wyrabiałam w tej kwestii. Naprawdę goniłam już w piętkę.

Uśmiechnęłam się do niego.

– Niesłychane. Nie wiedziałam nawet, że coś takiego istnieje.

– Istnieje. Chociaż może być trudno go do tego namówić. Moi klienci mają więcej do stracenia, więc *mnie* nie jest aż tak ciężko ich przekonać.

Prychnęłam.

– Och, on też ma sporo do stracenia. Jeśli nie weźmie się w garść, odetnę go od pieniędzy.

Uśmiechnął się i wziął torebkę na cebulę.

– Ona może tam nawet zamieszkać, jeżeli twój tata wygospodaruje dla niej wolny pokój i nie będzie mu przeszkadzał jej kot, chociaż to będzie jeszcze więcej kosztować.

Nie dbałam o koszta. Dla mnie liczyły się rezultaty. A tata był zawsze taki samotny, że pewnie będzie zachwycony, jeśli zamieszka z nim ktoś, kto nie jest równie popieprzony jak on sam.

A skoro już mowa o Annabel...

Moja siostra nie objawiła się po tamtym wypadku samochodowym. Nadal zamieszczała na Instagramie zdjęcia swoich cyfrowych obrazków, dzięki czemu wiedziałam, że żyje. Pewnie pomieszkiwała u jakichś znajomych, jak zwykle kompletnie nieświadoma chaosu, który spowodowała. Byłam na nią potwornie wkurzona. Miałam naprawdę dość: rozbiła samochód, a w dodatku być może ćpała w ciąży. Nie zamierzałam dłużej się z nią cackać. Miłość czasem musi być bezwzględna. Już wcześniej odcięłam ją od pieniędzy, nie miała też wstępu do domu taty. Ale wczoraj wyłączyłam jej także

komórkę. Nie zamierzałam dokładać ani centa do tych jej wybryków. Im szybciej sięgnie dna, tym dla niej lepiej.

– Jeszcze dziś zadzwonię do Sonji – powiedziałam. – Bardzo ci dziękuję.

Uśmiechnął się do mnie.

– Bardzo proszę.

Zakupy z Adrianem były jedną z fajniejszych rzeczy, jakie
robiłam w tym roku. Jeśli chodzi o kupowanie żywności, to
był zupełnie taki jak ja. Wszystko sprawdzał i wybierał najlepsze składniki: świeże zioła zamiast suszonych, organiczną tłu-
stą śmietanę i wywar z kurczaka na zupę, masło Plugra do
zasmażki.

A potem zaszaleliśmy i kupiliśmy z siedemnaście różnych
serów. Ludzie się na nas gapili. Stanowiliśmy niebezpieczną
parę. Wolałam nawet nie wyobrażać nas sobie we Francji.
Zbankrutowalibyśmy na samym winie.

Gdzieś po drodze zaczęliśmy rozmawiać o jutrzejszej kolacji i nagle robiliśmy zakupy również na jutro: cordon bleu
z kurczaka, ziemniaki purée z chrzanem i glazurowana mar-
chewka. Dla odmiany u mnie, nie u niego.

Kiedy mieliśmy już iść po choinkę do specjalnego namiotu
na parkingu, Adrian zastygł z wózkiem sklepowym w przesu-
wanych drzwiach.

– Co się stało? – spytałam.

Miał dziwną minę, jakby nie był pewny, czy powinien powiedzieć na głos to, co sobie pomyślał.

– A może byśmy pojechali i sami ścieli jedną?

Rozpromieniłam się.

– Masz na myśli plantację choinek? – Zaczęłam podskakiwać. – Włożysz flanelową koszulę? Będziesz wymachiwał siekierą?

Parsknął.

163

– Nie mam flanelowej koszuli. I o ile mnie pamięć nie myli, dają tam piły ręczne.

Przygryzłam wargę i pisnęłam radośnie.

Uśmiechnął się.

– Tata zabierał nas co roku na plantację choinek. Własnoręcznie jedną ścinał. To była nasza tradycja.

Och. Teraz zrozumiałam to jego wahanie. Oraz powód, dla którego wcale nie miał choinki.

Zrobiło mi się przykro i zadarłam ku niemu głowę.

– Czy ostatni raz miałeś choinkę, kiedy jeszcze był z wami twój tata?

Milczał przez chwilę.

– Tak.

– Czyli kiedy odszedł, skończyło się twoje dzieciństwo – powiedziałam.

Westchnął przeciągle.

– Pewnie można i tak na to spojrzeć.

– Ale patrz! – Uśmiechnęłam się do niego. – Teraz jesteś dorosły i możesz ściąć choinkę na pierwsze Boże Narodzenie Grace i zapewnić jej to samo cudowne przeżycie, które kiedyś ofiarowano tobie.

Popatrzył na Grace z rozczuleniem.

– Nie myślałem o tym w ten sposób. Ale ona pewnie jest za mała, żeby to zapamiętać.

Potrząsnęłam głową.

– Nie wiemy, co zapamięta.

Zmarszczył czoło.

– Że co?

– Właśnie to. Nie zauważyłeś? Jak ona od razu się uspokaja, kiedy bierzesz ją na ręce? Już kojarzy cię z poczuciem bezpieczeństwa, ponieważ uratowałeś ją tamtej nocy. To wszystko w niej się osadza. Małe synapsy łączą się i mówią jej, że jesteś dobry. Być może będzie ją ciągnęło do brodatych mężczyzn o ciepłych zielonych oczach i pewnego dnia wyjdzie za jednego z nich za mąż dlatego, że kiedyś cię poznała. I nawet nie będzie wiedziała dlaczego.

Zamrugał i posłał mi nieodgadnione spojrzenie.

– Tak czy owak – podjęłam, pchając wózek do wyjścia – uważam, że zrobiliśmy dziś wielki postęp. Nawet jeśli nie będzie siekiery i flanelowej koszuli.

Uśmiechnął się i ruszył za mną na parking, pchając sklepowy wózek.

* * *

Pół godziny później podjechaliśmy pod plantację choinek. Kobieta w grubej wełnianej kurtce i czapce Świętego Mikołaja podeszła do samochodu, dała nam mapę i piłę, która pachniała żywicą.

– Czujesz? – Uśmiechnęłam się. Adrian podniósł szybę i ruszyliśmy powoli zaśnieżoną drogą w głąb plantacji.

Odwzajemnił mój uśmiech.

– Czuję.

Spojrzałam na mapę.

– To jaką chcesz choinkę?

– Jodłę balsamiczną – odparł bez namysłu.

– Dobra odpowiedź. – Machnęłam głową w stronę parceli po lewej. – Jodły balsamiczne rosną tam.

Zaparkował samochód i wysiedliśmy. Wyjęłam Grace z fotelika i szybko sprawdziłam, czy ma suchą pieluszkę. Opatuliłam ją ciepło i zanurzyliśmy się między rzędy choinek.

Był piękny dzień. Słoneczny i ciepły jak na grudzień w Minnesocie. Był może jeden stopień poniżej zera. Brnęliśmy przez śnieg, oglądając jodły.

– Czy to nie lepsze niż siedzenie w pracy? – zagadnęłam, zamykając oczy i zaciągając się rześkim powietrzem.

– Muszę przyznać, że to bije na głowę składanie zeznań – odparł, wymachując piłą.

– Czyli jesteś wspólnikiem w kancelarii, tak? – spytałam, spoglądając na niego. – Co to dokładnie znaczy? Jesteś jej szefem?

– Jednym z szefów, tak.

– Ale nie głównym szefem?

– Głównym szefem jest Marcus, właściciel i założyciel kancelarii.

– I jaki on jest?

Skinął głową.

– Poważny. Przenikliwy.

– To jak to dokładnie działa? On jest właścicielem, a ty kim? Gdyby to była firma handlowa, jakie stanowisko byś zajmował?

Stanął i przyjrzał się jednej z choinek.

– No, w handlu byłbym pewnie kierownikiem sklepu. Razem z Marcusem podejmujemy decyzje, które sprawy przyjąć i kogo zatrudnić. Zasięgam jego rady w razie potrzeby, ale na ogół on zdaje się na moje rozeznanie.

– A ilu w sumie macie prawników?

– W tej chwili dziewięciu. Oprócz tego troje praktykantów i paru pracowników biurowych.

Zerwał się lekki wietrzyk, więc ciaśniej otuliłam główkę Grace kocem i pocałowałam ją w ciepłe czółko.

– I ty dostajesz najlepszych klientów?

– Praktycznie rzecz biorąc, wszystko to są klienci firmy. Każdy z nas może ich reprezentować. Ale na ogół to ja prowadzę większe sprawy.

– Aha. Rozumiem. I lubisz Marcusa?

– *Szanuję go.* Lubienie nie jest tu tak naprawdę niezbędne.

Zatrzymałam się przy dużej jodle.

– Może ta? – Skinęłam głową w jej stronę.

Adrian obrzucił drzewko spojrzeniem.

– Dla mnie czy dla ciebie?

– Dla ciebie. Ja będę potrzebowała czegoś trochę mniejszego. Nie mam tyle miejsca co ty.

Kiwnął głową.

– Myślę, że się nada.

Uklęknął w śniegu, odchylił dolne gałęzie i zaczął piłować pień.

– To jaka jest Annabel? – zapytał, potrząsając drzewkiem.

– Wściekła.

Przestał piłować i wystawił głowę spomiędzy gałęzi, żeby na mnie spojrzeć.

– Wściekła?

– Wściekła. Wkurzona jak zbuntowana licealistka, która dostała szlaban.

– Dlaczego? – Znów dał nura pod gałęzie.

Prychnęłam sarkastycznie.

– A dlaczego nie?

Annabel była zła na cały świat. Była zła, że Mel umarła. Była zła, że jej mama odeszła. Była zła, że pękł kondom i zaszła w ciążę z jakimś przypadkowym chłopakiem w Punta Cana, gdzie pojechała świętować ukończenie szkoły – za co zresztą to ja zapłaciłam. Sądziłam, że jeśli zarażę ją moją miłością do podróżowania, to może trochę bardziej pokocha swoje życie.

Ten plan jednak nie wypalił.

Przynajmniej nigdy nie będzie musiała się martwić, że umrze na ALS. Ona i Brent mieli inną mamę niż Melanie i ja, co oznaczało, że Grace też jest bezpieczna. Już samo to było powodem do wdzięczności. Ale Annabel nie potrafiła być wdzięczna.

Choinka zatrzęsła się po raz ostatni i runęła na bok z cichym chrupnięciem.

Adrian podniósł się, otrzepał śnieg z kurtki, a ja posłałam mu radosny uśmiech.

– Dokonałeś tego. Zatoczyłeś pełne koło.

Popatrzył z uśmiechem na ściętą jodłę.

– Chodźmy teraz po twoją.

* * *

Trzy godziny później byliśmy z powrotem w jego mieszkaniu. Obie choinki stały w naszych salonach. Moją zamierzałam ubrać później. Jego drzewko stanowiło większe wyzwanie.

Kominek był włączony, w tle grały świąteczne piosenki, udekorowaliśmy jego choinkę i jedliśmy zupę z chlebowych miseczek na kanapie. Adrian zrobił nam gorącą lemoniadę, miałam na kolanach jego nowy polarowy koc, Harry Puppins spał przytulony do mojej nogi i powarkiwał przez sen.

Uwielbiałam tego zbzikowanego psiaka. Był jak mrukliwy staruszek przeganiający ludzi ze swojego trawnika. Kiedy wróciliśmy z choinką, zaatakował nogawkę spodni Adriana. Adrian usiłował osadzić drzewko na stojaku, więc miał zajęte ręce i nie mógł odgonić Harry'ego. Śmiałam się tak bardzo, że nie byłam nawet w stanie mu pomóc. Omal się nie posikałam.

– Nie żałujesz teraz, że nie kupiliśmy dwóch kocy? – spytałam, trącając kolanem udo Adriana. – Tak mi dobrze, a ty siedzisz zmarznięty i przyklejasz się do skórzanego obicia.

Roześmiał się, przejeżdżając łyżką wzdłuż brzegu swojej chlebowej miseczki.

– Wytwarzam własne ciepło.

Uśmiechnęłam się i rozejrzałam po jego mieszkaniu. Zrobiło się całkiem przytulne.

– I co, nie czujesz się lepiej? – zagadnęłam.

Uśmiechnął się.

– Dużo lepiej. Miałaś rację.

Odstawiłam kubek z lemoniadą na podłogę.

– Wiesz, myślę, że to było przeznaczenie, że mnie poznałeś. Zdecydowanie potrzebowałeś mnie w swoim życiu.

Zsunął swoją miseczkę na stolik do kawy.

– Bardzo się cieszę, że cię poznałem, ale nie wierzę w przeznaczenie.

Pokręciłam głową.

– Jak możesz nie wierzyć w przeznaczenie?

– Nie uważam, że cokolwiek jest z góry przesądzone czy zapisane w gwiazdach. Wierzę, że sami stwarzamy nasz los.

– Ha! Mówisz jak prawdziwy maniak kontroli. – Wyciągnęłam do niego rękę. – Pokaż mi swoją dłoń.

Łypnął na mnie podejrzliwie.

– No śmiało – zachęciłam go.

Uśmiechnął się i położył swoją dłoń na mojej. Z chwilą, gdy ją ujęłam, przeszył mnie ciepły prąd.

Boże, mogłam się założyć, że ten facet wiedział, jak używać tych swoich rąk...

Nie sądziłam, że Adrian mógłby być kiepskim kochankiem. On niczego nie robił byle jak. Byłam pewna, że mógłby prowadzić warsztaty mistrzowskie z doprowadzania kobiet do orgazmu.

Lubiłam mężczyzn z pewnym doświadczeniem – nie miałam czasu do stracenia na szkolenie ich w tej dziedzinie.

Odchrząknęłam.

– Powróżę ci z dłoni – zapowiedziałam, odwracając jego dłoń wnętrzem do góry.

Wydawał się rozbawiony.

– Gdzie się tego nauczyłaś?

– Od wróżki z małej wioski w Hiszpanii.

– Nic dziwnego, że Becky tak cię lubi.

Powiodłam palcem wzdłuż jego linii miłości i uśmiechnęłam się.

– Niby dlaczego?

– Interesuje się astrologią – odparł, nachylając się, żeby zobaczyć, co robię. Zbliżył twarz do mojej. Moje serce zatrzepotało. – Zawsze czyta mi mój horoskop – dodał.

– I nie masz poczucia, że jest w nim trochę prawdy? – spytałam, przyglądając się liniom jego dłoni.

– Nie. To co tam wyczytałaś z mojej dłoni?

Uśmiechnęłam się nieznacznie.

– Widzisz tę linię? – Wskazałam tę najbliżej palców. – To linia miłości. Tutaj jest przerwana. To oznacza, że doznałeś czegoś traumatycznego. Prawdopodobnie chodzi o odejście twojego ojca. Ale spójrz. Patrz, jaka dalej jest długa i wyraźna. Cała reszta twojego życia to bezpieczna, szczęśliwa droga.

Uśmiechnęłam się do jego dłoni. Miał drobniutkie zmarszczki na początku linii serca, oznaczające namiętność. I ta linia dochodziła do palca wskazującego, a to był dobry znak. Znak, że mógł mieć zdrowe życie miłosne.

Przechyliłam jego dłoń ku niemu.

– Widzisz, jak twoja linia serca rozwidla się na końcu? Skręca trochę do dołu? To oznacza, że jesteś gotów wszystko poświęcić dla miłości. Jesteś romantykiem.

Kiedy podniosłam wzrok, zobaczyłam, że nie patrzy na swoją dłoń, tylko na mnie.

– A twoja? – spytał, patrząc mi w oczy. Odwrócił dłoń i ujął moją, kierując ją ku mnie. – Co mówi twoja?

Gdy tak nachylaliśmy się ku sobie, czułam jego oddech łaskoczący moją twarz. Był tak blisko…

– Mmm… właściwie jest podobna do twojej. Tylko kształt mojej dłoni to znak ognia. Mam długą dłoń i krótsze palce. To oznacza…

– Niech zgadnę. – Uśmiechnął się lekko. – Jesteś energiczna. Entuzjastyczna. Towarzyska.

Trudno mi było normalnie oddychać, gdy mnie tak dotykał.

– Mniej więcej – wyjąkałam. – Twój znak to powietrze. Czyli twoje mocne strony to intelekt i logika. Jesteś dobrym mówcą.

Powiódł kciukiem wzdłuż mojej dłoni.

– Ogień i powietrze. – Znów spojrzał mi w oczy. – A inne sprawy? Będziesz długo żyła?

Mój uśmiech zgasł. Zabrałam rękę, udając, że muszę natychmiast sięgnąć po kubek. Odsunęłam się na sam koniec kanapy, żeby znów rozdzielił nas ocean.

– Linia życia pokazuje pomyślność, możliwości – powiedziałam. – Nasze życie się zmienia. Ta linia nie mówi o tym, jak długo będziemy żyć.

O tym decydowało raczej drętwienie moich palców.

Rozdział 12

Ten człowiek skrócił godziny pracy o połowę, a skutki okazały się opłakane!

ADRIAN

Siedzieliśmy z Becky w sali konferencyjnej i pracowaliśmy. Było piątkowe południe, a my tkwiliśmy po pas w zaległych papierach. Wisiał nad nami proces Buellera, a ja nie byłem przygotowany.

Nie przejrzałem jeszcze nagrań z kamery policyjnej ani raportu toksykologicznego, a Marcus popatrywał na mnie wilkiem, bo w ubiegłym tygodniu spóźniłem się ze złożeniem pozwu przez to, że wyszedłem wcześniej, żeby jechać z Grace i Vanessą do pediatry.

Wcale nie planowałem jechać z nimi do lekarza. Vanessa nawet mnie o to nie prosiła. Ale wspomniałem o tej wizycie Lenny'emu, a on powiedział, że jego dzieci tak strasznie płakały przy szczepieniu, że nie mógł ich uspokoić. Potem poradził, że Vanessa powinna dać Grace paracetamol przed wyjściem z domu, a nie byłem pewny, czy to zrobiła. Wysłałem jej esemesa, ale nie odpowiedziała.

Siedziałem na telekonferencji, machając niecierpliwie nogą i co chwila zaglądając do telefonu, aż w końcu powiedziałem sobie: „Pieprzyć to!", wstałem i pojechałem do gabinetu lekarza Grace.

Vanessa nie potrafiła ukoić małej po takim doświadczeniu tak łatwo jak ja. Miała rację, mówiąc, że przy mnie Grace jest spokojniejsza. Kiedy marudziła, lubiła, gdy brałem ją na ręce – kiedy była naprawdę wytrącona z równowagi, wręcz wolała mnie od Vanessy. Wiedziałem, że będzie lepiej, jeśli to ja będę ją trzymał podczas szczepienia – zresztą chciałem poznać jej lekarza. Sprawdzić, czy nikt się na niego nie skarżył, a przynajmniej zobaczyć, jakie ma notowania na WebMD.

Pielęgniarki mówiły o mnie „tata". Vanessa za każdym razem chichotała.

Nie było mnie tylko przez godzinę, ale zaburzyło to cały porządek dnia. Złożenie pozwu się przesunęło, przez co spóźniłem się dziesięć minut na konsultację. Lenny robił dla mnie notatki przez resztę telekonferencji, ale straciłem okazję na zadanie pytań, podczas gdy wszyscy byli obecni, więc musiałem potem wysyłać emaile, żeby to nadrobić.

Niezależnie od tamtego wyjścia w środku dnia, od prawie dwóch tygodni nie siedziałem w pracy dłużej niż po osiem godzin. Czas, który zwykle poświęcałem na prowadzone sprawy, spędzałem teraz z Vanessą.

Zacząłem zlecać innym kolejne zadania.

Nigdy wcześniej tego nie robiłem. Nigdy. Zawsze wszystko wykonywałem sam. Dzięki temu popełnialiśmy mniej błędów. Ale przekazałem Lenny'emu sprawę Garcii, bo wiedziałem, że jeśli tego nie zrobię, ucierpi na tym albo mój klient, bo będę gorzej przygotowany, albo ja, bo będę miał mniej czasu dla Vanessy. Po raz pierwszy w moim życiu praca nie była dla mnie najważniejsza. Ostatnio wraz z wybiciem piątej wychodziłem z kancelarii. Nie chciałem tracić ani chwili, którą mogłem spędzić z Vanessą. Doszło już do tego, że drżałem na myśl o końcu wieczora, bo wiedziałem, że ona zaraz pójdzie do siebie, zabierze ze sobą Grace i moje mieszkanie znów stanie się puste i bez życia.

Byłem spóźniony ze wszystkim. Dosłownie: ze wszystkim. Starałem się to nadrobić, więc pracowałem podczas przerwy na lunch. Musiałem, bo dzisiaj dla wszystkich dzień pracy był krótszy. Wszyscy wychodziliśmy wcześniej na coroczną galę na rzecz szpitala dziecięcego.

Wcale mnie to nie cieszyło.

Lubiłem tę galę. Jedzenie i rozrywka zawsze stały na najwyższym poziomie i miło było spędzić trochę czasu z resztą współpracowników poza kancelarią. Ale kupiłem tylko jeden bilet, bo Rachel nie planowała przyjeżdżać w ten weekend. Próbowałem w ostatniej chwili zdobyć jeszcze jeden dla Vanessy, ale wszystkie zostały wyprzedane, więc nie będzie jej tam.

Nagle wieczór z jedzeniem steku i homara oraz słuchaniem muzyki na żywo wydawał mi się ostatnią rzeczą, na jaką miałem dziś ochotę.

Od dwóch tygodni codziennie spotykałem się z Vanessą. Co wieczór jedliśmy razem kolację. W ostatni weekend sypał śnieg, więc łaziliśmy po budynku, googlowaliśmy nazwiska, które znaleźliśmy nagryzmolone na ścianach, oglądaliśmy *Biuro* i odwiedzaliśmy się nawzajem w naszych mieszkaniach.

Nasze życia niepostrzeżenie zlały się w jedno. Znajdowałem niemowlęce skarpetki między poduszkami kanapy. W kuchni na blacie obok karafki z burbonem Basil Hayden stał podgrzewacz do butelek. Kupiłem własny kojec i bujaczek, żebyśmy nie musieli ciągle tachać ich tam i z powrotem.

Vanessa dała mi zapasowy klucz do swojej kawalerki, a ja przestałem zamykać drzwi na zasuwkę, kiedy byłem w domu.

Vanessa wchodziła i wychodziła, kiedy tylko miała ochotę. Nawet nie pukała. Wchodziła i od razu podejmowała jakiś wątek naszej wcześniejszej rozmowy, wstawiała pranie, używała mojego ekspresu do kawy, zabierała do siebie Harry'ego Puppinsa, kiedy ja byłem w pracy, i zostawiała u mnie Grace, gdy brała prysznic albo miała coś do załatwienia na mieście. Wczoraj siedziała w piżamie na ławeczce do ćwiczeń w mojej domowej siłowni i jadła frittatę, którą jej zrobiłem, a ja przebiegłem w tym czasie sześć mil na bieżni. Ciągle u mnie były. *Ona* zawsze u mnie była. I podobało mi się to. *Ona* mi się podobała.

Bardzo.

Trudno mi było przyznać się do tego przed sobą, bo wiedziałem, że nie mogę z tym nic zrobić.

Sednem naszej relacji było właśnie to, że nie podrywamy się nawzajem. Vanessa flirtowała ze mną, owszem. Ale po prostu taka była. Kilka razy zdarzyło się, że mówiła mi, jaki jestem seksowny, a w tym samym zdaniu powtarzała po raz kolejny, że nie umawia się na randki. To nic nie znaczyło. Od początku jasno dawała mi do zrozumienia, że randki jej nie interesują. Pewnie właśnie dlatego tak swobodnie się czuła, spędzając ze mną tyle czasu – bo nie próbowałem zaciągnąć jej do łóżka.

Miałem bolesną świadomość, że jeśli poruszę ten temat, jeżeli spróbuję wyjawić jej moje uczucia, zaryzykuję utratę naszej przyjaźni. Już sama rozmowa o przekroczeniu granicy stanowiła przekroczenie granicy. Później oboje będziemy zdawali sobie sprawę, że chcę czegoś więcej, nawet jeśli nasze relacje pozostaną takie jak wcześniej. To by wszystko między nami zmieniło, a ja bałem się cokolwiek zmieniać. Nie mógłbym tego stracić.

Becky ułożyła swoje papiery w równy stosik i oparła się na łokciach.

– To jak to jest spędzać czas z Vanessą? – spytała z uśmiechem. – Traktują was jak VIP-ów? To musi być superuczucie! Czy ludzie rzucają się na nią, kiedy gdzieś wychodzicie, a ty musisz być jej ochroniarzem i odrywać od niej obcych mężczyzn?

Potrząsnąłem głową.

– Od czasu do czasu rozdaje autografy. Tak naprawdę nie zaznałem jeszcze tej strony jej sławy. Robimy normalne rzeczy. Ona jest taka sama jak wszyscy – odparłem, spinając spinaczem mój stosik wydruków do korekty.

Becky wytrzeszczyła oczy zza stołu.

– No dobra, ale to kompletna nieprawda. Ludzie ją *uwielbiają*. Gotowi są zapłacić, żeby móc zrobić sobie z nią *jedno* zdjęcie, a ty spędzasz z nią czas ot tak sobie i nawet nie masz poczucia, że to coś niesamowitego?!

– Bardzo doceniam, że mogę spędzać z nią czas. Ot tak sobie. – Zakreśliłem literówkę. Becky spojrzała na mnie jak na głupka.

Uwielbiałem się z nią droczyć.

Zamrugała.

– Ty nic nie kapujesz, co? Twoja sąsiadka jest ulubienicą Ameryki, a ja mam wrażenie, że ty tego w ogóle nie doceniasz. Była kiedyś jurorką w jakimś konkursie razem z Tomem Hanksem i to o niej mówili „ta miła". Wystąpiła gościnnie w jednym odcinku kulinarnego programu Gordona Ramseya i on na nią w ogóle nie krzyczał, a Post Malone ma jej imię wytatuowane we wnętrzu wargi!

Popatrzyłem na nią.

– Vanessa poznała Toma Hanksa?

Wpatrywała się we mnie wstrząśnięta.

– Czy ty o *niczym* nie masz pojęcia?

Zdusiłem uśmiech. Nie wiedziałem o Tomie Hanksie ani o programie Gordona Ramseya, jeśli już o tym mowa. Nie miałem też pojęcia, kto to jest Post Malone.

Doskonale wiedziałem, że Vanessa jest celebrytką. Ale dla mnie była po prostu... Vanessą. Twardo stąpającą po ziemi i... normalną. Przez większość czasu w ogóle nie pamiętałem, czym ona się zajmuje, co jej zresztą chyba odpowiadało. Nie lubiła rozmawiać o swoim kanale.

Co prawda, zdarzyło się kilka razy, że byliśmy gdzieś na mieście i zauważyłem, że została rozpoznana. Nawet jeśli ludzie do niej nie podchodzili, widać było, że wiedzą, kim jest. Ja nie mógłbym tak nagrywać swojego życia i wystawiać go na widok publiczny kosztem własnej anonimowości. Nie wydaje mi się, żeby Vanessa szczególnie lubiła ten aspekt swojej działalności, ale dla niej zbieranie pieniędzy na badania nad ALS było ważniejsze niż zachowanie prywatności. Pewnie jeśli człowiek znalazł coś, na czym aż tak mu zależało, warto było się poświęcić.

– Nie musisz mi mówić, jakim jestem szczęściarzem ani jaka Vanessa jest niesamowita – zapewniłem Becky. – Doskonale o tym wiem.

A ona wciąż kręciła głową, nie znajdując słów dla mojego zacofania i mojej ignorancji. Westchnęła rozczarowana faktem, że zupełnie nie nadaję się do plotkowania na takie celebryckie tematy, i wróciła do wezwań do sądu, które przygotowywała do wysłania.

Uświadomiłem sobie nagle, że nie licząc tych okazjonalnych niespodzianek związanych z jej sławą, w ciągu tych dwóch tygodni dowiedziałem się o Vanessie i jej rodzinie więcej niż o Rachel i jej bliskich w ciągu ośmiu miesięcy.

Od naszego zerwania miałem mnóstwo czasu, żeby przemyśleć sobie naszą relację, i doszedłem do wniosków, które bynajmniej mnie nie zachwycały.

Jakaś część mnie zdawała sobie sprawę, że Rachel pewnie celowo pozostawała skryta na temat swojego prawdziwego życia, i to dlatego nie poznałem jej lepiej ani też nie zorientowałem się w jej knowaniach. Jednak druga część mnie zaczęła się zastanawiać, jaką rolę odegrałem w tym wszystkim ja. Bo prawda była taka, że nie zależało mi na niej na tyle, żeby się tym zaciekawić.

Nie zadałem sobie trudu, by poznać jej przyjaciół i rodzinę. Ani razu nie odwiedziłem jej w Seattle. Gdy przez kilka dni nie wysyłała esemesów ani nie odbierała moich telefonów, prawie tego nie zauważałem, bo i tak nie miałem czasu, by z nią porozmawiać.

Nie obwiniałem się za to, co odwaliła Rachel. Ale Vanessa miała rację, kiedy podsumowała mnie przed paroma tygodniami. W moim życiu brakowało równowagi. Było w nim miejsce jedynie na dziewczynę raz w miesiącu, która po prawie roku randkowania była dla mnie kompletnie obcą osobą, bo nie potrafiłem bardziej się zaangażować. I za to nikt inny poza mną nie ponosił odpowiedzialności.

Ale było też coś jeszcze. Cichy, lecz uporczywy głosik, który mówił, że może taki układ całkiem mi odpowiadał. Że może Rachel była kolejnym przejawem tej mojej potrzeby kontroli, którą rzekomo odczuwałem; symptomem większego problemu. Że może skupiając się przede wszystkim na pracy, usiłowałem się chronić przed zbliżeniem za bardzo do kogoś, kto mógł mnie ostatecznie zranić. Zostawić mnie tak, jak zrobił to mój ojciec. A najzabawniejsze, że Rachel ostatecznie właśnie mnie zostawiła. Ale im dłużej to roztrząsałem, tym bardziej utwierdzałem się w przekonaniu, że wcale mnie to nie obeszło.

Byłem oburzony i zły, ale jedynie dla zasady, nie dlatego, że ją kochałem czy też mi na niej zależało. Czy wybrałem ją celowo? Czy podświadomie czułem, że nie zdoła się na tyle zbliżyć do mojego serca, żeby je złamać?

Nie mogłem pozbyć się tej myśli. Nie podobało mi się to. Wcale a wcale.

Vanessa powiedziała, że traumy z dzieciństwa zawsze rzutują na nasze związki. Zaczynało do mnie docierać, że miała rację.

Miała rację w wielu kwestiach. Vanessa mnie zmieniła. Na lepsze. Sprawiła, że zacząłem postrzegać świat w nowym świetle – czy też takim, o którego istnieniu zapomniałem.

Zupełnie jakbym znowu stał się dzieckiem. Bawiliśmy się jak dzieci. Strzelaliśmy do siebie z pistoletów na wodę w jej salonie, bawiliśmy się w to, że podłoga to lawa. Kiedy na dworze było minus dwadzieścia stopni, gotowaliśmy wodę i wylewaliśmy ją z balkonu, żeby zrobić mgłę. Puszczaliśmy bańki, by obserwować, jak zamarzają, robiliśmy orły na zaśnieżonym dachu, urządzaliśmy bitwy na śnieżki, podczas których miałem ochotę przewrócić ją w zaspę i pocałować.

Śmiałem się tak, że aż bolał mnie brzuch, dostrzegałem piękno wokół mnie i zdumiewałem się, że w ogóle przestałem je widzieć. Miałem poczucie, że byłem na wpół martwy i nawet nie zdawałem sobie z tego sprawy, snułem się przez życie otumaniony, dopóki Vanessa mnie nie obudziła.

Powiedziała kiedyś, że pieniądze nie mogą dać człowiekowi szczęścia, jeśli on sam nie wie, czego chce. A dla mnie z każdą chwilą stawało się to coraz bardziej oczywiste. Po każdym dniu spędzonym z Vanessą i Grace byłem tego coraz bardziej pewny. Tyle że tego, czego pragnąłem, nie można było kupić. Musiałem na to zasłużyć.

Nie wiedziałem tylko, czy zdołam.

Wciąż siedziałem w sali konferencyjnej i przeglądałem raport policyjny dotyczący Buellera, kiedy Becky zaczęła piszczeć po drugiej stronie stołu. Lubiła dramatyzować, więc nawet nie podniosłem głowy znad papierów i nie zobaczyłem, że do sali weszła Vanessa z Grace w wózku, dopóki się nie odezwała.

– Ty musisz być Becky – zagadnęła, uśmiechając się do mojej zahipnotyzowanej asystentki.

Moje serce drgnęło, gdy ujrzałem ją tak znienacka.

Była piękna. Zawsze była piękna, ale nie spodziewałem się, że ją tu zobaczę.

Miała na sobie fioletowy sweter, którego nigdy wcześniej na niej nie widziałem, włosy rozpuszczone i ułożone w fale. Poczułem ukłucie dumy, że taka kobieta przyszła do mojej kancelarii zobaczyć się ze mną.

Wstałem z uśmiechem.

– Hej, nie wiedziałem, że przyjdziesz.

– Skoro nie będę mogła spędzić dziś z tobą wieczoru, pomyślałam, że zrobię ci niespodziankę i przyniosę ci lunch do pracy. – Uniosła w górę papierową torbę.

Stałem tam i szczerzyłem się do niej jak idiota, aż Becky pisnęła za moimi plecami:

– Pójdę zjeść lunch przy moim biurku.

Zebrała swoje papiery ze stołu, przycisnęła je do piersi i uśmiechając się do Vanessy jak wariatka, przecisnęła się obok niej i zamknęła za sobą drzwi.

Vanessa posłała mi promienny uśmiech.

– Wiesz, tutaj, w kancelarii wyglądasz jeszcze seksowniej.

Roześmiałem się.

Grace uśmiechała się do mnie z wózka. Od kilku dni często tak robiła. Kiedy miała smoczek w buzi, wypluwała go i uśmiechała się do mnie promiennie, ukazując dziąsła i błyszczące oczka. A kiedy ją łaskotałem, chichotała. To było cudowne. Uwielbiałem się z nią bawić.

Pochyliłem się, wyjąłem ją z wózka i przytknąłem nos do jej brzuszka. Miała na sobie niebieski polarowy pajacyk w słoneczniki, pachniała pudrem dla niemowląt i perfumami Vanessy.

Pachniała domem.

Uniosła pulchną rączkę. Chwyciłem wargami jej paluszki, a ona zaśmiała się radośnie. Nie mogłem przestać się uśmiechać.

Nagle zrozumiałem, jakie to uczucie, kiedy twoja rodzina, to znaczy żona i dzieci, odwiedza cię w pracy. Nigdy jeszcze nie ucieszyłem się tak na widok kogoś, na kim mi zależało i kogo nie spodziewałem się zobaczyć. Chciałem trzymać Grace na rękach i oprowadzić Vanessę po kancelarii, pokazać jej moje biurko. Przedstawić ją Marcusowi. Ocucić Becky i je także oficjalnie sobie przedstawić.

– Co jemy? – spytałem, spoglądając na Vanessę.

Patrzyła, jak przytulam Grace. Nie umiałem zinterpretować wyrazu jej twarzy, ale spojrzenie miała jakieś nieobecne. Wskazałem stół.

– Usiądź, proszę. – Wolną ręką przesunąłem papiery, żeby zrobić dla niej miejsce.

– Przyniosłam tajskie żarcie – powiedziała, kładąc na stole papierową torbę. – A, i zanim zapomnę, nie będę mogła spotkać się z tobą w poniedziałek. Właśnie się dowiedziałam. – Popatrzyła na mnie, wysuwając dolną wargę.

Poczułem, że mój uśmiech przygasa.

– Dlaczego?

– Wypadło mi coś związanego z pracą – odparła, wyjmując z torby pojemniki z jedzeniem na wynos.

Z trudem stłumiłem rozczarowanie. To już drugi wieczór, którego nie będziemy mogli spędzić razem.

– Chcesz, żebym zajął się Grace w tym czasie? – spytałem, mając nadzieję, że ton mojego głosu nie zdradzi tego, jaki byłem zawiedziony.

Otworzyła pojemnik ze smażonym ryżem i nałożyła trochę na talerz.

– Nie musisz. Zamierzałam poprosić Panią Jogę.

– Mogę z nią zostać – powiedziałem, odkładając małą do wózka i siadając obok Vanessy.

Wzruszyła ramionami.

– Dobrze. Jeśli chcesz. Nie chciałam zakładać tego z góry. – Dokończyła nakładać mi jedzenie i przesunęła talerz w moją stronę.

Patrzyłem na nią, kiedy nakładała sobie jedzenie. Nie zwracała na mnie uwagi.

W zeszłym tygodniu ufarbowała sobie końcówki włosów ze względu na kręcony film. Były granatowo-fioletowe i pasowały do jej swetra. Wyglądały egzotycznie. Kiedy się uśmiechała, w jednym z jej policzków robił się mały dołeczek. Miała długie rzęsy i delikatne piegi na nosie.

Była piękna.

Znów to poczułem: tę potrzebę patrzenia na nią dłużej, niż było to stosowne. W ostatnim tygodniu zmagałem się z nią niemal cały czas.

Czułem się jak nastolatek wzdychający do koleżanki z klasy. Pragnąłem jej dotykać. Bez przerwy. Kiedy siedziała obok mnie na kanapie, miałem ochotę objąć ją ramieniem. W sklepie chciałem trzymać ją za rękę. Kiedy podeszła do mojego biurka w domu, żeby zobaczyć, nad czym pracuję, korciło mnie, żeby posadzić ją sobie na kolanach. Niedorzeczne, jak silny był ten impuls.

Wiedziałem, że pewnie była to projekcja moich własnych obsesji, ale dzieląca nas odległość zawsze wydawała mi się nienaturalna. Jakbyśmy oboje udawali, że chcemy zachować dystans, ale utrzymanie go wymagało od nas wysiłku.

Vanessa mówiła o mnie w swoich filmach. Nie oglądałem ich – nie miałem czasu. Zresztą Becky i tak raczyła mnie dramatycznymi streszczeniami każdego z nich. Wiedziałem więc, że opowiadała głównie o tym, co robiliśmy danego dnia, i rozpływała się nad moim seksapilem – ale to oczywiście nic nie znaczyło. Pochlebiało mi, rzecz jasna, ale niczego między nami nie zmieniało. Nadal byliśmy tylko przyjaciółmi i w możliwej do przewidzenia przyszłości mieliśmy nimi pozostać.

Zmusiłem się do tego, żeby oderwać od niej wzrok i zabrać się do jedzenia.

– To jak mam się ubrać w niedzielę? – spytała, sięgając po swój napój.

W niedzielę miała urodziny. Zaplanowałem na ten dzień dużą niespodziankę.

Przygryzła koniec słomki, czekając na moją odpowiedź.

– Włóż coś ładnego. Może tę szarą wełnianą sukienkę? – zasugerowałem, wkładając do ust kęs klusek. Lubiłem ją w niej.

Podobała mi się zresztą we wszystkim.

– Dziękuję, że mnie gdzieś zabierasz w moje urodziny. Gdyby nie ty, pewnie siedziałabym w domu.

Trudno mi było w to uwierzyć.

– A twoi inni przyjaciele? Nikt inny nie chciałby świętować z tobą twoich urodzin?

Wzruszyła ramionami.

– Mam mnóstwo przyjaciół, tyle że nie mieszkają w pobliżu. Brakuje mi natomiast byłych chłopaków. Jestem do tego stopnia singielką, że nie mam nawet do kogo wysyłać pijackich esemesów – mruknęła.

Uśmiechnąłem się.

– Możesz wysyłać je do mnie.

Prychnęła.

– Dobra. To tylko kwestia czasu. Dzięki za zachętę. Mam nadzieję, że lubisz literówki i płaczące emotki.

Roześmiałem się.

– Wiesz, mogłabyś mieć chłopaka, gdybyś tylko chciała – powiedziałem. – Nadal nie rozumiem, dlaczego nie umawiasz się na randki.

Uśmiechnęła się drwiąco.

– Nikt nie chce brać sobie na kark mojego bagażu. Uwierz mi.

– Twój bagaż nie jest taki straszny, jak ci się zdaje – odparłem, wycierając usta serwetką. – Każdy facet byłby szczęściarzem, mając taką dziewczynę.

Ja na pewno...

Wymierzyła we mnie widelec.

– Widzisz, ludzie mówią takie rzeczy, żeby mnie pocieszyć, tylko dziwnym trafem ci, którzy mi wmawiają, jaka to ze mnie świetna partia, nigdy jakoś sami nie chcą się ze mną umówić na randkę...

W jej tonie wyczułem jakieś napięcie. Odwróciła ode mnie wzrok i odgarnęła włosy z czoła w ten sam sposób, jak zawsze, kiedy była sfrustrowana.

Wpatrywałem się w jej profil.

– Co się stało? – spytałem.

Nie chciała na mnie spojrzeć.

Przyjrzałem jej się. Broda drżała jej lekko. Obróciłem się z krzesłem w jej stronę tak, że nasze kolana się zetknęły, i położyłem jej dłoń na ramieniu.

– Hej, popatrz na mnie.

Z chwilą, gdy nasze spojrzenia się spotkały, wybuchnęła płaczem.

Pochyliłem się i ją objąłem.

– Co się stało? – Wygładziłem jej włosy. – Hej, ciiiiii. Już dobrze. Powiedz mi.

Ale ona tylko płakała. Vanessa *nigdy* nie płakała – nawet w sytuacjach, w których *powinna*.

Czułem się kompletnie bezradny i natychmiast zapragnąłem to naprawić, cokolwiek było nie tak.

– Vanesso, co ci jest?

Powiedz mi, żebym mógł temu zaradzić.

Potrząsnęła głową.

– Czasami czuję, jakbym wirowała. Jakby porwało mnie tornado a ja nie mogę się zatrzymać, cały czas muszę się kręcić. Uspokajam się tylko wtedy, kiedy jestem z tobą.

Jej słowa tak mnie zaskoczyły, że nie wiedziałem, co powiedzieć.

Pozwoliła mi się przytulać jeszcze przez chwilę. A potem odsunęła się, pociągnęła nosem i starła łzy z policzków.

– Hej, przeczytajmy swoje wróżby z ciasteczek. Jeśli doda się do nich słowa „w łóżku", to zawsze jest śmiesznie. – Posłała mi wymuszony uśmiech.

Jakby projektor zmienił rolkę filmu, tak nagłe było to przejście w ciągu ułamka sekundy.

Pokręciłem głową.

– Nie rób tego.

Wymuszony uśmiech stał się jeszcze szerszy, choć w jej oczach wciąż lśniły łzy.

– Czego mam nie robić?

– *Tego.* Właśnie tego, co robisz, kiedy udajesz, że jesteś szczęśliwa. Zmieniasz temat, chcąc odwrócić moją i swoją uwagę od tego, co cię trapi. Każdy ma prawo czasem się smucić. Przy mnie nie musisz udawać.

Patrzyła na mnie i nagle znów była taka smutna, że prawie żałowałem, że sam ją do tego zachęciłem.

– Adrianie, jeśli nie będę się śmiała, przez resztę życia będę płakać – wyszeptała.

Patrzyłem jej w oczy. Wyciągnąłem rękę i ująłem jej dłonie. Nasze kolana wciąż się dotykały. Czułem krążącą między nami energię, jakbym wchłaniał jej smutek i ją uspokajał. *Chciałem* go wchłonąć. Byłem gotów przejąć go w całości, jeśli to oznaczało, że ją od niego uwolnię.

– Co się stało?

Patrzyła na mnie długą chwilę, jakby się zastanawiała, czy powinna mi powiedzieć.

– Adrianie, boję się, że problemy z moją ręką nie dotyczą kanału nadgarstka.

Ściągnąłem brwi.

– A myślisz, że co ci dolega?

Odsunęła się i patrzyła na mnie ze łzami w oczach.

– A twoim zdaniem co myślę?

Pokręciłem głową.

– Posłuchaj mnie, na pewno nie umierasz. Rozumiesz? To normalne, że się tego boisz. Zwłaszcza po tym, jak straciłaś Melanie. Ale to wcale nie to.

Wpatrywała się we mnie.

– A jeśli to to?

Wytrzymałem jej spojrzenie.

– To nie to. Ale jeżeli tak się martwisz, są przecież specjalistyczne...

Gwałtownie potrząsnęła głową.

Widziałem w jej oczach strach.

Nie potrafiłem sobie nawet wyobrazić, co musiała przeżywać, patrząc, jak jej siostra powoli umiera. Kiedy tak straszna choroba dotyka znienacka osobę, którą kochamy, z pewnością trudno jest potem czuć się bezpiecznie. W dodatku w niedzielę miała urodziny. Zarówno jej siostra, jak i mama nie dożyły trzydziestki. A Vanessa kończyła dwadzieścia dziewięć lat. To z pewnością ją przerażało.

Mocniej ścisnąłem jej dłoń.

– W takim razie będziesz musiała uwierzyć mi na słowo. Jesteś piękną, zdrową, młodą kobietą i będziesz żyła jeszcze bardzo długo, Vanesso. – Przyłożyłem dłoń do jej policzka. – Wszystko będzie dobrze – dodałem łagodnie.

Jej smutne oczy wpatrywały się we mnie badawczo, prawie jakby chciała się przekonać, czy mówię prawdę. Wtuliła policzek w moją dłoń, jakby chciała zaczerpnąć z niej trochę ciepła, a jej wargi niechcący musnęły moją skórę.

Miałem ochotę ją pocałować.

To pragnienie było tak intensywne, że musiałem z całej siły się powstrzymywać, by nie nachylić się ku jej twarzy.

Jakie to byłoby uczucie? Nachylić się i pocałunkiem przegonić czarne myśli, które nękały tę śliczną, bystrą główkę?

Ale ona nie chciała, żebym ją całował. Nie chciała, żeby *ktokolwiek* ją całował.

Zawsze to jakaś pociecha.

Sięgnęła po serwetkę i przycisnęła ją sobie do oczu, a ja odjąłem dłoń od jej twarzy, rozczarowany, że nie mam już dłużej wymówki, by jej dotykać.

– Przepraszam, że zwaliłam to wszystko na ciebie w czasie twojej pracy. – Pociągnęła nosem. – Nie lubisz mnie przecież takiej. Lubisz, kiedy jestem rozrywkowa.

– Lubię, kiedy jesteś *szczęśliwa* – skorygowałem zgodnie z prawdą. – Rozrywka to jedynie bardzo pożądany dodatek.

Zmieniła temat.

– Jesteś gotowy na jutrzejszą wizytę u mojego taty? – Otarła oczy. – Nie musisz tam ze mną jechać, jeśli nie chcesz.

– Oczywiście, że pojadę.

– Jesteś pewny? Wiem, że ten dom cię obrzydza.

187

Nie cieszyłem się zbytnio, że spędzę więcej czasu w domu ojca Vanessy – czy w ogóle w jego towarzystwie. W ich przypadku jabłko spadło bardzo daleko od jabłoni. Ale chciałem sprawdzić, co z nim, i upewnić się, że Sonja robi, co trzeba.

No i jeszcze jedno.

Nie wyrzekłbym się kolejnego wieczoru z Vanessą. Za nic w świecie.

Była światłem, które widziałem pod powiekami jeszcze długo po tym, gdy przestałem na nie patrzeć – a chciałem patrzeć bez przerwy. Cały czas. A jeśli to oznaczało, że muszę zjeść jutro kolację w zagraconym domu, to właśnie zrobię.

Vanessa patrzyła na mnie. Była już spokojniejsza.

Uświadomiłem sobie, że przyszła dziś tutaj, bo lunch ze mną odwracał jej uwagę od czarnych myśli. Dzięki temu na chwilę mogła zapomnieć o swoich udrękach.

Byłem ciekaw, jak często to robiła. Ile razy spotykała się ze mną po to, żeby poprawić sobie nastrój, żeby nie pogrążać się w rozpaczy. Przyszła tu, bo przy mnie czuła się lepiej albo po prostu chciała ze mną o tym porozmawiać.

Bo wirowała porwana przez tornado i uspokajała się tylko, kiedy była ze mną.

I nagle to do mnie dotarło.

Byłem dla niej stworzony. Właśnie ja.

Nie potrafiłem ubrać w słowa tego, jak się poczułem, kiedy to sobie uświadomiłem.

Pozwalanie komuś innemu, by się nią zaopiekował, nie leżało w jej naturze. Rozumiałem to, bo ze mną było podobnie. Każde z nas było opoką dla swojej rodziny, zawsze przedkładaliśmy cudze potrzeby ponad własne, wiedziałem więc, ile to znaczy, że pozwalała mi się wspierać.

To był przywilej, którego nie mogłem zlekceważyć. Zaszczyt, że jestem tym, do którego ona biegnie, gdy chce, by ktoś ją złapał. Jakimś cudem, wskutek topograficznego zbiegu okoliczności, to właśnie ja poznałem Vanessę i stałem się dla niej kimś ważnym.

I skłamałbym, gdybym powiedział, że bycie dla niej kimś ważnym nie stało się nagle sensem mojego życia.

Rozdział 13

Śmiał się z mojego ciała, kiedy doszliśmy do drugiej bazy!

VANESSA

Adrian patrzył na mnie z zadartą głową i z rozbawieniem na twarzy.

– I ty myślałaś, że to dobry pomysł?

Starałam się zrobić oburzoną minę, co nie było łatwe, gdy moja głowa tkwiła tam, gdzie tkwiła.

– Wiesz co? Nie potrzebuję teraz twojej krytyki. Nie wszyscy jesteśmy wielkoludami, niektórzy z nas muszą korzystać z drabiny.

– Tę część z drabiną potrafię zrozumieć. Dziwi mnie natomiast bliskość wiatraka. – Śmiał się teraz w głos. – Dobrze, że dałaś mi klucz.

Był w smokingu.

Sądziłam, że Adrian nie może już wyglądać bardziej atrakcyjnie, ale wyobraźnia po raz kolejny mnie zawiodła.

Dzisiaj miał tę galę. Zadzwoniłam do niego w mojej sytuacji krytycznej, mając nadzieję, że złapię go przed wyjściem. Nie udało się. Był już na miejscu. Kiedy próbowałam zakończyć rozmowę, nalegał, żebym mu powiedziała, co się stało. Zrobiłam to, a on natychmiast ruszył mi na ratunek – czy też zobaczyć na własne oczy, w co się wpakowałam. Tego ostatniego nie dało się, niestety, uniknąć.

Zaczął wchodzić na drabinę, żeby mnie uwolnić, a ja zamknęłam oczy, gdy drabina się zachwiała.

– Co ty w ogóle robiłaś tam pod sufitem? – zapytał.

– Coś. Potem ci pokażę.

To „coś" to były świecące w ciemności gwiazdy, które przyklejałam do sufitu. Część umieściłam nad skrzydłami połączonego z żyrandolem wentylatora i jakimś cudem zdołałam zahaczyć włosami o jedną z lampek. Nie miałam pojęcia, jak się uwolnić, do tego jedną rękę miałam na wpół odrętwiałą, co nie ułatwiało sprawy. W końcu dałam za wygraną i usiadłam na szczycie drabiny, czekając, aż Adrian dotrze do domu, co szczęśliwie zajęło mu tylko piętnaście minut od początku mojego uwięzienia.

Na drabinie nie było dość miejsca dla dwojga dorosłych osób. Zatrzymał się, kiedy moje kolana dotknęły jego piersi.

– Nie mogę wejść wyżej, chyba że...

Chyba że rozchylę nogi, a on pokona ostatnie dwa szczeble, znajdując się między nimi.

O mój Boże!

Właśnie miałam wejść pod prysznic, kiedy konserwator budynku zjawił się z drabiną, o którą prosiłam rano. Chciał dostać ją z powrotem, zanim pójdzie do domu, więc postanowiłam od razu wziąć się do dzieła. Co oznaczało, że byłam teraz w granatowym jedwabnym szlafroku, sięgającym do połowy uda. Bez stanika, bez majtek. Tylko ja, cienki kawałek jedwabiu i moja głowa przyczepiona do żyrandola. Diabli nadali!

Zatknęłam poły szlafroka między nogi i rozchyliłam kolana, mając ochotę zapaść się pod ziemię razem z tą cholerną drabiną.

Trzeba mu przyznać, że Adrian nawet nie zerknął w dół.

Pokonał ostatnie dwa szczeble, a suwak jego spodni dotknął mojego krocza. Omal nie poleciałam do tyłu.

Położył mi dłoń na plecach między łopatkami i mnie złapał.

– Może powinnaś się mnie przytrzymać – zasugerował.

– Nie chcę, żebyś spadła.

Boże!

Objęłam go w pasie i cała zmartwiałam.

– Wszystko w porządku? – spytał, a ja usłyszałam dudnienie w jego piersi, do której przyciskałam policzek.

Kiwnęłam głową.

Nie, wcale nie było w porządku. Dzisiaj wszystko było nie tak.

Rano byłam u adwokatki specjalizującej się w adopcjach.

Nie byłam pewna, czy będę potrzebowała jej usług. Istniała szansa, że Annabel jednak weźmie się w garść. Ale już sama świadomość, że muszę poważnie rozważyć oddanie Grace do adopcji, wystarczyła, żeby wytrącić mnie z równowagi. Jadąc w południe do kancelarii Adriana, cały czas walczyłam ze łzami. A kiedy dotarłam na miejsce, załamałam się i zniszczyłam mu krawat, bo w niego szlochałam. No a potem wróciłam do domu, wkręciłam sobie włosy w wiatrak pod sufitem, a te moje głupie drętwiejące palce nie chciały mnie wyciągnąć z tych opałów. No i teraz oplatałam Adriana nogami, co było z jednej strony diabelnie podniecające, a z drugiej smutne, bo on był idealny i oczywiście wcale mną niezainteresowany.

Mój stosunek do randek ze względu na pana Copelanda odrobinę się zmienił. Nadal uważałam, że to nie fair umawiać się z kimś, skoro może się okazać, że jestem chora. Ale jeśli ten ktoś *wiedział*, że mogę być chora – jak było w przypadku Adriana – a mimo to chciał się ze mną spotykać? Nie mogłam przecież dyktować facetowi, co ma robić. Dlatego zresztą powiedziałam mu wcześniej o mojej ręce. Z tego samego powodu strategicznie przestałam podkreślać, jak się cieszę, że mnie nie podrywa. Nie mogłam zdobyć się na to, żeby wprost mu powiedzieć, że mi się podoba. Za bardzo się bałam, jak na to zareaguje. No i jak niby miałabym poruszyć tę kwestię? Hej, podobasz mi się. Wiem, że jesteś świeżo po paskudnym zerwaniu, mieliśmy być tylko przyjaciółmi, no i w ogóle mogę umrzeć w ciągu roku, ale może to ci wcale nie przeszkadza? Rany!

Adrian dosyć dobrze znosił moje bezwstydne flirtowanie, ale sam nigdy go nie odwzajemniał – co zresztą pewnie można było przewidzieć. Ale gdyby okazał mi odrobinę tego rodzaju zainteresowania, gotowa byłam dosłownie rzucić się na niego. Musiałby rozrzucić po podłodze kosztowne trufle, żebym się od niego oderwała, a potem uciekać w te pędy, bo sama z siebie nigdy bym go już nie wypuściła.

Wyciągnął ręce i dotknął moich włosów.

– Jak ty tego dokonałaś?

Jego pierś była tuż przy mojej twarzy. To już drugi raz dzisiaj, bo przedtem w nią płakałam. Pachniał równie ładnie jak wtedy i biło od niego gorąco, a ja przypomniałam sobie, że pewnie pójdę do grobu z waginą zasnutą pajęczynami.

– Hm, sama nie wiem. Założę się, że Sloan Monroe bez przerwy zahacza się włosami o wiatrak pod sufitem.

– No nie. Zapewniam cię, że Sloan *nigdy* nie zahaczyła włosami o wiatrak. Nie jest typem dziewczyny zahaczającej się włosami o wiatrak.

– Och, to jest taki typ dziewczyny?

Wciąż majstrował przy moich włosach.

– No, niektóre po prostu przyciągają wiatraki.

Stłumiłam uśmiech.

Poczułam, że Adrian właśnie mnie uwolnił, i westchnęłam z ulgą.

– Proszę – powiedział nade mną. – Jesteś wolna.

Pomasowałam sobie głowę, a on zszedł kilka szczebli w dół, aż nasze oczy znalazły się na tej samej wysokości.

– Zawsze pakujesz się w takie tarapaty? – Uśmiechał się szeroko.

Jego twarz była naprawdę blisko i wciąż stał między moimi rozchylonymi nogami.

Czasami, kiedy patrzyłam na Adriana, nie mogłam złapać tchu.

Dzisiaj w jego kancelarii, kiedy trzymał Grace na rękach, pomyślałam o tym, jakim byłby dobrym ojcem, i o tym, jaka byłam z niego duma, widząc go w pracy. Był taki inteligentny i kompetentny, w ciągu ostatnich kilku tygodni znalazłam się całkowicie pod jego urokiem... a im bardziej się angażowałam, tym bardziej dokuczała mi moja ręka. Zupełnie jakby te dwie sprawy były powiązane. Jakby moje nasilające się uczucia miały swoją cenę.

Założyłam włosy za ucho.

– Powinieneś już iść. Bo twoja gala przejdzie ci koło nosa.

Odczekał chwilę. Zupełnie jakby *podobało* mu się, że tu stoi. A potem oderwał ode mnie wzrok, zeskoczył z drabiny i pomógł mi zejść.

Wcale nie zbierał się natomiast do wyjścia.

Podszedł do Grace i ukucnął przy niej. Rozpromieniła się i wypluła smoczek. Połaskotał ją w brzuszek i włożył jej smoczek z powrotem do buzi. A potem, zamiast wyjść, wyjął Harry'ego Puppinsa z jego legowiska i oparł się o toaletkę, głaszcząc go i uśmiechając się do mnie.

No dobra...

Owinęłam się ciaśniej szlafrokiem.

– No to chyba zobaczymy się jutro wieczorem? – zagadnęłam, chcąc jakoś przerwać milczenie. – Tata na pewno narobi mi obciachu. Mam nadzieję, że zdajesz sobie z tego sprawę?

Dalej tam stał.

– Będzie dobrze.

Kiedy sama sobie to wmawiałam, czułam się jak frajerka. Ale kiedy on to mówił, właściwie mu wierzyłam. Może dlatego, że Adrian sprawiał, że naprawdę było dobrze. Czy też sprawiał, że zapominałam, że jest inaczej...

Tata chciał, żebym zobaczyła, jakie postępy zrobił w domu. Nie byłam u niego od tamtej katastrofy z szafą.

Często natomiast rozmawiałam z Sonją, która zaczęła pracę u taty dwa tygodnie temu. A on naprawdę ją polubił. Poprosiła, żeby zaangażować profesjonalnego organizatora sprzątania oraz ekipę sprzątającą specjalizującą się w odpadach, które stanowią zagrożenie biologiczne. Zgodziłam się na wszystko, co chciała. Szastałam forsą bez opamiętania. Mogłam wydać ją teraz i być może polepszyć sytuację życiową taty albo on po mojej śmierci wyda ją na kolejne śmieci – wolałam więc sama zadysponować moimi pieniędzmi.

Sonja poleciła mi także terapeutkę, która potrafiła leczyć zespół obsesyjno-kompulsywny, który jej zdaniem tata miał. Tata spotykał się z nią dwa razy w tygodniu.

Twierdził entuzjastycznie, że robi wielkie postępy, pozostawałam jednak sceptyczna. Skoro ja nie mogłam nawet wyrzucić worka ze śmieciami bez skrupulatnego sprawdzania przez tatę jego zawartości, nie mogłam jakoś sobie wyobrazić, że Sonja zdołała wywrzeć na niego jakikolwiek wpływ.

Zresztą w tej chwili mój główny problem polegał na tym, że nie kręciłam wystarczająco dużo filmów, żeby zarobić na to wszystko, co miałam w planach na najbliższe dwanaście miesięcy.

Nakręciłam jeszcze trzy vlogi po tamtym, w którym po raz pierwszy wspomniałam o Panu Kaloryferze. Na jednym farbowałam włosy i nie zająknęłam się słowem na temat Adriana. Wiem, że to szaleństwo, zważywszy, jak bardzo wszyscy chcieli o nim usłyszeć. Ale szczerze mówiąc, chciałam, żeby ta sfera mojego życia była tylko moja.

Adrian nie był dla mnie jakąś anegdotą. Istniał naprawdę. To, co do niego czułam, było prawdziwe. Miałam poczucie, że to deprecjonuję, zapraszając miliony obcych ludzi, by uczestniczyły dla swojej rozrywki w czymś, co było dla mnie ważne i intymne. Ale odcinek z farbowaniem włosów się nie spodobał. Moi widzowie byli *wkurzeni*. Ludzie byli tak spragnieni wieści o Panu Kaloryferze, że bałam się, że stracę subskrybentów, jeśli się nie ugnę, a nie mogłam sobie pozwolić na niezarabianie. Tak więc w kolejnych dwóch filmach zdawałam relację z moich spotkań z Adrianem, odgrywając totalne zauroczenie i szczenięcą miłość – co zresztą, szczerze mówiąc, wcale nie było udawane. Te odcinki miały największą oglądalność od czasu moich wspólnych programów z Drakiem. I chociaż nie miałam najmniejszej ochoty dzielić się z widzami tą odsłoną mojej prywatności, było to zło konieczne.

Na poniedziałek planowałam wstawienie czegoś sensacyjnego i był na to naprawdę najwyższy czas. Potrzebowałam pieniędzy. Miałam ich dość na codzienne wydatki – moje, a także taty i Brenta. Przez lata zdołałam też odłożyć wystarczająco dużo, żeby pokryć leczenie w razie, gdybym zachorowała. Ale musiałam myśleć także o dalszej przyszłości.

Chciałam móc zapewnić członkom mojej rodziny skromne dochody na resztę ich życia. Wczoraj byłam u mojego księgowego i ustanowiłam fundusz dla Grace, Brenta, taty i Annabel – w jej przypadku z zastrzeżeniem, że musi poddawać się co miesiąc testowi na obecność narkotyków, by móc skorzystać z funduszu, a w przeciwnym razie iść na odwyk. To nie było niezawodne rozwiązanie, ale przynajmniej zmuszało ją do pewnej odpowiedzialności.

Miałam też przygotowane honorarium dla Sonji, by mogła nadal pracować z tatą po mojej śmierci. Przeznaczyłam także sporą kwotę dla mojej fundacji charytatywnej. Zadbałam o to, by zostać zarejestrowana jako dawczyni organów. Wady mojego DNA nie czyniły ich niezdatnymi do przeszczepów. Mogli wziąć je wszystkie – i miałam nadzieję, że tak właśnie zrobią.

Wciąż jeszcze czekało mnie zorganizowanie mojego pogrzebu, ale na to nie byłam jeszcze całkiem gotowa. Bo pogrzeb także zamierzałam opłacić z góry. Nie chciałam nikomu zostawiać choćby najmniejszego drobiazgu, z którym musiałby się zmagać po moim odejściu.

Przez ostatnie dwa tygodnie, kiedy Adrian był w pracy, codziennie wykonywałam zadania z tej przygnębiającej listy rzeczy do załatwienia przed śmiercią. A potem wieczorami totalnie sobie odpuszczałam. Jadłam z nim kolację i zapominałam o wszystkim innym. Adrian sprawiał, że ten mój gówniany światek zacierał się wokół mnie, aż zostawał już tylko on i te jego cudowne zielone oczy, a mnie nie chciało się nawet wracać na noc do siebie. Miałam ochotę zostać z nim na zawsze i nadal czuć się tak, jak się przy nim czułam. Chciałam być spokojna.

Odsunął się od toaletki i odłożył Harry'ego Puppinsa z powrotem na posłanie.

– Chcesz, żebym nakarmił Grace, kiedy pójdziesz się ubrać? – zapytał, składając drabinę i opierając ją o ścianę.

Pokręciłam głową.

– Musisz już wracać. Przegapisz całą...

I wtedy to zobaczyłam.

Nie spodziewałam się, że Adrian dziś do mnie przyjdzie. Nie zdążyłam jeszcze ogarnąć mieszkania – co oznaczało, że brudne bawełniane majty, które rzuciłam na ziemię, kiedy rozbierałam się do kąpieli, nadal leżały pomiędzy nami na dywanie.

Przerażona wciągnęłam gwałtownie powietrze i popatrzyłam na Adriana akurat w momencie, kiedy w ślad za mną opuścił wzrok na podłogę.

Twarz i szyję oblał mi gorący rumieniec. Przez ułamek sekundy wpatrywałam się w niego wybałuszonymi z upokorzenia oczami, po czym rzuciłam się, żeby podnieść te majtki. Tyle że kiedy się pochylałam, przydepnęłam szeroki rękaw szlafroka, odkrywając przy tym jedną pierś. Wrzasnęłam i próbowałam się zasłonić, ale było już za późno. Zobaczył ją. Widział mnie gołą.

Stałam nieruchomo niczym rzeźba, zaciskając kurczowo szlafrok pod szyją i trzymając się za tę niesforną pierś, jakby znów mogła mi się wymknąć samowolnie.

– Nie – szepnęłam. – Nie, nie, nie. To się nie dzieje naprawdę.

– Wszystko w porządku – powiedział szybko. – Nic takiego się nie stało. – Kąciki jego ust drgnęły.

Zamrugałam.

– Moje życie to cholerna komedia romantyczna... – mruknęłam. – Ty jesteś w smokingu, a ja świecę gołymi piersiami.

Uśmiechał się teraz otwarcie i wyglądał na *bardzo* rozbawionego.

Potrząsnęłam głową.

– To nie jest śmieszne. Właśnie doszliśmy do drugiej bazy!

Tego już nie zdzierżył i wybuchnął śmiechem.

Starałam się przybrać urażoną minę, ale ten jego śmiech był, cholera, zaraźliwy. Skrzyżowałam ręce na piersi.

– Lepiej zapomnij o wszystkim, co tu dziś widziałeś.

Pokręcił głową.

– Och, nie sądzę, że to będzie możliwe.

– Adrianie, zabiję cię! Nie boję się iść do więzienia.

Teraz dosłownie wył ze śmiechu.

– Czym mnie zabijesz? Swoją spluwą czy breloczkiem od kluczy?

– Adrian! Boże! Wynoś się stąd!

Wypchnęłam go za drzwi i słyszałam, jak się śmieje na korytarzu, wracając na tę galę.

Potrzebowałam co najmniej miesiąca, żeby móc znów spojrzeć mu w oczy.

Dał mi zaledwie pięć minut.

Ktoś zapukał do drzwi, a kiedy chciałam wyjrzeć przez judasza, był zatkany palcem.

– Kto tam? – spytałam, choć już podejrzewałam, kto to.

– Obsługa kelnerska – zawołał zza drzwi komicznym falsetem.

Przewróciłam oczami i mu otworzyłam.

Opierał się przedramieniem o framugę drzwi, nadal w smokingu.

Skrzyżowałam ręce na piersi.

– Co? Jeśli przyszedłeś tu śmiać się ze mnie, możesz sobie wracać na swoją imprezę.

Posłał mi jeden z tych swoich olśniewających uśmiechów.

– Nie wracam tam. Przyniosłem ci coś. Wpuść mnie i zamknij oczy.

Zmarszczyłam czoło.

– Co? Nie wracasz tam?

– Zamknij. Oczy!

Rzuciłam mu obrażone spojrzenie, ale otworzyłam drzwi i zamknęłam oczy. Usłyszałam, że wchodzi do środka, a potem otwiera przesuwane drzwi na balkon.

– Co robisz? – spytałam, czując powiew zimnego powietrza.

– Nie podglądaj – zawołał jakby z balkonu.

Usłyszałam dźwięk zamykanych drzwi, a potem szelest zaciąganych zasłonek. Gdy znów się odezwał, stał naprzeciwko mnie.

– Dobra. Już możesz patrzeć.

Otworzyłam oczy i zobaczyłam, że uśmiecha się do mnie, jakby był czymś bardzo rozbawiony. Cały przód smokingu miał mokry.

– Dlaczego jesteś mokry?

– Usiądź na kanapie.

– Bo co?

Pokręcił głową z uśmiechem.

– Zrób to, proszę.

Łypnęłam na niego podejrzliwie, ale podeszłam do kanapy i klapnęłam na poduchy.

Wyszedł na korytarz i przyniósł dużą plastikową torbę z jedzeniem na wynos. Zdjął marynarkę od smokingu i powiesił ją na oparciu jednego z moich kuchennych krzeseł. Następnie ściągnął muszkę, rozpiął mokrą koszulę i ją też zdjął. Kiedy usiadł obok mnie na kanapie, był tylko w białym T-shircie i spodniach. Nachylił się nad stolikiem do kawy i wyjmował pojemniki z jedzeniem. Otworzył jeden z nich, wyciągnął gigantycznego różowego homara i pomachał nim przede mną.

– Homara?

Parsknęłam.

– Przyniosłeś mi homara?

– I kawior, krewetki, bakławę, ciasteczka, przyniosłem ci nawet garnirunek. Patrz. – Zanurzył ręce w torbie i wyciągnął z niej przekrojonego na pół arbuza z nazwą imprezy dobroczynnej wyciętą na skórce. Podsunął mi go z dumą pod nos.

Roześmiałam się.

– O mój Boże, nigdy cię już tam nie wpuszczą.

Położył arbuza na środku mojego stolika do kawy niczym ekscentryczną dekorację.

Nadal się uśmiechał.

– Lepiej przestań – rzuciłam, łypiąc na niego z ukosa.

– O co ci chodzi? Przypomniałem sobie coś zabawnego, co powiedział Lenny.

– Ale z ciebie kłamczuch.

Może powinnam ćwiczyć mięśnie Kegla za każdym razem, kiedy znajdę się w krępującej sytuacji przy Adrianie, przynajmniej coś będę miała z tych ciągłych upokorzeń. Dwa tygodnie i będę mogła przeciąć faceta na pół mięśniami dna miednicy.

– Wiesz, widziałem cię już topless. Na obrazku. – Wskazał ścianę.

– Dobra, ale to nie to samo. To rysunek, wizja artystyczna...

– No nie wiem. Szczerze mówiąc, nie umywa się do rzeczywistości. – Zerknął na mnie. – W każdym razie z tej strony, którą widziałem. – Uśmiechnął się łobuzersko i dokończył opróżniać torbę.

Musiałam zasłonić uśmiech dłonią.

– To co masz ochotę zjeść? – zapytał.

– Mmm... wszystko? Ale jesteś pewny, że nie musisz tam wracać?

Zdjął pokrywkę z pojemnika z topionym masłem.

– Myślę, że ta impreza może odbyć się beze mnie.

– Pewnie po prostu chcesz, żebym poczuła się lepiej po tym, jak musiałeś stamtąd wyjść, żeby się upewnić, że nie umrę zawieszona na żyrandolu...

Roześmiał się.

Ściągnęłam brwi.

– Jak zdołałeś przyjechać tu tak szybko? – Popatrzyłam na żarcie, które przyniósł. – Zadzwoniłam, a ty pojawiłeś się już po jakichś dziesięciu minutach. Jakim cudem zdołałeś to wszystko przygotować, ukraść arbuza i tak szybko przybyć mi na ratunek?

Odchrząknął i odezwał się, patrząc na jedzenie, które rozstawiał na stole.

– Byłem już w drodze do ciebie.

Cofnęłam się zdumiona.

– Byłeś w drodze do domu, kiedy zadzwoniłam? Impreza zaczynała się o wpół do siódmej. Teraz jest piętnaście po siódmej. Wszedłeś tam po prostu z torbą i zacząłeś grabież? Nie zamierzałeś tam zostać?

– Chyba nie.

Patrzyłam, jak otwiera kolejne pojemniki.

– *Dlaczego*?

Nie odpowiadał przez dłuższą chwilę.

– Uznałem, że miałaś ciężki dzień, i pomyślałem, że może chciałabyś pooglądać z kimś telewizję.

Zamrugałam.

Wstęp na tę galę kosztował dwieście dolarów. Sprawdzałam! Chciałam kupić jedno, żeby móc pójść z Adrianem – chociaż wcale mnie nie zaprosił. Ale i tak zwaliłabym się tam bezwstydnie, gdyby nie to, że wszystkie bilety zostały wyprzedane.

Miały być cicha aukcja i loteria fantowa, muzyka na żywo i tańce. Impreza miała trwać do północy. Wypożyczył smoking. A potem po prostu… wyszedł?! Żeby oglądać telewizję *ze mną*?

Albo nie znosił przebywać w towarzystwie Marcusa, albo naprawdę uwielbiał *Biuro*.

Zaraz... a może był we mnie na zabój zakochany, nie mógł znieść rozłąki i chciał wrócić do mnie jak najszybciej?

Ha, ha.

– Chcesz zobaczyć moją niespodziankę? – spytał.

– To nie to?

Uśmiechnął się i wstał. Patrzyłam, jak odsuwa zasłonę na oknie balkonowym.

Zakryłam usta dłońmi.

Bo tam, na balkonie, na małym barowym stoliku przysypanym śniegiem stała rzeźba lodowa przedstawiająca łabędzia.

– Prosto z bufetu z deserami. – Uniósł dłoń. – Nie martw się, nie ukradłem go. Ofiarowałem za niego paręset dolarów. Z wielką radością mi go oddali.

Pokręciłam głową.

– I przytaszczyłeś go tutaj? – wyszeptałam.

– Posiedzi tu aż do wiosny. Ilekroć będziesz na niego patrzyła, chcę, byś pamiętała, że dla ciebie wiozłem kapiący lód moim coupé.

Poczułam szarpnięcie w sercu, zupełnie jakby rwało się do niego, wyciągało do niego ramiona, usiłując go dosięgnąć poprzez dzielący nas ocean.

Był idealny. Idealny w każdym sensie.

Zawsze chciałam po prostu żyć. Móc się zestarzeć i mieć więcej czasu. A teraz równie mocno pragnęłam czegoś jeszcze.

Pragnęłam *jego*.

Ale prawdopodobnie żadne z moich pragnień nie było możliwe do spełnienia.

Rozdział 14

Ci ludzie jedzą kolację w śmietniku!
Nigdy nie uwierzycie dlaczego!

VANESSA

Podjechaliśmy pod dom taty. Była osiemnasta trzydzieści w sobotę. Zostawiliśmy Grace z Panią Jogą. Nie chciałam, żeby wdychała pleśń i roztocza, na co Adrian i ja byliśmy skazani w ciągu najbliższych dwóch godzin.

Adrian wrzucił bieg parkowania i popatrzył na dom.

– Naprawdę zjemy tu kolację? – spytał ponuro.

Spojrzałam na niego.

– Zdawało mi się, że byłeś gotów złapać razem ze mną któryś rodzaj zapalenia wątroby?

Parsknął.

Wyjęłam pomadkę ze stanika.

– Nie wierzę, że tata jest w stanie ugotować coś, co nas nie zabije, ale ufam Sonji – powiedziałam, smarując usta balsamem, zamykając tubkę i chowając ją z powrotem do stanika. – Myślę, że będzie dobrze.

Wyjrzałam przez przednią szybę. Bożonarodzeniowe światełka zostały zapalone. Chciałabym móc powiedzieć, że tata był w świątecznym nastroju, ale prawda była taka, że ten świąteczny nastrój ogarnął go ze cztery lata temu i światełka wisiały sobie już od tamtej pory. Przynajmniej przez jeden miesiąc w roku dom taty nie kłuł sąsiadów w oczy.

– Czym twój tata zajmuje się zawodowo? – zapytał Adrian.

Potrząsnęłam głową.

– Teraz? Niczym. Właściwie niczym. Kiedyś był księgowym. On jest naprawdę bystry. Ale potem odkrył, że może sprzedawać przypadkowe rupiecie, które z upodobaniem zbierał, więc rzucił pracę, żeby w pełnym wymiarze godzin buszować na eBayu i na Craigslist. Tata nie ma jednak drygu do majsterkowania, a większość rzeczy, które próbował sprzedać, to były stare graty, więc nigdy nie udało mu się zbyt wiele zarobić. Wtedy właśnie ta cała graciarnia zaczęła tak się rozrastać, bo wszystko nagle stało się czymś, co można „naprawić i sprzedać". – Narysowałam palcami cudzysłowy.

– Wszystko znosił do domu. Muszlę klozetową, którą ktoś wystawił na ulicę, zepsute walizki, czyjeś stare łyżwy.

– Rowery.

Uśmiechnęłam się drwiąco.

– Mnóstwo, mnóstwo rowerów.

Westchnęłam.

– Wiem, że strasznie się na niego wkurzam, ale tak naprawdę myślę, że starał się jak mógł. – Urwałam. – Nie było mu łatwo po tym wszystkim, co przeżył. Myślę, że nadmiar życiowych tragedii każdego może załamać.

Adrian zwrócił się w moją stronę.

– Sądzę, że to zależy od człowieka. No wiesz, ty przeżyłaś dokładnie te same tragedie, ale się nie załamałaś.

Uśmiechnęłam się do niego łagodnie.

– No tak. Myślę, że te rzeczy pogłębiają się z wiekiem. Miejmy nadzieję, że będę żyła na tyle długo, że i mnie to dopadnie. Stanę się ekscentryczną ciotką, która pakuje zagracające jej dom rupiecie jako prezenty gwiazdkowe.

Roześmiał się.

Trąciłam go łokciem.

– Hej, a kiedy ja poznam twoją szaloną rodzinkę? – spytałam. – To trochę nie fair, że całą uwagę i energię poświęcamy mojej.

– Cała moja rodzina mieszka teraz w Nebrasce. Mama przeprowadziła się tam w październiku ze swoim mężem i moją babcią. Richard i mama zaprosili mnie na święta, ale nie pojadę.

– Jak to?

Potrząsnął głową.

– Nie czułbym się dobrze. Nie lubię Richarda.

– Tak? Dlaczego? Jest palantem?

Zaśmiał się trochę z mojego żartu. A potem milczał chwilę i westchnął przeciągle.

– Richard to mój ojciec.

Rozdziawiłam usta.

– Co? To znaczy... ten ojciec, który odszedł i zostawił rodzinę? Ten sam?

Kiwnął głową.

– Ten sam. Zeszli się znowu przed rokiem. I znów wzięli ślub.

Zamrugałam.

– O mój Boże – szepnęłam.

Uśmiechnął się drwiąco.

– No właśnie.

– Ale... dlaczego? Dlaczego wtedy odszedł?

Pokręcił głową, wpatrzony w przednią szybę.

– Miał romans z jakąś kobietą z pracy. Zostawił nas dla niej. Ale tamten związek nie przetrwał.

Oparłam się w fotelu.

– O rany!

– No właśnie. Mama była w rozsypce. Przez *lata*. Wychodziła z depresji i znów się w niej pogrążała. Musiałem robić w domu wszystko. Płacić rachunki, sprzątać. Nie mogłem nawet wyjechać na studia do innego stanu. Nie mógłbym jej zostawić.

Pokręciłam głową.

– Płacił chociaż alimenty?

Przytaknął.

– Płacił. To trzeba mu przyznać. Płacił na moje utrzymanie i na mamy też, robił to nawet, kiedy już nie musiał. Starał się też utrzymywać ze mną kontakt, ale ja nie byłem tym zainteresowany.

Wypuściłam powietrze przez ściągnięte usta.

– No tak, rozumiem. – Popatrzyłam na niego. – Ale to dość romantyczne. Że po tylu latach do siebie wrócili.

Wytrzeszczył na mnie oczy.

– No co?

Zacisnął szczęki.

– Mówisz jak moja mama.

Wzruszyłam ramionami.

– Bo to prawda. Ludzie popełniają błędy. Ale wygląda na to, że on zrozumiał swój. Może byli bratnimi duszami i żadne z nich nie mogło znaleźć prawdziwego szczęścia z nikim innym.

– Nie wierzę w bratnie dusze – żachnął się Adrian.

Prychnęłam drwiąco.

– No cóż, mój tata nie wierzy w terminy przydatności do spożycia, ale to jeszcze nie znaczy, że one nie istnieją.

Zaśmiał się sarkastycznie.

– Czy twoja mama jest szczęśliwa? – spytałam.

Zapatrzył się w przednią szybę i niechętnie przytaknął.

– Tak. Chyba tak.

Znowu wzruszyłam ramionami.

– Świetnie. Powinieneś mu wybaczyć.

Gwałtownie odwrócił głowę w moją stronę.

– Że co?

– Dlaczego nie? No wiesz, nie musisz go *lubić*. Nie musisz mu ufać ani zapomnieć o tym, co zrobił, ani zostać jego znajomym na Facebooku. Ale on jest teraz obecny w życiu twojej mamy i prowadząc swoją wendetę, tylko ranisz ją i babcię. No bo wiesz, nie zobaczysz się z nimi nawet w Boże Narodzenie? Dlaczego? Bo *on* tam jest? Pieprzyć go. Jedź spotkać się z rodziną.

Zamrugał.

Pokręciłam głową.

– O rany! Ktoś w tym samochodzie nigdy nie musiał ignorować pijackich wybryków mizoginistycznego wujka podczas Święta Dziękczynienia i to naprawdę widać. – Przekręciłam się w fotelu, żeby spojrzeć mu prosto w oczy. – Adrianie! Nienawiść jest męcząca. A życie – za krótkie, żeby je nią zatruwać. Odpuść. A dzięki temu może zdołasz spojrzeć na niego inaczej, jak na człowieka z krwi i kości, który nie jest wyłącznie czarno-biały. Wiesz, on może być twoim tatą, który kocha ciebie i twoją mamę, a *jednocześnie* facetem, który kiedyś zrobił coś naprawdę okropnego i bardzo was zranił. Może być i tym, i tym.

Widziałam po jego minie, że toczy jakąś wewnętrzną walkę.

– Czyli... co? Mam po prostu jechać do nich na święta?

– No tak. Czemu nie? Pojadę z tobą, jeśli chcesz. Jak będzie naprawdę beznadziejnie, to po prostu wyjedziemy.

Zmarszczył czoło.

– Pojedziesz ze mną?

Wzruszyłam ramionami.

– Jasne.

Skinął głową w stronę domu taty.

– A co z twoim tatą? Zostawisz go samego na święta?

Machnęłam ręką.

– Brent może z nim posiedzieć. Ja się z nim zobaczę w Wigilię rano. Zabiorę go na śniadanie do Danny's albo gdzieś. Będzie zachwycony. Potem możemy ruszyć w drogę, żeby dotrzeć do Nebraski na kolację.

– Nie będziesz miała nic przeciwko temu, żeby spędzić Boże Narodzenie ze mną?

– I tak zamierzałam je z tobą spędzić.

Drgnął mu kącik ust.

Wpatrywał się we mnie dłuższą chwilę.

– No dobra. – Kiwnął głową. – Zgoda. Pojadę i zobaczę, co będzie.

Jego twarz natychmiast się rozluźniła. Jakby w głębi ducha chciał dostać pozwolenie, żeby móc odpuścić, ale sam nie potrafił go sobie udzielić.

Uświadomiłam sobie, że Adrian niełatwo zmieniał zdanie. Również z tego powodu był właśnie taki cudowny. Jego oddanie osobom, na których mu zależało, było niezachwiane. Czyniło go to solidnym i niezawodnym. Sprawiało jednak także, że czasem brakowało mu elastyczności, i miał tendencję do upierania się przy czymś, co wcale nie było dla niego dobre, znacznie dłużej niż trzeba.

– Wiesz, może powinieneś z kimś porozmawiać – powiedziałam. – Dobry terapeuta pomógłby by ci przepracować te sprawy.

Pokręcił głową.

– Mama latami chodziła na terapię, a jakoś wcale jej się od tego nie polepszyło.

– Skąd wiesz, że jej się nie polepszyło? Może bez tego byłoby jeszcze milion razy gorzej.

Nie odpowiedział.

– Tak czy owak, będzie fajnie – podjęłam. – Możemy wybrać jakiś audiobook, którego będziemy słuchać po drodze. I zatrzymać się na stacji benzynowej, i kupić sobie z milion przekąsek.

Uśmiechnął się do mnie.

Byłam naprawdę podekscytowana perspektywą wyprawy do Nebraski. W skrytości ducha miałam nadzieję, że w domu jego rodziców będzie tylko jedno łóżko dla gości, które będziemy musieli dzielić.

Nagle jednak kąciki moich ust opadły nieznacznie.

Adrian nie zawsze będzie singlem. A kiedy przestanie nim być, nie będę już mogła nigdzie z nim jeździć. Być może nigdy. Od tego będzie miał swoją dziewczynę.

A jeśli on znowu zacznie chodzić na randki?

Ta myśl mnie dobiła. A jeżeli, kiedy już pierwszy szok po rozstaniu z Rachel minie, on zacznie dla odreagowania uganiać się za dziewczynami? A ja będę siedzieć w mojej obskurnej kawalerce i słuchać przez ścianę, jak on posuwa inne kobiety?

Czułam, jakbym już na zapas miała złamane serce. To strasznie głupie, ale czułam się zdradzona, jedynie o tym *myśląc*.

Nie mogłam sobie wyobrazić, że Adrian mógłby należeć do innej kobiety. Oczywiście, ściśle rzecz biorąc, on wcale nie był mój. Ale praktycznie tak. Nie w każdym sensie. Nie we wszystkich ważnych sferach. A jednak *mój*.

Przynajmniej na razie.

– Co się stało? – spytał z troską w głosie. – Nagle zrobiłaś się taka poważna.

– Czy jeśli wciąż będę żyła w moje trzydzieste urodziny, a ty nadal będziesz singlem, to ożenisz się ze mną?

Roześmiał się.

– Co?

– Zawrzesz ze mną pakt małżeński? Za rok od jutra ty i ja weźmiemy ślub, jeśli ty będziesz wtedy singlem, a ja wciąż będę żyła. Będziemy jak jedna z tych par z Pinteresta, które idą na dyniowe poletko, w takich samych flanelowych koszulach, żeby zrobić sobie z okazji zaręczyn zdjęcie, na którym oboje skoczymy w tym samym momencie.

Wydawał się rozbawiony.

– Po pierwsze, na pewno będziesz żyła. Po drugie, oboje wiemy, że ty nie skaczesz.

Zasznurowałam usta.

– No tak. Słusznie. A ty nie masz flanelowej koszuli. No to może takie, na którym widać tylko nasze nogi i tabliczkę z napisem kredą: „powiedziała: tak"? Tylko my możemy to zmienić na: „zlitował się nade mną"?

Roześmiał się.

– Jesteś pewna, że jestem odpowiednim facetem do tej roli?

– Absolutnie. Nie zamierzam tłumaczyć wszystkich zawiłości mojej zwariowanej rodziny komuś nowemu. Za dużo z tym zachodu.

Znowu się roześmiał.

– Nie chcesz wyjść za mąż z miłości?

Tak. Dlatego właśnie cię spytałam.

Wzięłam głęboki wdech i zmieniłam temat.

– Hej, przepraszam za tamto wczoraj w twojej kancelarii.

Popatrzył na mnie tymi swoimi boskimi oczami, a ja przypomniałam sobie, jak ujął wczoraj moje dłonie, i moje serce zrobiło fikołka.

Adrian nigdy mnie nie dotykał. To znaczy, jasne, że nie, byliśmy tylko przyjaciółmi. Ale jego dotyk uspokoił mnie i moją rozwrzeszczaną duszę niczym łagodny szept.

Rozumiałam, dlaczego Grace wolała Adriana. Jego ramiona kojarzyły się z poczuciem bezpieczeństwa i opanowaniem. Okropne tylko, że ten jedyny raz, kiedy dane mi było znaleźć się w jego objęciach, zdarzył się wtedy, kiedy złamałam własne zasady i zaczęłam płakać nad swoim losem.

– Chcesz o tym porozmawiać? – spytał.

Odczekałam chwilę, patrząc przez okno na zaśnieżony trawnik.

– Wiesz, jeśli pyta się ludzi, co by zrobili, gdyby słońce pędziło ku Ziemi i zostałyby im tylko dwadzieścia cztery godziny życia, to wszyscy zawsze mówią, że spędziliby ten czas z rodziną, jedli swoje ulubione potrawy, pojechali gdzieś, gdzie zawsze chcieli się wybrać. Nikt nigdy nie mówi, że spędziłby swój ostatni dzień, zwinięty w kłębek na łóżku, zalewając się łzami – no bo nikt by tak nie zrobił. Nikt nie chce zmarnować w ten sposób ostatnich godzin życia. – Odwróciłam się do Adriana. – To znaczy, jasne, że każdy by trochę popłakał. I był przerażony, że wkrótce umrze. I w ciągu tego dnia spoglądałby w niebo, wiedząc, co się szykuje, bo taka już jest ludzka natura. Ale przez większą część dnia cieszyłby się po prostu tym czasem, który mu pozostał. Zwłaszcza że nie można przecież nic na to poradzić. Nie ma możliwości ucieczki, nie da się nigdzie schować. Więc po co się tym zadręczać? Obsesyjne myślenie o śmierci jest bezsensowne. – Wytrzymałam jego spojrzenie. – Jeśli przez całe życie czekasz tylko na najgorsze, to kiedy to najgorsze w końcu nastąpi, jest tak, jakbyś przeżył to dwa razy. Nie chcę przeżywać najgorszego dwukrotnie. Naprawdę *bardzo* się staram nie myśleć o złych rzeczach. Ale od czasu do czasu patrzę w górę, bo jestem tylko człowiekiem. – Przyglądałam mu się w milczeniu. – Wczoraj był po prostu jeden z tych dni, kiedy patrzyłam na słońce.

Spoglądał na mnie łagodnie, z pewnym jakby rozczuleniem.

– Niesamowita z ciebie dziewczyna, Vanesso Price, wiesz o tym? – odezwał się cicho.

Uśmiechnęłam się nieznacznie.

– Chyba powinniśmy wejść do środka – odparłam. – Tata na nas czeka. – Chwyciłam torebkę. – Pamiętaj, łatwiej jest, jeśli oddychasz ustami.

Adrian posłał mi krzepiący uśmiech i wysiadł z samochodu. Weszliśmy na ganek, zapukałam, a po kilku sekundach drzwi się otworzyły.

Tata przywitał nas rozpromieniony, z uśmiechniętą Sonją tuż za plecami.

– Witajcie w moich skromnych progach – przemówił pompatycznie. – Wejdźcie, proszę.

Odsunął się na bok, żeby nas przepuścić, a mnie dosłownie opadła szczęka.

Pierwszym, co mnie uderzyło, było światło. W domu taty zawsze panował półmrok. Przywodziło mi to na myśl Drugą Stronę ze *Stranger Things*, upiorną i szarą. Ale korytarz był teraz jasny. I ciepły. A kiedy weszłam do środka, zrozumiałam dlaczego.

W domu był *nieskazitelny* porządek. Jeszcze nigdy nie widziałam go tak wysprzątanego. Rozejrzałam się po salonie w kompletnym szoku.

– Tato... – wyjąkałam.

Wszechobecne sterty zniknęły. Wszystkie śmieci i rupiecie zniknęły. Widać było dywan, który był *czysty*. W ogóle nowy. Miałam wrażenie, że tata nawet odmalował ściany. Telewizor z płaskim ekranem, który wcześniej stał oparty o ścianę, został na niej zamocowany. Ktoś oprawił i powiesił obrazek, który Melanie namalowała w szkole podstawowej, przedtem przyczepiony do ściany pinezką. Obok kanapy stał, na oko nowy, kojec dla niemowlęcia, przez jego krawędź przewieszono starannie złożony szydełkowy kocyk. No i zapach – nie było żadnego. To znaczy żadnego brzydkiego. Dom pachniał gotującym się sosem pomidorowym.

Chwyciłam Adriana pod rękę i przytrzymałam się go, bo miałam wrażenie, że kolana się pode mną uginają.

Tata stał rozpromieniony i kołysał się na piętach.

Sonja uśmiechnęła się do mnie.

– Dużo rozmawialiśmy o życiowych celach. Chcesz wiedzieć, co jest dla twojego taty celem numer jeden, Vanesso?

Spojrzałam na tatę, z przejęcia brakowało mi tchu.

Skinął głową w stronę kojca.

– Chcę, żeby Grace mogła przenocować w domu swojego dziadka.

Zaczęłam się śmiać. A zaraz, równie szybko, płakać.

Nie sądzę, czy kiedykolwiek tak naprawdę wierzyłam, że moja rodzina potrafi o siebie zadbać. W jakimkolwiek sensie. To właśnie najbardziej mnie przerażało w mojej chorobie i nie pozwalało pogodzić się z umieraniem. Ale może tata *mógł* się zmienić. A jeśli on mógł, to może Annabel i Brent także. A jeśli zdołają zadbać o siebie, to zadbają również o Grace. W takim razie mogłabym odejść spokojnie. Mogłabym skupić się na sobie i na tym czasie, który jeszcze mi został, gdyby przyszło co do czego. ALS zabrałoby o jedną rzecz mniej. Odebrałoby mi życie, ale może nie zrujnowałoby za jednym zamachem całej mojej rodziny.

Adrian nachylił się do mnie i wyszeptał mi do ucha:

– Zdawało mi się, że mówiłaś, że ten dom to zatęchła nora...

Zaśmiałam się przez łzy, a on uścisnął moją rękę.

Tata odwiesił moją torebkę.

– Zrobiłem na kolację gulasz, jak za dawnych czasów.

Zamrugałam patrząc na tatę, który stał w swoim czystym domu. A potem podeszłam i go uściskałam.

Nasza rodzina nigdy nie była zbyt skora do czułości. Mnie samą zaskoczył ten uścisk, a tatę z pewnością jeszcze bardziej. Ale obojgu nam sprawił przyjemność, a ja przez ułamek sekundy znów byłam małą dziewczynką.

Odsunęłam się i otarłam oczy, a zza rogu wyłonili się Brent i Joel, obaj z kieliszkami martini.

– O mój Boże. O mój BOŻE. – Brent dramatycznym gestem objął cały dom. – To znaczy, widziałem wywrotki na podjeździe, ale myślałem, że raczej coś przywiozły.

Roześmiałam się.

Brent uniósł dłoń.

– Tato, powinieneś być z siebie *bardzo* dumny.

Tata promieniał, spojrzenie miał nieco mgliste.

– Mam specjalną niespodziankę. Raz, dwa! Zapraszam wszystkich do salonu! – Zaklaskał w dłonie.

Zagonił nas w stronę kanapy, a kiedy zobaczyłam, do czego nas prowadzi, aż się zachłysnęłam.

Na stoliku do kawy leżały albumy z naszymi rodzinnymi zdjęciami. Te, których tata – jak twierdził – nigdy nie mógł znaleźć. Te, o których myślałam, że są stracone w tej jego rupieciarni i nigdy ich już nie zobaczę.

– Znalazłeś je? – szepnęłam, biorąc jeden do ręki.

– Znalazłem – potwierdził tata dumnie. – Z pomocą tej uroczej damy, ma się rozumieć.

Sonja uśmiechnęła się, siedząc na krześle, które wcześniej było przywalone grami planszowymi.

– To twój tata wykonał całą robotę. Bardzo mi zaimponował.

Tata dosłownie puchł z dumy.

On zawsze był sto razy bardziej z siebie dumny, niż powinien. Mania wielkości do kwadratu. Ale tym razem miał ku temu wszelkie powody.

Usiadłam na kanapie i ostrożnie otworzyłam pierwszy album. To był ten ze zdjęciami mamy. Łzy znów napłynęły mi do oczu, gdy przewracałam kolejne strony. Mama siedząca na leżaku w ogrodzie, a ja i Mel szalejące w dziecięcym basenie na trawie. Halloween, mama w przebraniu dziewczyny motocyklisty, uśmiechnięta, z latarnią z dyni. Urodziny z tortem lodowym Baskin-Robbins, który zawsze nam kupowała. Wtedy dom też był czysty.

Były też zdjęcia taty, dwadzieścia pięć lat młodszego. Miał baczki i bystre spojrzenie.

Nie był jeszcze bankrutem.

Zastanawiałam się, jak długo trwa efekt lawinowy po czyjejś śmierci. Może dopóki wszyscy, którzy znali tę osobę, też nie umrą? A może to przechodziło z pokolenia na pokolenie, a wyrządzone szkody przekazywano w spadku – dotykały każdego kolejnego członka rodziny i zmieniały go, nawet jeśli on sam nie wiedział, dlaczego tak się dzieje.

Coś mi mówiło, że tak właśnie jest.

Grace nigdy nie pozna swojej cioci Melanie, ale jej utrata i tak ją zniszczy – ponieważ jej utrata zniszczyła jej matkę.

Annabel brała narkotyki, żeby zatrzeć wspomnienie choroby i śmierci siostry. Nie umiała postępować jak ja – cieszyć się życiem pomimo wszystko. Potrzebowała czegoś, co złagodzi ból i udrękę, które czuła. A zatem jej strata przeszła teraz na Grace. Grace będzie odczuwała jej skutki przez całe życie – jeśli Annabel nie wyjdzie z nałogu – albo jeśli ja nie wyciągnę Grace z tej matni, mała będzie odczuwała tę traumę przez całe życie. Nie przekażę jej do adopcji innej rodzinie, która nie przeżyła tej tragedii.

Odepchnęłam od siebie te myśli.

Nie było sensu roztrząsać tego teraz. Dzisiaj już i tak za długo zamartwiałam się sprawami, na które nie miałam wpływu. Nie chciałam znowu patrzeć na słońce.

Adrian usiadł obok mnie, tak blisko, że jego udo dotykało mojego. Zajrzał do albumu.

– Wygląda zupełnie jak ty – powiedział.

Kiwnęłam głową.

– To prawda. Jestem do niej bardzo podobna – odparłam cicho.

I tak samo jak u mnie, jej choroba była niewidoczna – ale czaiła się w niej, zastawiając swoje śmiertelne sidła. Mama była tancerką. Uczyła w szkole baletowej. Utrata możliwości robienia tego, co kochała najbardziej, w miarę, jak jej mięśnie słabły dzień po dniu, to musiało być dla niej wyjątkowo okrutne. To było dobitne przypomnienie, że są rzeczy gorsze niż śmierć – bo utrata tego, dla czego warto żyć, jest z pewnością gorsza.

Ja kochałam podróżowanie.

Nigdy nie oszczędzałam pieniędzy na jakiś dalekosiężny cel. Nie poszłam na studia. Wtedy i tak nie było mnie na nie stać, poza tym po co marnować życie, siedząc na wykładach, żeby zdobyć dyplom, z którego nawet nie zdążę zrobić użytku?

Nie badałam sobie cholesterolu ani nie ćwiczyłam. Nie martwiłam się tym, co ze mną będzie za dziesięć lat. Robiłam długoterminowe plany dla mojej rodziny, nie dla siebie. Jedno natomiast zaplanowałam.

Kiedy zaczęłam podróżować, wyszukałam wszystkie miasta na świecie najlepsze do zwiedzania na wózku. I w moich wojażach świadomie je omijałam. Barcelona, Wiedeń, Singapur, Sidney, Berlin – one wciąż na mnie czekały. Po to, żebym jak najdłużej mogła mieć przygody, dla których warto żyć. Zamierzałam do ostatniej kropli wycisnąć szczęście z mojego czasu na Ziemi. Rozkoszować się każdą sekundą.

Zwłaszcza że miałam tych sekund coraz mniej.

***

Kolacja była wyśmienita. Po raz pierwszy od nie pamiętam nawet jak dawna, nie martwiłam się, nie złościłam ani nie czułam urazy do taty. Po prostu cieszyłam się jego towarzystwem. Mogłam słuchać jego zabawnych anegdotek, śmiać się i przypomnieć sobie, jaki potrafi być uroczy. A najwspanialsze było to, że Adrian też to widział. To było oczywiste. Tata mówił coś śmiesznego, a wtedy Adrian patrzył na mnie i dostrzegałam uznanie w jego oczach. To było zupełnie tak, jakbym zabrała go w magiczne miejsce mojego dzieciństwa i pokazała te same cuda, których zaznałam kiedyś, mimo że na niego ich moc aż tak nie działała. Trudno mi nawet wyjaśnić, jak ważne to było dla mnie.

Chciałam móc być dumna z taty. A nie było na świecie drugiej osoby, z którą chciałabym się podzielić tą dumą tak bardzo, jak właśnie z Adrianem.

Był taki normalny, odpowiedzialny i pozbierany, a ja byłam niczym chodzący alarm pożarowy drugiego stopnia. Rumowisko po przejściu cyklonu. Wiedziałam, że lubi spędzać ze mną czas, bo byłam rozrywkowa – i bardzo się starałam taka przy nim pozostać. Im częściej jednak razem przebywaliśmy, tym więcej dostrzegał. A to, co widział, było głównie smutne. Móc z nim dziś dzielić i świętować pewną dozę normalności było dla mnie jak prezent.

Po kolacji staliśmy ramię w ramię i zmywaliśmy naczynia. Tata i Sonja przygotowali posiłek, więc my pomagaliśmy sprzątać. Oni siedzieli w salonie z Joelem i Brentem, którzy nie zrobili nic, by zasłużyć na relaks, ale to było akurat typowe.

Adrian spojrzał na mnie.

– Powinnaś być naprawdę dumna z tego, czego on tu dokonał – powiedział cicho.

Kiwnęłam głową.

– I jestem.

Porządki nie objęły całego domu. Mój dawny pokój nadal był składem rowerów, które tata upierał się trzymać, żeby kiedyś sprzedać. Piętro też pozostawało nietknięte. Ale postęp był niesamowicie zachęcający.

Sonja wyjaśniła nam, że proces porządkowania domu nie ograniczał się jedynie do wyrzucania niepotrzebnych rzeczy. Chodziło o to, żeby pomóc tacie zrozumieć, dlaczego w ogóle miał potrzebę ich gromadzenia. Jej plan ataku nie był wycelowany w samo sprzątanie. Tata musiał na nowo nauczyć się akceptowalnych zachowań i szukać innych sposobów radzenia sobie ze stresem, który był źródłem jego kompulsji. A jedną z zasadniczych kwestii było znalezienie przez niego innej pracy. Takiej, która nie wymagała od niego zbierania rzeczy, żeby mógł zarabiać. *Mnie* nie musiała mówić, że to grząski grunt, widziałam to przez lata na własne oczy. Tata szukał znowu pracy w księgowości. W poniedziałek był umówiony na rozmowę kwalifikacyjną.

Wytarłam talerz i położyłam go na blacie.

– Wiesz, to wszystko nie doszłoby do skutku, gdybyś nie polecił mi Sonji.

To ona była katalizatorem tej przełomowej zmiany, jaka zaszła w tacie. Ale to dzięki Adrianowi Sonja w ogóle tu była.

Dzięki niemu miałam poczucie, że mam partnera. Nie musiałam już sama podejmować wszystkich decyzji i w każdej sytuacji wiedzieć, co robić – a ja *zawsze* sama podejmowałam wszystkie decyzje i *zawsze* musiałam wiedzieć, co robić. Odciążał mnie nawet przy Grace. Zupełnie jakby należała do nas obojga. Wspólnie zastępowaliśmy jej rodziców, a to wszystko stało się tak naturalnie i bez żadnych zabiegów z niczyjej strony.

Wczoraj w jego kancelarii mówiłam prawdę: miałam mnóstwo przyjaciół. Ale nikt z nich nie znał mnie tak jak Adrian. Drake znał historie, które mu opowiadałam. Zawsze byłam z nim szczera i rozmawialiśmy o wszystkim. Ale to co innego niż przeżywanie tych historii razem ze mną, co stało się udziałem Adriana. Opowiadanie komuś o domu taty to nie było to samo, co jechanie tam razem, żeby wydostać tatę spod szafy.

Było coś niesamowicie ujmującego w osobie, która – jak Adrian – widziała cię w tylu różnych sytuacjach, a mimo to nie uciekała ani cię nie oceniała. Przy nim czułam się spokojna i bezpieczna. Zupełnie jakbym pędziła, gnana wiatrem, i nagle znalazła silne, mocno zakorzenione drzewo, przy którym mogłam przysiąść i się schronić. Czułam, że bez względu na to, jak zagubiona czy pokręcona bym była, on zawsze będzie w pobliżu, żeby mnie wesprzeć.

Dokończyliśmy zmywanie i wróciliśmy do salonu. Adrian przeprosił nas na chwilę, żeby pójść do łazienki. Z chwilą gdy zostaliśmy sami, tata naskoczył na mnie:

– No i jak ci się układa z panem adwokatem? – Poruszał przy tym znacząco swoimi krzaczastymi brwiami.

No jasne. To była kwestia czasu.

Pokręciłam głową.

– Jesteśmy tylko przyjaciółmi, tato – odparłam półgłosem.

Zaśmiał się szczekliwie.

– Chyba sobie żartujesz?! – Nachylił się do mnie konspiracyjnie. – Ten facet jest zadurzony po uszy. Wystarczy tylko spojrzeć – dodał szeptem.

Sonja uśmiechnęła się do swojej filiżanki z kawą, a Joel kiwnął głową.

– Nie może oderwać od ciebie wzroku – szepnął Brent. – Zupełnie jakby przez cały wieczór był na meczu tenisowym: obraca głowę to w tę, to w tamtą, śledząc cię wzrokiem.

Uśmiechnęłam się drwiąco.

– Wcale nie śledzi mnie wzrokiem.

Tata potrząsnął głową.

– Tylko ślepy by tego nie zauważył. Proszę, nie mów, że wychowałem tak mało rozgarniętą córkę.

Zmrużyłam groźnie oczy, nie zdążyłam jednak nic mu odparować, bo Adrian wrócił z łazienki.

Tata uśmiechnął się teatralnie.

– Myślę, że będziemy powoli kończyć dzisiejszą imprezę. Jestem pewny, że ten postawny młody dżentelmen ma jakieś romantyczne plany na wieczór.

Przewróciłam oczami i wymieniłam spojrzenia z Adrianem. Tylko się uśmiechnął.

– Powinniśmy chyba się zbierać. Nie chcę zostawiać Grace dłużej niż to konieczne – powiedziałam, wyjmując z kieszeni wibrującą komórkę. Nie rozpoznałam numeru, ale był lokalny, więc odebrałam: – Halo?

Siedziałam i słuchałam tego, co miał mi do przekazania mój rozmówca.

Serce mi zamarło.

To był policjant, który dzwonił ze szpitala.

Moja siostra była na bloku operacyjnym.

Została postrzelona.

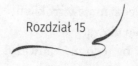

Rozdział 15

Wychodzi lekarz i wszyscy przeżywają wstrząs!

ADRIAN

S iedzieliśmy w poczekalni szpitala Royaume Northwestern. Była dziesiąta wieczorem i czekaliśmy tu już od dwóch godzin.

Otrzymaliśmy bardzo skąpe informacje. Annabel ponoć nielegalnie wtargnęła na teren prywatny, włamała się przez okno, a mieszkaniec posesji ją postrzelił. Kula utkwiła w jej ramieniu, rana jednak nie zagrażała życiu. W tej chwili była operowana, dopiero potem Vanessa, Brent i Gerald mogli ją zobaczyć.

Vanessa uzyskała te wszystkie informacje od policjanta, który do niej zadzwonił. W szpitalu nikt nie przyszedł z nami porozmawiać. O ile wiedziałem, nie wniesiono oskarżenia – przynajmniej na razie. Niezależnie od wtargnięcia z włamaniem, przy Annabel znaleziono kilka buteleczek z narkotykami. Żaden z leków nie został wypisany na jej nazwisko. Nie wiadomo było, jak je zdobyła, ale skoro włamała się do tego domu, równie dobrze mogła wcześniej dokonać innych włamań.

Gerald i Sonja cicho rozmawiali. Brent i Joel gapili się w swoje telefony. Vanessa siedziała z podkulonymi pod siebie nogami na krześle obok mnie, głowę oparła mi na ramieniu. Nakryłem ją moją marynarką i obejmowałem jedną ręką. Musiałem walczyć z ochotą, by pocałować ją w czubek głowy. I nie tylko z tą ochotą.

Chciałbym powiedzieć, że wolałbym raczej leżeć teraz w łóżku, ale skoro Vanessa nie mogła w nim leżeć obok mnie, byłem absolutnie szczęśliwy, siedząc tu na krześle i ją obejmując.

Podeszła do mnie, a nie do swojego taty.

Schroniła się w moich ramionach, jakby to była jedyna bezpieczna przystań na całym świecie – a ja chciałem być dla niej taką przystanią. Uświadomiłem sobie dzisiaj, że *zawsze* chciałem być dla niej wsparciem. Szukałem okazji, żeby móc coś dla niej zrobić. Marzyłem o tym. Obserwowałem ją i czekałem na moment, kiedy będzie mnie potrzebowała, żebym mógł pochwycić ją w ramiona. Patrzyłem, jak wodzi wokół swoimi pięknymi oczami i jej spojrzenie zatrzymuje się na mnie – znak, że mam ją wyrwać z wirującego tornada i uspokoić.

Cieszyłem się, widząc, że Gerald wziął się w garść. Cieszyłem się ze względu na Vanessę. Ale dzisiaj uświadomiłem sobie, że nawet gdyby jej ojcu nie udało się pozbierać, to i tak żadna doza szaleństwa spowijającego Vanessę i jej bliskich nie mogłaby zmienić mojego zdania na jej temat.

Drzwi się otworzyły i wyszedł do nas lekarz. Na jego widok Vanessa natychmiast zerwała się na nogi, a cała rodzina otoczyła go półkolem.

Lekarz się nie rozgadywał.

– Nazywam się doktor Rasmussen. Pacjentka dochodzi od siebie. Jej stan jest stabilny – powiedział beznamiętnie. – Nie sądzę, że będziemy musieli ją trzymać na oddziale dłużej niż jeden dzień.

Vanessie wyraźnie ulżyło.

– Możemy ją zobaczyć?

Lekarz spojrzał na nią z taką miną, jakby jej pytanie go zirytowało.

– Nie, nie mogą państwo. Ona jest aresztowana.

Vanessa wyglądała na wstrząśniętą.

– Słucham? – wykrztusiła.

Gerald wyraźnie pobladł.

– Aresztowana? Na jakiej podstawie?

Lekarz go zignorował.

– Żadnych wizyt, a po wypisaniu zostanie od razu przekazana do systemu więziennego hrabstwa Hennepin – oznajmił, nie próbując nawet ukryć swojej dezaprobaty.

Zacisnąłem szczęki. Nie podobał mi się jego ton – zwłaszcza że doskonale wiedziałem, co on oznacza.

Dla niego Annabel była kryminalistką i narkomanką. Tymczasem ani jedno, ani drugie nie powinno w ogóle go obchodzić. Ona była siostrą Vanessy i matką Grace, a on powinien się modlić, żeby się nie okazało, że jego uprzedzenia przełożyły się na złą opiekę medyczną, bo inaczej przeciągnę jego dupsko przez taki proces o zaniedbanie obowiązków, jakiego jeszcze nie widział.

– Jestem jej adwokatem – oświadczyłem ostrym tonem. – Moja klientka ma prawo zasięgnąć mojej porady na mocy szóstej poprawki. Będę musiał z nią pomówić. – Spojrzałem na niego chłodno. – I mam szczerą nadzieję, że kiedy to nastąpi, dowiem się od niej, że otrzymała wyłącznie *wzorową* opiekę medyczną.

Patrzyłem, jak mruży oczy.

Widziałem już takie rzeczy. Subtelne formy okrucieństwa stosowane wobec pacjentów uznanych za kryminalistów. Zwlekanie z podaniem środków przeciwbólowych, używanie jak największej igły przy pobieraniu krwi, żeby bardziej bolało, wyrzucanie ich na ulicę zaraz po wykonaniu niezbędnych zabiegów – przedwczesne wypisywanie, ze szkodą dla ich zdrowia, żeby tylko się ich pozbyć. Wiedziałem, do czego lekarze są zdolni.

A teraz on wiedział, że ja wiem.

– W porządku – odparł sztywno. – Proszę okazać dokumenty w recepcji. Pacjentka potrzebuje jeszcze około dwudziestu minut, żeby dojść do siebie po narkozie, wcześniej trudno będzie z nią porozmawiać – dodał. I sobie poszedł.

Vanessa zadarła głowę, żeby na mnie spojrzeć. Była na granicy płaczu.

Położyłem jej dłonie na ramionach.

– Hej, nie trzeba płakać.

Jej dolna warga drżała.

– To moja wina. Odłączyłam jej telefon. Pewnie przemarzła i była głodna. Wróciła do swojego dawnego domu i chciała wejść przez okno, bo na zewnątrz było minus dwadzieścia, i nie mogła nawet zadzwonić do mnie po pomoc, a teraz pójdzie do więzienia z raną postrzałową.

Brent odchrząknął.

– Właściwie to *moja* wina. – Wciągnął powietrze przez zęby. – Kiedy powiedziałaś, że nie może dłużej mieszkać u taty, to ona tak jakby zatrzymała się u mnie i Joela. A dziś rano ją wyrzuciłem po tym, jak zniknęła moja bransoletka od Tiffany'ego.

Vanessa zamrugała.

– Ona była z *tobą* przez cały ten czas?

– Zadzwoniła do mnie po tym, jak rozbiła samochód.

– Zrobił bezradną minę.

Vanessa otworzyła usta.

– Dlaczego nic mi nie powiedziałeś?

– Sama wiesz, jaka potrafisz być bezwzględna! Zresztą postawiłem jej twarde granice i przestrzegałem ich, kiedy nawaliła, i wiesz co? Nie. – Skrzyżował ręce na piersi. – To wcale nie jest moja wina. Ani zresztą twoja, ani taty. Ona jest po prostu kompletnie popieprzona i sama sobie winna. I może pobyt w kiciu dobrze jej zrobi.

– Brent! – Vanessa zbladła. – Ona potrzebuje pomocy! A nie zamknięcia w więzieniu!

Uniosłem dłoń.

– I otrzyma pomoc. Wcale nie pójdzie do więzienia. Nie dopuszczę do tego.

Vanessa znów spojrzała na mnie, pociągając nosem.

– Niby jak?

– Ten dom, do którego się włamała – powiedziałaś, że kiedyś w nim mieszkała? To jej dawny dom?

Kiwnęła głową.

– Została eksmitowana? Czy po prostu się wyprowadziła?

Vanessa pokręciła głową.

– Chyba zwyczajnie stamtąd odeszła.

– Jak dawno?

Otarła wilgoć pod oczami.

– Trzy, może cztery tygodnie temu?

– Okej. W takim razie nadal oficjalnie tam mieszka i ma pełne prawo przebywać w tym domu. Nie wtargnęła na cudzy teren. Właściwie to można powiedzieć, że ten, kto do niej strzelał, ma więcej powodów do zmartwień niż Annabel. Bo to ona wniesie oskarżenie.

– A co z tabletkami? Miała przy sobie te wszystkie kradzione leki. Nie uznają, że nimi handlowała czy coś? Nie wezmą jej za dilerkę?

– Jeśli nic innego nie zadziała, zawsze mogę poprosić prokuratora o zamianę wyroku na kurację odwykową. Trafi od razu do kliniki. Jej noga nie postanie na posterunku, to mogę ci obiecać. W tej chwili jest w najlepszym możliwym miejscu. Jest bezpieczna i uzyska wszelką pomoc. Wszystkim się zajmę. O nic nie musisz się martwić.

Zobaczyłem, że z jej ślicznej buzi znika napięcie. Poczuła ulgę.

Ufała mi. Uwierzyła, kiedy powiedziałem, że wszystkim się zajmę – i tak właśnie zamierzałem zrobić.

Byłem dobrym prawnikiem. Ale świadomość, że ona wie, że potrafię wszystko załatwić, tak jak powiedziałem, sprawiła, że poczułem większą dumę z moich studiów prawniczych niż po jakiejkolwiek wygranej w sądzie sprawie czy artykule prasowym opisującym moje sukcesy. Jej zdanie na mój temat znaczyło dla mnie więcej niż cokolwiek innego. Podobnie jak jej rady.

Nigdy w życiu nie zgodziłbym się pojechać na święta do mamy i Richarda, gdyby Vanessa nie przekonała mnie, że powinienem. Ufałem jej bezgranicznie. Zwłaszcza jeśli chodziło o sprawy, które mogły mnie uszczęśliwić. Zaczynało do mnie docierać, że w ramach mojej ograniczonej wizji świata w nie miałem w ogóle pojęcia, co to by mogło być.

Byłem nie do ruszenia. Nie lubiłem zmian. Nie potrafiłem się przestawić, dostosować. Łatwiej mi było uznać, że czegoś czy kogoś nienawidzę, i tego się trzymać, bo w przeciwnym razie musiałbym narazić się na nieznane lub zaryzykować, że zostanę zraniony. A ona miała rację. Dlaczego miałbym nienawidzić Richarda? Jaki był w tym sens? Przez to wszyscy byli nieszczęśliwi. Łącznie ze mną. Ale nie sądzę, że kiedykolwiek doszedłbym do tego wniosku, gdyby ona mi tego nie uświadomiła.

Spoglądała teraz na mnie mokrymi oczami, a ja położyłem dłoń na jej gładkim policzku i kciukiem starłem z niego łzę.

– Porozmawiam z Annabel i wszystko z nią ustalę, żebyśmy mogli zawieźć cię do domu.

Gerald wyglądał na bardzo zadowolonego z siebie.

– Mówiłem ci, że dobrze jest mieć prawnika w rodzinie...

– Tato! – Vanessa przeszyła go wzrokiem.

– To niedorzeczne – ciągnął niezrażony. – Żeby chcieć zamykać w więzieniu niewinną dziewiętnastolatkę, postrzeloną za to, że usiłowała wejść przez okno do *własnego* domu. Ten rząd nie ma nic lepszego do roboty jak tylko utrudniać życie płacącym podatki obywatelom. Napiszę do gubernatora list i nie przebierając w słowach, powiem mu, co o tym myślę.

Brent westchnął dramatycznie.

– No oczywiście. Doskonały pomysł. Mniej więcej tak samo dobry jak samodzielne obcinanie sobie grzywki. No nic, gdyby ktoś mnie potrzebował, będę na parkingu palił znalezione na ulicy pety. – Zarzucił plecak na ramię, chwycił Joela za rękę i wyszedł.

Vanessa popatrzyła na mnie sfrustrowana, a ja się do niej uśmiechnąłem.

Lubiłem Brenta. A mimo swoich wad i dziwactw Gerald też budził we mnie coraz cieplejsze uczucia.

On kochał swoją rodzinę. Kochał córki, kochał Grace i bardzo trudno byłoby mi go nie lubić, bez względu na to, jak osobliwe wygłaszał poglądy. Przy kolacji oznajmił na przykład, że lądowanie na Księżycu to ściema.

Ścisnąłem Vanessę za łokieć i udałem się do recepcji.

To było moje drugie spotkanie z Annabel, ale mimo że przez pół godziny usiłowałem wydobyć z niej jej własną wersję wydarzeń, nadal nie miałem poczucia, że ją poznałem. Wciąż była otumaniona po narkozie i odurzona lekami, które albo wzięła sama, albo podano jej w szpitalu. Tak czy owak, nie wiedziałem, czy w ogóle do końca zdawała sobie sprawę z naszego spotkania. Cieszyłem się, że Vanessa nie widziała jej w takim stanie. Zdenerwowałaby się tylko. Jej siostra była przykuta kajdankami do łóżka.

Porozmawiałem też z szefową pielęgniarek i poinformowałem ją, że pacjentka ma wysoką tolerancję na leki przeciwbólowe, co należało wziąć pod uwagę przy uśmierzaniu jej bólu. Ponadto bardzo wyraźnie dałem jej do zrozumienia, że spodziewam się, iż otoczą ją należytą opieką, którą zamierzam ściśle monitorować.

Potem zawiozłem Vanessę do domu. Gerald i Sonja mieli własny samochód i odjechali razem z Joelem i Brentem, równolegle z nami. Vanessa wyglądała na wyczerpaną. Odebraliśmy Grace od Pani Jogi. Zaniosłem ją do Vanessy i wszedłem do środka po pretekstem pomocy w położeniu małej spać, ale tak naprawdę nie chciałem zostawiać Vanessy samej.

Nie mogłem znieść dzielących nas ścian. Tej murowanej i tych, których nie było widać gołym okiem.

Chciałem zaproponować, żeby spędziła noc u mnie – co było niedorzeczne, bo nie miałem sypialni dla gości. Ale i tak chciałem jej to zaproponować. I wiedziałem, że gdybym to zrobił, zgodziłaby się. Potraktowałaby to jako świetną przygodę i byłaby zachwycona. Pewnie zrobiłaby z tego przyjęcie w piżamach i namówiła mnie do pomalowania sobie paznokci i nałożenia maseczki na twarz – a ja nie miałbym nic przeciwko temu. Zrobiłbym to. Umieściłbym ją razem z Grace w mojej sypialni, a sam przespałbym się na kanapie...

Ale to był zły pomysł ze względu na mnie.

Bo ja nie traktowałem już Vanessy jak przyjaciółki – nawet jeśli ona widziała we mnie tylko przyjaciela. Z nią nic nie było bez znaczenia. I za każdym razem, gdy ofiarowywała mi jakąś cząstkę siebie, było mi bardzo trudno to oddać. Gdybym jutro rano obudził się i zobaczył ją w moim łóżku, to potem każdego innego dnia, gdy już by jej tu nie było, odczuwałbym straszną pustkę.

Dlatego nie mogłem zaprosić jej na noc. Byłoby mi jeszcze trudniej, bo granice by się zatarły. Te granice, które ona wyznaczyła nie bez powodu. Granice, których naruszenia sobie nie życzyła, co bardzo wyraźnie dała mi do zrozumienia.

Vanessa poszła do łazienki przebrać się w piżamę, a ja w tym czasie przewinąłem Grace. Kiedy wyszła, miała włosy związane w kucyk i świeżo umytą twarz. Włożyła brązową koszulkę z napisem „Vance Refrigeration" i spodnie od piżamy w kropki, pachniała pastą do zębów i jakimś kwiatowym mydłem czy balsamem.

Miałem poczucie, że też powinienem się przebrać. Szykować się do snu razem z nią. Wydawało mi się to takie naturalne, że prawie musiałem sobie przypominać, że przecież tu nie mieszkam, wbrew temu, co mi się zdawało.

Zastanawiałem się, jakby to było być z nią w środku nocy. Spać obok niej, nawet gdybyśmy się nie dotykali. Obudzić się razem z Grace, żeby dać Vanessie dłużej pospać, słuchać, jak miarowo oddycha, móc zobaczyć ją zaraz po otwarciu oczu i otulić ją kołdrą. Wiedzieć, że ona i Grace są bezpieczne i chronione, bo nie pozwoliłbym, żeby cokolwiek im się stało...

Te nocne godziny były dla mnie zakazane. Tak samo jak całowanie jej. Ale pragnąłem ich. Pragnąłem tego przywileju.

Zaczynałem odczuwać narastającą desperację. Jakbym w głębi ducha czuł, że powinniśmy być dla siebie kimś więcej, ale nie wiedział, jak sprawić, żeby ona też to zrozumiała.

To pragnienie powoli pochłaniało całą moją energię. A wiedziałem, że będzie jeszcze gorzej, bo to się nasilało z każdym dniem, który spędzaliśmy razem.

Położyłem Grace w jej łóżeczku, a Vanessa podeszła do mnie i westchnęła cicho.

– Wiesz, większość ludzi, którzy widzą, że za milę pociąg się wykolei, mają dość rozsądku, żeby z niego wyskoczyć – powiedziała ze znużeniem w głosie. – Ale nie ty. I teraz masz za klientkę jedną z Price'ów.

– Chętnie pomogę – odparłem, prostując się i odwracając w jej stronę.

Popatrzyła mi w oczy.

– Żałuję, że nie mogę ci nawet należycie podziękować za wszystko, co dla mnie robisz.

– *Lubię* robić dla ciebie różne rzeczy.

Jej twarz złagodniała.

– Bo jesteś naprawiaczem. To twój sposób na kontrolowanie sytuacji. Ale wiesz, nie wszystko da się naprawić. Nie zawsze da się sprawić, że wszystko będzie dobrze, Adrianie.

Ponieważ nie odpowiedziałem, zmieniła temat.

– Jakie ona sprawiała wrażenie? Kiedy się z nią widziałeś? Wszystko z nią dobrze?

Skrzyżowałem ręce na piersi.

– Była zdezorientowana. Może trochę przestraszona. Ale wyjdzie z tego.

Potrząsnęła głową.

– Tak myślisz? A jeśli po tym doświadczeniu ona się wcale nie otrząśnie tak, jak mamy nadzieję? Jeśli mimo że została postrzelona, wcale nie dotknęła jeszcze dna?

– Nic nie możesz na to poradzić. Po prostu opiekuj się Grace i skup się na sobie.

Przygryzła wargę i milczała dłuższą chwilę.

– Wczoraj rano widziałam się z prawniczką w sprawie adopcji.

Uśmiechnąłem się.

– Tak? I co powiedziała?

Odwróciła wzrok.

– Powiedziała, że jeśli nakłonię Annabel do zrzeczenia się praw rodzicielskich, w ciągu kilku miesięcy mogę umieścić Grace w rodzinie adopcyjnej.

Ta wiadomość dosłownie mną wstrząsnęła.

– Co? – wyjąkałem. – Myślałem, że to ty ją adoptujesz.

Potrząsnęła głową i znów spojrzała na mnie.

– Adrianie, za rok może mnie tu już nie być. – Broda jej drżała. – Nie mogę być jej mamą. – Głos jej się załamał na tym ostatnim słowie.

Popatrzyłem na Grace i poczułem w sercu ucisk, którego nie miałem prawa czuć.

Kiedy znów przeniosłem wzrok na Vanessę, spojrzenie miała znękane.

– Adrianie, muszę dać jej wszelkie szanse stabilności. Mam nadzieję, że Annabel wyjdzie z nałogu. I mam nadzieję, że już do niego nie wróci. Ale jeśli jej się nie uda… Moje życie nie sprzyja macierzyństwu. A już zwłaszcza byciu samotną matką. Muszę zrobić to, co będzie dla niej najlepsze.

Nigdy nie myślałem o tym, co bycie rodzicem może oznaczać dla kariery zawodowej Vanessy. W końcu będzie musiała znowu ruszyć w drogę. Wiedziałem, że w tej chwili za mało zarabiała, a nie mogła przecież taszczyć ze sobą małego dziecka po świecie, kiedy będzie kręcić swoje filmy. Wyzwaniem była już wyprawa z niemowlęciem *do sklepu*. Nie mogłem sobie nawet wyobrazić narażania Grace na międzynarodowe loty ani prób zapewnienia jej stałego trybu dnia, gdy Vanessa będzie podróżować. Ale całkiem z niej zrezygnować?

Przeciągnąłem dłonią po twarzy.

Co mogłem powiedzieć? Nie byłem członkiem tej rodziny. Nie byłem ojcem Grace. Nie byłem nawet chłopakiem Vanessy. Byłem tylko jej sąsiadem – facetem, którego poznała przed kilkoma tygodniami i który czasami opiekował się córeczką jej siostry. To nie była moja sprawa.

Dlaczego zatem czułem, jakby coś zostało mi odebrane bez mojego pozwolenia?

Vanessa otarła łzy i zobaczyłem, że zaraz przełączy się na tryb rozrywkowy. Postara się przekierować myśli i działania na coś, co nie będzie jej zasmucać.

Odwróci wzrok od słońca.

– Hej – odezwała się. – A co byś powiedział na przyjęcie w piżamach?

Zamarłem.

– Co takiego?

– Tutaj. Dzisiaj. Moją kanapę da się rozłożyć. Może być fajnie. Moglibyśmy do późna oglądać *Biuro* w maseczkach na twarzach.

Prawie się roześmiałem z tej ironii losu.

Pokręciłem głową.

– Bardzo żałuję, ale nie mogę. To nie byłoby właściwe.

Wyraźnie się zmartwiła.

– Och, no tak. – Założyła za ucho kosmyk włosów. – Rozumiem.

Staliśmy tak jeszcze chwilę z czymś dziwnie ciężkim wiszącym między nami. Utrzymywało się jak para w łazience po kąpieli.

Nie chciałem wracać do domu. Ale przebywanie w jej mieszkaniu z przygaszonymi światłami, gdy ona była boso i bez stanika i prosiła, żebym został na noc, było zbyt niebezpieczne.

Byłem aż nadto świadomy możliwości zostania zranionym. Wiedziałem, że zakochuję się w dziewczynie, która sobie tego nie życzy. A pakowanie się w kolejne intymne sytuacje, w których pragnąłem, żeby jej nastawienie się zmieniło, nie było dla mnie dobre. Równocześnie jednak nie chciałem od niej wychodzić. Nie chciałem niczego przegapić. Vanessa sprawiała, że przy niej ani na chwilę nie chciałem zamykać oczu. Starałem się nawet nie mrugać. Uświadomiłem to sobie wczoraj w kancelarii i stojąc wraz z nią na drabinie, gdy woń jej perfum tańczyła wokół mnie niczym robaczki świętojańskie migoczące latem. I jeszcze potem, śmiejąc się wraz z nią po tej wpadce z szlafrokiem, i siedząc obok niej u jej taty, kiedy czułem bijące od niej ciepło, jakby była buchającym ogniskiem.

Patrzyła na mnie z zadartą głową tymi swoimi wielkimi, wrażliwymi brązowymi oczami, a ja znów pomyślałem, jak bardzo pragnę ją pocałować. Jakaś część mnie chciała powiedzieć: „Chrzanić to", i po prostu to zrobić, zaryzykować, złamać reguły, zapomnieć o konsekwencjach, o tym, że mogę ją stracić, i po prostu pójść za głosem serca.

Opuściłem wzrok na jej usta. Jej wargi wydawały się takie miękkie i ciepłe. Wyobraziłem sobie, że wsuwam jej dłonie pod koszulkę, obejmuję ją w pasie i przyciągam do siebie. Chciałem przyłożyć nos do jej szyi, przeczesać palcami jej włosy, poczuć smak jej warg. Chciałem, żeby ona też mnie dotykała.

Wpatrywałem się w nią ledwie przez sekundę i szybko odwróciłem wzrok.

Nie miała pojęcia, jaką ma nade mną władzę – myślę, że nawet ja sam nie zdawałem sobie z tego sprawy aż do dziś. To było niemalże komiczne, kiedy Gerald oznajmił, że dobrze mieć prawnika w rodzinie – bo naprawdę go mieli. Zrobiłbym dla niej wszystko. Owinęła mnie sobie wokół małego palca, nawet się nie starając.

Miałem klientów, którzy trafili do więzienia, bo zrobili coś głupiego na prośbę jakiejś kobiety, a ja zawsze kręciłem głową nad ich naiwnością. Ale teraz to rozumiałem. Miałem poczucie, że Vanessa mogłaby do mnie zadzwonić, żebym jej pomógł ukryć zwłoki, a ja zjawiłbym się pięć minut później w gumowych rękawiczkach i z detergentem w dłoni.

Odchrząknąłem.

– Powinienem już iść.

Chwyciłem marynarkę i wyszedłem, zanim powiem albo, co gorsza, *zrobię* coś głupiego.

O północy leżałem we własnym łóżku, zaledwie kilkadziesiąt centymetrów od miejsca, w którym najprawdopodobniej leżała Vanessa u siebie. Właśnie oficjalnie rozpoczynały się jej urodziny. Wysłałem jej ememesa, którego przygotowałem już rano. Zdjęcie tortu z Nadia Cakes ze słonym karmelem, ze świeczką, który dla niej kupiłem, z dopiskiem: „Hej, nie śpisz?".

Usłyszałem przez ścianę jej śmiech.

Odpisała: „Jasne, że nie, wpadaj".

Siedziałem i patrzyłem na dzielące nas cegły i tynk. Bardzo chciałem do niej wpaść. I chciałem, żeby ona naprawdę tego chciała. I to nie na przyjęcie w piżamach.

W odpowiedzi wysłałem jej roześmianą buźkę. A potem odłożyłem telefon i przez następną godzinę przewracałem się z boku na bok, tęskniąc za nią i usiłując zasnąć w niewłaściwym łóżku.

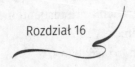

Rozdział 16

Zjawiłam się na moim przyjęciu urodzinowym i nigdy nie zgadniecie, kto tam był!

VANESSA

U rodzinowy poranek spędziłam z tatą i Brentem. Najpierw odhaczyliśmy kolejne spotkanie grupy Nar-Anon, a potem poszliśmy coś zjeść. To spotkanie nie było tak naprawdę moim ulubionym sposobem spędzania wolnego czasu, ale nie omieszkałam wykorzystać swoich urodzin jako doskonałego środka perswazji, by skłonić ich do pójścia. Adrian opiekował się w tym czasie Grace.

Początkowo chciał jechać razem z nami. Najpierw zaproponował, że zrobi mi śniadanie. A kiedy powiedziałam mu, dokąd się wybieram, spytał, czy chcę, żeby mnie tam zawiózł. Odmówiłam jednak. Nie mogłam z czystym sumieniem po raz kolejny obciążać go sprawami mojej rodziny. Drugie spotkanie z moim tatą w ciągu niecałych dwunastu godzin, spotkanie grupy Nar-Anon, a na dokładkę śniadanie w Perkins – to prawdopodobnie oznaczałyby koniec naszej przyjaźni.

Wróciłam do domu koło jedenastej, ale Adrian zaofiarował się, że zajmie się jeszcze Grace, żebym miała trochę czasu tylko dla siebie. Zawsze pilnował małej, kiedy brałam prysznic, ale nigdy tego nie przeciągałam. Nie chciałam go wykorzystywać. Tych kilka godzin tylko dla siebie to był chyba najlepszy prezent, jaki kiedykolwiek dostałam. Byłam niesamowicie podekscytowana. Zamierzałam wziąć najdłuższą na świecie kąpiel z bąbelkami.

W dodatku po powrocie zastałam w moim mieszkaniu kwiaty. W środku panował porządek. Na dywanie widziałam ślady po odkurzaczu. Adrian pościelił też moje łóżko i pozmywał naczynia. Posprzątał nawet w łazience.

Nie potrafię nawet powiedzieć, ile siły to ode mnie wymagało, żeby nie pobiec do jego mieszkania i nie zacząć zdzierać z niego ubrań.

Ubiegłego wieczoru zaproponowałam, żeby został na noc – sama nie planowałam nic zdrożnego, ale gdyby on coś zainicjował, to nie powiedziałabym: „nie". On tymczasem grzecznie się wymówił i uciekł do siebie tak szybko, jak to tylko fizycznie możliwe. A potem o północy przysłał mi zdjęcie tortu, a ja znowu go zaprosiłam. Wcale nie żartowałam.

Ale on przysłał mi roześmianą emotkę.

To było cholernie przygnębiające. Zakochiwałam się w facecie, który był kompletnie mną niezainteresowany, no bo tak właśnie było.

Wzięłam kąpiel i ucięłam sobie długą drzemkę. A potem się wyszykowałam i spotkałam się z Adrianem w jego mieszkaniu o szóstej. Zwerbował Becky, żeby zaopiekowała się Harrym Puppinsem i Grace u niego, podczas gdy on zabierze mnie gdzieś z okazji moich urodzin. Zapewnił mnie, że Becky doskonale się nadaje do tej roli i jest bardzo doświadczoną opiekunką. Ona sama pewnie też by to potwierdziła, nadal jednak w mojej obecności nie była w stanie wykształcić słowa.

Adrian zawiózł nas na Summit Avenue, do ekskluzywnej dzielnicy w St. Paul. Ulica była usiana historycznymi

rezydencjami, które w latach osiemdziesiątych XIX wieku na-
leżały do magnatów kolejowych i baronów przemysłu drzew-
nego. Podjechaliśmy pod ogromny dom, zbudowany w roku
1881, jeśli wierzyć tabliczce opisującej ten zabytkowy budynek.

– Gdzie my jesteśmy? – spytałam, wyglądając przez przednią szybę, kiedy Adrian parkował na podjeździe.

Uśmiechał się szeroko.

– Nie zamierzam zepsuć niespodzianki.

Drzwi były otwarte, weszliśmy do środka. W holu słychać
było nieznajome głosy dobiegające z przyległego pokoju. W całym domu pachniało czymś smakowitym.

Adrian postawił na stole mój tort, który przywiózł tutaj,
i pomógł mi zdjąć kurtkę.

– Hop, hop! – zawołał, zrzucając własny płaszcz. – Jesteśmy.

Pierwsza osoba, która wyłoniła się zza rogu, była ostatnią
osobą, jaką spodziewałam się tu zobaczyć. To był Malcolm.
Który nas *filmował*.

– Wszystkiego najlepszego, Vanesso! – wykrzyknął zza kamery.

Roześmiałam się.

– O mój Boże! Co tu się dzieje?

– Mam nadzieję, że nie masz nic przeciwko temu, że go tu
wezwałem – powiedział Adrian. – Wiem, że ostatnio masz kłopot z materiałem na twój kanał, i pomyślałem, że dzisiejsza
impreza może się okazać warta upublicznienia. Mam pozwolenie od wszystkich obecnych. Nie musisz oczywiście wykorzystywać tego nagrania, chyba że będziesz chciała. To zależy
wyłącznie od ciebie.

Sekundę później zrozumiałam, dlaczego sądził, że mogę
tego chcieć.

Z pokoju obok wyłoniła się kobieta, która chciała nas powitać.
To była Sloan Monroe.

Aż zapiszczałam z radości.

– Cześć! – Przytuliła mnie serdecznie. – Wszystkiego najlepszego! Bardzo miło mi cię poznać.

– Adrianie! – zwróciła się do mojego towarzysza. – Miło znów cię widzieć.

Pocałował ją w policzek.

Widziałam ją na zdjęciach. W kolorowych magazynach i na tym czarno-białym z okładki *Sloan In-Between*, płyty jej męża, poświęconej właśnie jej. Ale na żywo Sloan była jeszcze ładniejsza. Miała długie jasne włosy i całą rękę w kolorowych tatuażach. Świetlisty cień do powiek pięknie podkreślał jej brązowe oczy. Nie zdążyłam jej o niego spytać, bo za jej plecami tłoczyła się już reszta gości. Kuzyn Adriana, Josh, jego żona Kristen oraz mąż Sloan, Jason, bardziej znany jako sławny muzyk Jaxon Waters, zdobywca nagród Grammy.

Zakryłam usta dłońmi i wciągnęłam gwałtownie powietrze.

– Nie wierzę, że zrobiłeś to dla mnie – szepnęłam.

Adrian uśmiechnął się.

– Sloan szykuje dla ciebie kolację. Ossobuco z jej książki kucharskiej. Wszyscy przyjechali tu z Ely specjalnie dla ciebie. Mamy do dyspozycji ten dom na cały wieczór. Klient był mi winien przysługę.

Spojrzałam na niego i łzy napłynęły mi do oczu.

To mogły być moje ostatnie urodziny. Właściwie, sądząc po historii mojej rodziny, nawet na pewno były.

A on sprawił, że będą najcudowniejsze w całym moim życiu.

* * *

Trzy godziny później zjedliśmy już kolację i tort urodzinowy, a potem siedziałyśmy z Kristen i Sloan w salonie przy ogromnym kominku, w którym wesoło trzaskał ogień. Faceci stali przy barze i gadali. Kiedy już wszyscy odśpiewali „Sto lat", odesłałam Malcolma do domu. Doceniałam to, że Adrian postanowił go tu ściągnąć, ale nie zamierzałam udostępniać tego filmiku.

Kilka dni temu, kiedy musiałam zrobić sobie z kimś zdjęcie w Trader Joe's, Adrian wyraził zdumienie, jak ja sobie radzę z tym brakiem anonimowości. Radziłam sobie, bo to mi umożliwiało walkę z ALS. Adrian natomiast nie miał takiej motywacji.

Siła popularności to nie byle co. Gdybym udostępniła ten filmik, Adrian z miejsca stałby się sławny. Nigdy już nie odzyskałby anonimowości. Samo to, że wspomniałam o niejakim Panu Kaloryferze, to jedno, ale pokazanie jego twarzy to już całkiem co innego. Byłby rozpoznawany w miejscach publicznych, moi widzowie wyszukiwaliby informacje na jego temat w internecie, mogliby nawet nachodzić go w pracy. Wszyscy inni obecni tu dzisiaj zdążyli już pewnie do tego przywyknąć. Sloan i Jason na pewno, a Josh i Kristen poprzez znajomość z nimi. Adrian jednak wciąż mógł się cieszyć prywatnością. Kiedy mu to wyjaśniłam, powiedział, że mimo wszystko, jeśli o niego chodzi, mogę wstawić ten filmik na YouTube'a – widziałam jednak, że wolałby, żebym tego nie robiła. A zatem go nie wstawię. Cieszyłam się jednak, że Malcolm nakręcił ten materiał. Dzięki temu będę miała wspaniałą pamiątkę.

Uwielbiałam przyjaciół Adriana. Cudowne było to, że przyjechali tutaj ot tak, po prostu, bo on ich o to poprosił. Podobało mi się, że wszyscy są tacy naturalni i mili i tak się starają, żeby ten dzień był dla mnie wyjątkowy. Byłam wręcz trochę zazdrosna, że są tacy normalni, a ja zmuszam Adriana do obcowania z moją zbzikowaną rodzinką.

Byłam troszkę podpita. Jason nalewał wszystkim martini. Sloan zjadła oliwkę ze swojego drinka.

– Boże, jak ja dawno nie piłam alkoholu. Wciąż karmię piersią.

– Chłopiec czy dziewczynka? – spytałam.

Uśmiechnęła się.

– Dziewczynka. Emma. Skończyła roczek.

Spojrzałam na Kristen.

– A wy macie, zaraz... czwórkę?

– Zgadza się. Oliver ma pięć lat. Kimmie i Sarah dziesięć i dwanaście, a najmłodsze rok.

Podkuliłam nogę pod siebie.

– O rety! A kto się teraz nimi wszystkimi zajmuje?

Kristen parsknęła.

– Mama Jasona. Ta kobieta jest święta. – Odstawiła swojego drinka na stolik do kawy i nachyliła do mnie. – No dobra, musisz mi powiedzieć. Jak jego penis? Jest duży?

Sloan jęknęła i wyprostowała się w fotelu.

– O Boże, zaczyna się!

Przenosiłam wzrok z jednej na drugą.

– Co? O co chodzi z tym penisem?

Sloan pokręciła głową w reakcji na słowa swojej najlepszej przyjaciółki.

– Oni są tylko przyjaciółmi. Vanessa wcale go nie widziała. Daj jej spokój.

Uniosłam dłoń.

– Zaraz, chwileczkę. Bardzo mnie to ciekawi. O co chodzi z tym penisem?

– Widzisz, Sloan, bardzo ją to ciekawi. Ty się nie wtrącaj. – Kristen uśmiechnęła się, przycupnąwszy na samym brzeżku kanapy.

Sloan przewróciła oczami.

– Josh ma gigantycznego penisa i mam teorię, że u nich to rodzinne – powiedziała Kristen.

Zerknęłam na Adriana stojącego po drugiej stronie pokoju.

– *Naprawdę*? – wyszeptałam.

Kristen kiwnęła głową.

– Tak. – Następnie rozstawiła ręce, żeby pokazać mi szacowaną wielkość, a Sloan zakrztusiła się swoim drinkiem.

Znów pokręciła głową i skarciła ją, kasząc:

– To naprawdę niestosowne.

Kristen mrugnęła do niej.

– To ważne badania naukowe, Sloan.

Pospiesznie przytaknęłam.

– Zgadzam się, trzeba dokładniej zbadać tę kwestię.

Kristen się roześmiała, a Sloan wyglądała na z lekka zbulwersowaną. Nabrałam podejrzeń, że przekomarzanie się z nią to jedno z hobby Kristen. Świetnie jej to wychodziło.

Oparłam się wygodnie na kanapie.

– Z wielką chęcią sprawdziłabym możliwości magicznej różdżki Adriana. Niestety, on nie jest mną zainteresowany.

Kristen i Sloan wymieniły spojrzenia.

Popatrzyłam na jedną i na drugą.

– Co?

Kristen spojrzała mi w oczy.

– Nie wiem, co on ci mówi, ale facet jest zakochany po uszy.

Sloan kiwnęła powoli głową, wpatrując się we mnie swoimi wielkimi oczami.

Podrapałam się w czoło.

– Co takiego? Nie.

Kristen spojrzała przez pokój na Adriana.

– Dosłownie przeszywa wzrokiem tył twojej głowy. Gapił się na ciebie przez cały wieczór.

Zerknęłam w bok, ale się nie odwróciłam.

– Czy to wygląda tak, jakby był na meczu tenisowym? – spytałam szeptem. – Obraca głowę w tę i w tamtą, śledząc mnie wzrokiem?

Sloan przytaknęła.

– Właśnie tak to wygląda. Świetnie to ujęłaś.

– Kiedy zadzwonił, żeby nas tu ściągnąć, przez pół godziny opowiadał o tobie Joshowi – podjęła Kristen. – Gdy skończyli rozmawiać, Josh odłożył telefon i powiedział: „O rany! Jeszcze nigdy tak go nie wzięło!".

Moje serce zadrżało. Ale potem przypomniałam sobie, że to przecież bez sensu.

Westchnęłam.

– Naprawdę nie sądzę, żeby on był mną zainteresowany.

Sloan ściągnęła brwi.

– Dlaczego?

Z powodu mojej rychłej śmierci?

– Mój styl życia nie sprzyja stałym związkom – powiedziałam głośno.

Kristen kiwnęła głową.

– No tak, sława. To naprawdę okropne. Próbujesz się z kimś umówić, a trafiasz na kolesia, który ma obsesję na punkcie strzępków materiału w twojej suszarce.

Sloan przytaknęła.

– Dla Jasona to też było trudne. Przez kilka tygodni w ogóle mi nie powiedział, kim naprawdę jest. To nie jest łatwe.

– Tak, ale mnie chodzi o coś innego – odparłam. – Wolałabym jednak o tym nie mówić.

Sloan uśmiechnęła się współczująco, z czego wywnioskowałam, że ogląda mój kanał.

– No wiesz, ale pamiętaj, że świat nigdy nie daje ci więcej, niż jesteś w stanie udźwignąć.

Kristen zaśmiała się drwiąco.

– Owszem, daje. I to bez przerwy. Świat ma cię w dupie, to kompletny palant.

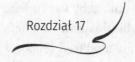

Rozdział 17

Czy chłopak, w którym się zabujałaś, zwróci na ciebie uwagę? Rozwiąż ten quiz!

ADRIAN

Patrzyłem na dziewczyny skupione razem w salonie.

– Jak myślicie, o czym one tak gadają?

Jason wypił łyk swojego drinka.

– No, wygląda na to, że Kristen wywołała u mojej żony nerwowy tik powieki, więc powiedziałbym, że poruszają jakieś nieprzyzwoite tematy.

W tym momencie Kristen wyrzuciła obie ręce w górę.

– To naukowo potwierdzone, Sloan!

Vanessa roześmiała się i zerknęła na mnie z błyskiem w swoich pięknych oczach.

Uśmiechnąłem się do niej.

– Co tam knujecie, dziewczyny? – zawołałem.

Vanessa wykręciła się, żeby odwzajemnić mój uśmiech ponad oparciem kanapy.

– Przywołujemy diabła do Eastwick. Lepiej tu nie podchodźcie.

Josh zachichotał i podał mi klasyczny koktajl Old Fashioned.

– Tylko jeden – zastrzegłem, biorąc od niego szklaneczkę.

– Prowadzę.

– Cieszę się, że zadzwoniłeś – powiedział Josh. – Powinniśmy częściej się spotykać. Przyjedź do Ely zobaczyć nasz nowy dom. – Skinął głową w stronę dziewczyn. – Weź ze sobą Vanessę.

Spojrzałem na nią i się uśmiechnąłem. Bardzo chciałem ją tam zabrać. Chciałem wszędzie ją ze sobą zabierać. Byłem dumny, że ją znam. Była dokładnie taka, jak obiecywał jej kanał na YouTubie – była towarzyskim motylem. W każdej sytuacji potrafiła wszystkich zauroczyć.

Vanessa była kwintesencją radości życia. Nigdy wcześniej nie spotkałem osoby, którą mógłbym tak określić, ale to prawda. Ona promieniowała radością. Biła od niej pozytywna energia, która rozświetlała wszystko i wszystkich wokół niej.

Dopiero kiedy się zorientowałem, że nie słyszę, co Jason do mnie mówi, dotarło do mnie, że się na nią gapię.

– Przepraszam, czy możesz powtórzyć? – spytałem, odwracając się do niego.

– Mówiłem, że się cieszę, że nie wytoczyłeś całego swojego uwodzicielskiego arsenału na tamtej randce ze Sloan, bo moja żona mogłaby wyjść za ciebie zamiast za mnie.

Zachichotałem.

– Nie miałem najmniejszych szans. Ani wcześniej, ani później nie widziałem, żeby dziewczyna tak szybko uciekła z pierwszej randki.

Jason się roześmiał. Żona spojrzała w jego stronę, słysząc ten śmiech, a on puścił do niej oko.

– Od jak dawna ze sobą chodzicie? – zapytał.

– Nie chodzimy ze sobą – odparłem, przyglądając się mojej szklaneczce. – Jesteśmy tylko przyjaciółmi.

Josh parsknął.

– Jesteś pewny?

– Vanessa nie jest zainteresowana randkowaniem – wyjaśniłem.

Josh się roześmiał.

– Moja żona też mi tak kiedyś powiedziała. – Kiwnął głową w stronę przedsionka. – Hej, mam wrażenie, że przy frontowych drzwiach wisi jemioła. – Poruszył znacząco brwiami.

Nie chciałem, żeby Vanessa pocałowała mnie tylko dlatego, że stanęliśmy pod jemiołą. Nie chciałem, żeby całowała mnie o północy w Nowy Rok. Nie chciałem przygody na jedną noc ani układu z przyjacielskim seksem. Pragnąłem jej całej. Chciałem być z nią naprawdę.

Chciałem, żeby ona też mnie pragnęła.

Rozdział 18

Jak stracić faceta, popełniając ten jeden fatalny błąd!

VANESSA

Adrian wjechał do garażu pod naszym budynkiem. Było koło dziesiątej wieczorem, a ja wciąż byłam na niezłym rauszu. Obróciłam głowę na fotelu, żeby na niego spojrzeć.

– To o czym tak gadaliście przy barze?

Wrzucił tryb parkowania.

– Głównie o kremach na pieluszkowe zapalenie skóry. Córeczka Jasona i Sloan ma wysypkę.

Wydęłam współczująco usta.

– Wiem, biedna mała Emma.

Wyłączyłem silnik.

– A o czym *wy* rozmawiałyście?

Wzruszyłam ramionami.

– Głównie o twoim penisie.

Adrian zbladł.

– *Że co?*

– Twoim i Josha – dodałam defensywnie. – Ale głównie o twoim.

Wydawał się rozbawiony.

– A niby co dokładnie miałyście do powiedzenia o moim penisie? Żadna z was go nie widziała.

Podniosłam ręce.

– Wiem! Wygłaszałyśmy głównie mnóstwo teorii spiskowych. – Rozpięłam pas i obróciłam się w jego stronę podwijając nogi pod siebie. – Krążą plotki, że jest ogromny. Nie musisz mi mówić. Mrugnij tylko raz, jeśli to prawda, ale nie musisz mi mówić.

Roześmiał się i wysiadł z samochodu. Patrzyłam, jak obchodzi go od przodu i otwiera moje drzwi. Prawie z nich wypadłam.

– Już dobrze, trzymam cię – powiedział, stawiając mnie na nogi. – Dasz radę iść?

Wzruszyłam ramionami.

– Jeśli się potknę, przerobię to po prostu na seksowny taniec.

Uśmiechał się szeroko.

– Zatrzymam jeszcze Grace u siebie przez kilka godzin, dopóki nie wytrzeźwiejesz. Dasz radę wskoczyć mi na plecy i się mnie trzymać, jak będę cię niósł?

Potarłam nos.

– Tak.

Odwrócił się, a ja wskoczyłam mu na plecy.

Wniósł mnie do budynku i ruszył schodami na górę. *Truchcikiem.*

Trzy piętra, a on się nawet nie zasapał. Mogłam sobie tylko wyobrażać jego wydolność w łóżku – serio, mogłam to sobie najwyżej wyobrażać. Nigdy nie byłam z facetem, który miał takie ciało jak Adrian.

Chichotałam, kiedy tak niósł mnie korytarzem.

– Hej, możemy zajść na chwilę do mnie, zanim pójdziemy do ciebie po Grace? Chcę ci coś pokazać.

– Jasne. – Zatrzymał się pod moimi drzwiami i wyjął z kieszeni klucze, podczas gdy ja zwisałam z jego pleców jak małpa. Podobało mi się, że on ma klucz do mojego mieszkania. Nie tylko dlatego, że mógł wejść do środka i uratować mnie przed wiatrakiem pod sufitem albo zrobić mi niezapowiedziane urodzinowe sprzątanie. Po prostu byłam szczęśliwa, wiedząc, że nie ma między nami zamkniętych drzwi. Bo nie było. Ani w sensie fizycznym, ani żadnym innym. Wiedział o mnie wszystko, co można było wiedzieć. Poznał moją felerną rodzinę – wiedział nawet, że się martwię, że mogę być chora. A i tak przy mnie trwał.

Kiedy otworzył drzwi, doniósł mnie do kanapy, odwrócił się i posadził mnie na niej.

– No dobrze – powiedział. – Co chcesz mi pokazać?

– Usiądź – zarządziłam, ciągnąc go za kieszeń od spodni.

Uśmiechnął się i usiadł obok mnie, a ja wyciągnęłam rękę, żeby zgasić światło. Na suficie rozbłysło sto gwiazdek.

– O rany! – szepnął.

– Wiem, niesamowite, prawda? – Odwróciłam się do niego w ciemności. – Miałeś takie, jak byłeś mały?

Roześmiał się, zakłopotany.

– Tak. Wydaje mi się, że wciąż były w moim starym pokoju w domu mamy, aż do momentu, kiedy go sprzedali.

– Dlaczego dorośli przestają robić takie rzeczy? – spytałam, odchylając głowę, żeby popatrzeć na sufit. – Dlaczego zapominamy?

– To nie jest zbyt skomplikowane. Myślę, że musiałbym się gęsto tłumaczyć, gdybym zaprosił kobietę do siebie i tak by wyglądał sufit w mojej sypialni.

– O mój Boże. Ja bym była zachwycona, gdyby facet zaprosił mnie do siebie i miał taki sufit w sypialni. Byłabym znacznie bardziej chętna, żeby uprawiać z nim seks.

Poczułam na sobie jego spojrzenie.

– Naprawdę? Myślisz, że można je kupić na Amazon Prime?

Zachichotałam.

– Ale musisz wiedzieć, że nie będę uprawiała z tobą seksu tylko dlatego, że kiedy do ciebie przyjdę, będziesz miał na suficie świecące w ciemności gwiazdki.

– A jest coś, co mogłoby cię skłonić do uprawiania ze mną seksu? Chciałbym się przygotować.

Roześmiałam się. No, to było flirtowanie! Zwykle tak się nie zachowywał. Nigdy nie mówił mi takich rzeczy.

Żartował. Oczywiście.

Wielka szkoda.

Znów spojrzał na gwiazdki.

– Gdyby ten widok miał dołączoną ścieżkę dźwiękową, jak myślisz, co by to było? – spytał.

– Nie wiem, ale czuję, że byłaby tam cudowna solówka na saksofonie. Taka mała jazzowa wstawka.

Roześmiał się.

– Skąd ty bierzesz te wszystkie pomysły?

Wzruszyłam ramionami.

– Mój wewnętrzny monolog ma sto otwartych kart. Powinieneś usłyszeć to, czego *nie* mówię. – I nagle na mojej twarzy pojawił się figlarny uśmieszek. – Adrianie?

– Tak?

– Mogę dotknąć twojego kaloryfera?

Parsknął.

– Co takiego?

Zapaliłam światło i zamrugałam niewinnie.

– Mówię poważnie. Nigdy żadnego nie dotykałam, a twój jest naprawdę ładny. I można powiedzieć, że mam go na mojej liście rzeczy, które chcę zaliczyć przed śmiercią.

Roześmiał się.

– Spoko.

Klasnęłam radośnie w dłonie, a on uniósł dół koszulki i oparł się na kanapie. Podwinęłam nogi pod siebie i przygryzłam wargę, spoglądając na jego brzuch.

Szlaczek włosów schodził w dół i ginął za paskiem spodni. Nie wiem dlaczego, ale to wydało mi się jeszcze bardziej seksowne niż jego mięśnie.

Wstrzymałam oddech i zaczęłam muskać palcami jego brzuch, obwodząc krawędzie mięśni. A potem położyłam płaską dłoń na jego ciepłej skórze i przeszył mnie dreszcz.

Jeszcze nigdy nikt tak mnie nie pociągał. *Nigdy.* To nie było tylko fizyczne – obejmowało wszystko. Uwielbiałam jego opanowanie i pewność siebie, i jego delikatność wobec Grace. Był hojny, miły i opiekuńczy wobec osób, na których mu zależało. Był też inteligentny, zabawny i lojalny – i sprawiał, że chciałam z nim robić różne rzeczy.

Miałam ochotę zanurzyć dłonie w jego spodnie, usiąść mu okrakiem na kolanach i go pocałować. Poczuć, jak robi się pode mną twardy, pozwolić mu zdjąć ze mnie ubranie. Wyobraziłam sobie, że popycha mnie na kanapę i kładzie się na mnie. Prawie już czułam jego ciężar między moimi nogami.

Czubeczek mojego małego palca wsunął się pod pasek jego spodni, gdy gładziłam jego brzuch, a on odchrząknął.

– No dobrze, musimy na tym poprzestać, bo będziemy mieli kłopoty. – Wyprostował się i opuścił koszulkę.

Z wysiłkiem przełknęłam ślinę, starając się ukryć podniecenie.

– Jakie kłopoty?

– Wiesz jakie.

Zaczerwieniłam się i odsunęłam od niego z niejasnym poczuciem triumfu. Nie sądzę, że na trzeźwo byłabym aż tak zadowolona z siebie, że prawie doprowadziłam mojego sąsiada do erekcji, ale pijana – byłam zachwycona.

– Hej – powiedziałam, zakładając włosy za ucho. – Dziękuję ci za dzisiejszy wieczór. I za ten cały cudowny dzień. Był doskonały. Jaxon Waters zaśpiewał mi *Sto lat*. Skąd wiedziałeś, co mi sprawi przyjemność?

Przez chwilę przyglądał mi się w milczeniu.

– Bo cię znam. Wiem, co jest dla ciebie ważne – odparł, patrząc mi w oczy. – Materiał na twój kanał, żebyś mogła zbierać pieniądze na badania nad ALS. Dobre jedzenie. I niezapomniane chwile.

Uśmiechnęłam się do niego łagodnie.

– Jestem wielką szczęściarą, że cię poznałam – powiedziałam cicho.

Przez chwilę milczał.

– Czuję to samo. Jakby moje życie było dusznym pokojem, a ty powiewem wiatru, który wleciał przez otwarte okno.

Patrzyliśmy na siebie... a potem on położył swoją ciepłą dłoń na mojej ręce opartej między nami na kanapie. Poczułam, jakby przeszył mnie prąd.

Adrian mnie dotykał!

On prawie nigdy tego nie robił – a jeśli już, to nie w taki sposób.

Opuściłam wzrok na nasze dłonie, a kiedy znowu go uniosłam, jego spojrzenie przeniosło się na moje usta.

O mój Boże...

O mój Boże, on chciał mnie pocałować!

Natychmiast zaczęłam rozważać, ile on dziś wypił. Niewiele, prawda? Bo mój umysł zupełnie nie przyjmował do wiadomości myśli, że Adrian mógłby mnie pragnąć w jakikolwiek sposób, o ile coś nie zaburzyło jego zdolności podejmowania decyzji. Ale naprawdę wszystko wskazywało na to, że on chce mnie pocałować.

Ile *ja* wypiłam? Może źle odczytywałam sygnały?

Serce mi waliło. Jego kciuk zaczął przesuwać się po wierzchu mojej dłoni, jakby chciał mi przypomnieć, że znalazł się tam celowo. Poczułam, że coś przyciąga mnie do niego, zupełnie jakby łączyła nas lina, za którą oboje zaczęliśmy szarpać.

Patrzyłam na niego jeszcze przez chwilę. Potem uniosłam się, nachyliłam ku niemu i go pocałowałam.

Ale on nie odwzajemnił pocałunku.

Pewnie dotarłoby to do mnie szybciej, gdybym nie była wstawiona. Na trzeźwo zaraz bym się skapnęła, że coś jest nie tak. Ponieważ jednak byłam pijana, ciągnęłam to o jakieś trzy sekundy dłużej, niż powinnam. Przyciskałam usta do jego biernych warg.

Odepchnął mnie delikatnie.

– Vanesso, nie...

Natychmiast zalała mnie fala upokorzenia.

– Przepraszam, nie wiem, co mi...

Pokręcił głową.

– Nie...

Przerwałam mu machnięciem ręki.

– Wiesz co? Nie ma sprawy. Na twoim miejscu też nie chciałabym mnie pocałować – powiedziałam, wstając pośpiesznie.

On też się podniósł, zrobił krok w moją stronę i wyciągnął rękę.

– To nie tak...

Nie mogłam nawet na niego spojrzeć. Byłam taka zażenowana. Co ja sobie, u diabła, myślałam?

– Powinieneś już iść. Zobaczymy się jutro.

– Vanesso, myślę, że powinniśmy o tym porozmawiać...

Zaśmiałam się sarkastycznie.

– Naprawdę nie mam na to ochoty. Popełniłam błąd. Zadziałałam pod wpływem chwili, jestem pijana i... to nic nie znaczyło, serio. Żałuję, że to zrobiłam. Przepraszam – powiedziałam, patrząc mu w oczy.

Przez jego twarz coś przemknęło.

– Proszę – dodałam. – Poproś Becky, żeby przyniosła mi Grace. Dziękuję ci za dzisiaj i po prostu o tym zapomnijmy.

– Vanesso...

– Adrianie, idź już!

Odczekał chwilę, patrząc na mnie, po czym zacisnął zęby, minął mnie i wyszedł. Zamknęłam za nim drzwi i padłam na podłogę. Momentalnie otrzeźwiałam – i bardzo żałowałam, że tak się stało.

Rozdział 19

Dziesięć rzeczy, po których na sto procent zaklniesz w zdumieniu

ADRIAN

U biegłego wieczoru mój telefon ogłuszająco milczał. Vanessa się nie odzywała. Mieliśmy z Becky trochę papierów do przejrzenia i zeszło nam z tym do północy, dzięki czemu daliśmy też Vanessie więcej czasu na wytrzeźwienie. Potem poprosiłem moją asystentkę, żeby zaniosła jej Grace, jako że Vanessa wyraźnie nie życzyła sobie widzieć mnie.

To nie byłoby właściwe, gdybym ją pocałował. Podejrzewałem, że nie jest wystarczająco trzeźwa, żeby wiedzieć, co robi. Była tak pijana, że ledwo szła, na litość boską.

To nic nie znaczyło. Żałuję, że to zrobiłam.

Była wkurzona? Czy naprawdę tak czuła?

Może i jedno, i drugie.

Może była na mnie zła za to, że ją odtrąciłem, a jednocześnie naprawdę tak myślała. Może była po prostu pijana i zrobiła coś spontanicznego, ale to wszystko nic dla niej nie znaczyło.

Na myśl, że ten pocałunek był tylko pijackim błędem, wynikiem zamroczenia, czułem się fizycznie chory. I tak jak wcześniej martwiłem się, że to ja wszystko spieprzę i zniszczę naszą przyjaźń, wyznając jej, co do niej czuję, tak teraz zadrę-czałem się, że to ona zrobiła to niechcący, że pocałowała mnie tylko dlatego, że za dużo wypiła.

Żołądek mi się ściskał. W nocy nie mogłem spać. Chciałem z nią porozmawiać, ale nie wiedziałem nawet, co powiedzieć, po tym, co mi oznajmiła. Rano, przed wyjściem do pracy, wy-słałem jej ememesa.

Ja: Możemy potem pogadać?

Nie odpowiadała przez prawie dziesięć minut. Według cza-su Vanessy to było jak osiem lat. Zawsze reagowała natych-miast. To nie mógł być dobry znak.

Vanessa: Chyba tak.
Ja: Nadal chcesz, żebym dziś wieczorem popilnował Grace?

Kolejne cztery minuty czekania.

Vanessa: Nie musisz.
Ja: Ale chcę.
Vanessa: OK. Chcesz, żebym wzięła Harry'ego?

Myślałem już o tym. Zawsze się nim opiekowała, kiedy by-łem w pracy, ale to byłoby dziwne, gdybyśmy się zobaczyli i nie porozmawiali, a przed pracą nie miałem na to czasu. Nie chciałem prowadzić takiej rozmowy w biegu.

Ja: Wezmę go ze sobą do pracy.
Vanessa: OK.

I tyle. Nic już więcej nie dodała.

Harry był jeszcze bardziej drażliwy niż zwykle, jakby udzielił mu się mój nastrój. Do południa ugryzł Becky trzy razy. Dziwnym trafem nie gryzł mnie, aż nabrałem poczucia, że może choć raz jesteśmy w tej samej drużynie. Spał na moich kolanach, kiedy pracowałem przy biurku, i nawet na mnie nie warknął, gdy go przełożyłem, żeby wstać i pójść do łazienki.

Praca mi się dłużyła. Ciągle sprawdzałem w telefonie, czy Vanessa nie przysłała jakiejś wiadomości, ale nie zrobiła tego. Wyszedłem wcześniej z pracy, żeby zapukać do jej drzwi pół godziny wcześniej, niż prosiła, i móc z nią porozmawiać. Uznałem, że jeśli naprawdę żałowała tego pocałunku, w najlepszym razie mogłem liczyć na to, że przezwyciężymy tę chwilową niezręczność i nadal będziemy przyjaciółmi. Sądząc jednak po jej milczeniu, nawet na to szanse były marne.

Ta niepewność wywoływała we mnie narastający niepokój. Gdy pomyślałem, że być może między nami wszystko skończone, ogarnęła mnie panika.

Usłyszałem dźwięk odsuwanej zasuwki i szykowałem się na nasze pierwsze spotkanie od poprzedniego wieczoru. Ale kiedy drzwi się otworzyły, nie ujrzałem w nich Vanessy. To był... jakiś facet.

Stał w drzwiach i trzymał na rękach Grace. Był niższy ode mnie, ale umięśniony. Rozczochrane blond włosy, opalona skóra. Miał na sobie ciężką kurtkę ze sztucznego futra, sięgającą mu do kolan. Była rozpięta, pod spodem nie miał koszulki, tylko naszyjnik z zębów rekina.

– Hej – powiedział. – Ty pewnie jesteś tym opiekunem do dziecka. Wejdź. – Zawołał przez ramię: – Hej, motylku, jest twój babysitter.

Stałem jak zamurowany. Dosłownie oniemiałem.

– Przed chwilą dostała butelkę – oznajmił, podając mi małą. – Zmieniłem jej też pieluszkę. Przez jakiś czas nie powinno być z nią problemów.

Pozwoliłem, żeby włożył mi Grace w ramiona, nadal stojąc w progu.

Była opatulona w kocyk. Z pewnością nie przez Vanessę. Kocyk został powiązany w dziwaczny i skomplikowany sposób. Facet zobaczył, że mu się przyglądam, i skinął głową w stronę Grace.

– To stara aborygeńska metoda owijania niemowlęcia. Nauczyła mnie tego pewna szamanka.

Aborygeńska metoda...

Kto to, kurwa, był? Co tu się, do cholery, działo?

A potem za jego plecami pojawiła się Vanessa i sytuacja jeszcze się pogorszyła.

Jej widok dosłownie zaparł mi dech w piersiach. Była umalowana i miała na sobie dopasowaną bordową sukienkę i buty na wysokich obcasach. Rozpuszczone włosy ułożyła w loki. Wyglądała zachwycająco.

I wyglądała, jakby wybierała się na randkę.

– Hej, wejdź – rzuciła w roztargnieniu, zakładając jednocześnie kolczyk, czy też raczej usiłując to zrobić. Palce wyraźnie odmawiały jej posłuszeństwa. – To jest Drake. Drake to Adrian. – Upuściła wkrętkę z diamencikiem i z niecierpliwym westchnieniem uklękła, żeby ją podnieść.

– Zaczekaj, pomogę ci – powiedział Drake, wyciągając rękę.

Podała mu kolczyk i stała nieruchomo, przechylając głowę, gdy on podszedł tuż do niej.

– Ślicznie wyglądasz, motylku – stwierdził półgłosem.

Posłała mu uwodzicielski uśmiech.

– Dzięki. Ty też.

Poczułem gorącą, obezwładniającą zazdrość. W sposobie, jaki on ją dotykał, była jakaś poufałość. Jakby robił to już wcześniej.

Gdy tylko uporał się z kolczykiem, obróciła się, żeby chwycić elegancką torebkę.

– Hej, wiem, że mieliśmy porozmawiać, ale czy możemy zrobić to później? – zwróciła się do mnie, zakładając płaszcz.

– Drake i ja musimy już wychodzić. Będziemy w Vermilion.

Zmarszczyłem czoło.

– Vermilion? Oni są zamknięci w poniedziałki...

– Drake wykupił całą restaurację.

Wykupił całą...

???

– Hej, i dzięki za opiekę nad Grace – powiedziała. – Pewnie trochę teraz pośpi. Będę z powrotem przed ósmą.

Przecisnęła się obok mnie do wyjścia, Drake bez słowa ruszył za nią i poszli.

Nie włożył nic pod to swoje futro.

Co. Jest. Kurwa. Grane?

Kim, do kurwy nędzy, jest ten Drake? I dlaczego zabiera ją do Vermilion? Ja chciałem ją tam zabrać!

Rozejrzałem się po mieszkaniu, wciąż z Grace na rękach, zupełnie porażony.

W pokoju unosił się zapach perfum Vanessy. Na jej łóżku leżały sukienki. Stosy sukienek. Na podłodze było mnóstwo par butów. Wyglądało na to, że przymierzała całą zawartość szafy. To była kawalerka. Czy ona przebierała się przy nim? Jasna cholera.

Wyciągnąłem telefon i zadzwoniłem do Becky. Odebrała po pierwszym sygnale.

– Co tam, szefie? – Strzeliła mi balonem prosto w ucho.

– Znasz faceta imieniem Drake? Czy Vanessa wspomina o nim w swoich filmach?

Po drugiej stronie zapadła cisza. Myślałem już, że nas rozłączyło.

– A co? – spytała wreszcie złowieszczo.

– Vanessa właśnie z nim wyszła...

– Pozwoliłeś, żeby wyszła z *Drakiem*? O mój Boże. O. Mój. *Boże*. – Westchnęła dramatycznie. – Dobra, wszystko będzie dobrze. Adrianie, to bardzo ważne. Czy on był w koszuli?

– Co?

– Czy on był w koszuli, kiedy go widziałeś?!

– Nie. Miał tylko taką kurtkę ze sztucznego futra, rozpiętą z przodu...

– Nieeeeee! O Boże! – zawołała. – Jest gorzej, niż myślałam. Poszedł na całość! Ona jest kompletnie bezradna wobec jego umięśnionej klaty. Równie dobrze mógłby wziąć ze sobą hipnotyzera! Wiedziałeś, że jego pierś jest ubezpieczona na dwa miliony dolarów? Wiedziałeś? To prawie na tyle co jego bicepsy. I mniej niż pośladki. – Zaczerpnęła powietrza. – Powinnam była się domyślić. Powinnam była. Merkury jest w odwrocie. Twój dzisiejszy horoskop mówi o niespodziewanym gościu. Ale się porobiło! Chciałam, żebyście się pobrali i mieli gromadkę dzieci, a teraz ona pewnie jest w pół drogi na Bali na katamaranie!

– Becky, kim on, kurwa, jest?

Słyszałem jej ciężki oddech i po raz pierwszy te jej melodramatyczne reakcje zaczęły mnie wkurzać.

– Prowadzi vlog o sportach ekstremalnych. Jego kanał jest jeszcze popularniejszy od kanału Vanessy. Quicksilver sponsorował jego ostatnie zawody surfingowe, te, podczas których został ugryziony przez rekina, ale płynął dalej... Jeśli ty jesteś Panem Kaloryferem, to Drake Lawless jest Diabłem Wcielonym. W tej grze komputerowej, w której musisz walczyć z byłymi swojej dziewczyny, on byłby tym najgorszym i najgroźniejszym ostatnim chłopakiem. Wygląda jak Patrick Swayze w *Dirty Dancing*, tyle że ma blond włosy i plemienne tatuaże. I wybacz, że to powiem, ale jest dużo fajniejszy od ciebie. Naprawdę bardzo mi przykro, ale to prawda. Ty nie jesteś w stanie nawet wsiąść do samolotu, a on zniósł ją z ogromnej góry w Wenezueli, owiniętą w spadochron. O mój Boże, w tej chwili pewnie jakiś szaman udziela im ślubu. Jak mogłeś do tego dopuścić?

Chodziłem tam i z powrotem po niewielkim salonie Vanessy.

– Czy to jej były, czy...

– Tak, to jej były! Jak możesz tego nie wiedzieć? Historia Drake'a i Vanessy to na YouTubie romans wszech czasów. Można nawet kupić T-shirty z ich wizerunkami! Szaleli za sobą i uprawiali tantryczny seks bodaj na każdej plaży na Barbadosie. A potem ona z nim zerwała, bo miał wypadek podczas chodzenia po rozżarzonych węglach w Tybecie, a ona zapowiedziała, że musi skończyć z tak niebezpiecznymi wyczynami, na co on wykrzyknął: „Nie mogę! Robię to dla dzieci!". Bo on przekazuje wszystkie zarobione pieniądze na badania nad nowotworami dziecięcymi, wiesz? Więc go zostawiła, a on był zdruzgotany i spędził dwa miesiące w tropikalnej chacie na swojej prywatnej wyspie, rzeźbiąc jej wizerunki w drewnie wyrzuconym przez morze na brzeg – Umilkła. – Wspominał o niej ze trzy razy podczas konferencji TED, w której uczestniczył. Wszyscy bardzo się o niego martwiliśmy.

Przeciągnąłem dłonią po brodzie.

Vanessa nigdy o nim nie wspominała. Ani razu. Powiedziałem jej, że oglądałem jej filmy. Może sądziła, że już wiem, i nie chciała o nim mówić, więc... nie mówiła.

Czułem się jak przekłuty balon. Po prostu tam stałem, gapiąc się na jej kuchnię i słuchając, jak Becky jęczy i wyrzeka, jak mogłem być takim idiotą, że na to pozwoliłem.

– Muszę kończyć – mruknąłem i się rozłączyłem.

Położyłem Grace w jej bujaczku i opadłem ciężko na kanapę, żeby wygooglować Drake'a – ledwie wpisałem cztery pierwsze litery jego imienia, a już wyskoczyło: Drake Lawless i Vanessa Price. Kolejne propozycje nie przyniosły mi zbytniej pociechy. Drake i Vanessa spodziewają się dziecka. Drake i Vanessa biorą w sekrecie ślub. Drake i Vanessa znowu razem...

Poszperałem trochę i znalazłem filmik mówiący o tym, jak się poznali. Na jego kanale. Uprawiał BASE jumping, skacząc ze spadochronem z wodospadu w Wenezueli, a Vanessa nagrywała tam swój vlog. Skręciła nogę w kostce i on zniósł ją z tej pieprzonej góry, dokładnie tak, jak mówiła Becky.

Najwyraźniej Vanessa z początku nie była nim zainteresowana, bo na kolejnych trzech filmach on wykonywał wielkie gesty, żeby przyciągnąć jej uwagę. Pojechał za nią do Brazylii i zszedł na linie z dachu na jej balkon, żeby zaprosić ją na randkę. Następnie zabrał ją samolotem do ogrodu botanicznego w Kornwalii, żeby zobaczyć, jak kwitnie dziwadło olbrzymie – sam pilotował! W połowie ich romantycznej wyprawy motocyklowej przez Peru uznałem, że dość się już naoglądałem.

Wiedziałem, że Vanessa ma jeszcze inne życie, a jej obecna sytuacja nie pozwala jej spędzać czasu tak jak zwykle. Ale jakoś nie zdawałem sobie do końca sprawy, do jakiego stopnia ten jej świat jest ekscytujący i jak egzotyczne są jej upodobania – jeśli chodzi zarówno o podróże, jak i o mężczyzn. Ten facet mieszkał w jurcie, na Boga! I Becky miała rację. Ja nawet nie latałem samolotem.

W porównaniu z tymi jej przygodami to, co robiliśmy razem, wydawało mi się teraz nudne i żałosne. Pewnie spotykała się ze mną, żeby jakoś zabić czas, zanim będzie mogła wrócić do swoich zwykłych zajęć.

A ja myślałem, że ona naprawdę nigdy nie dotykała kaloryfera na brzuchu. Kurwa mać!

Cisnąłem telefon na kanapę i siedziałem tam kompletnie ogłuszony. I zazdrosny. Niedorzecznie i szaleńczo zazdrosny. Dlaczego nic mi nie powiedziała? Rozmawialiśmy o wszystkim, tylko nie o jej kanale. Może to był po prostu kolejny temat, którego wolała nie poruszać. W końcu między nimi wszystko było skończone.

W każdym razie aż do dziś.

Teraz mimowolnie zacząłem się zastanawiać, czy nie powiedziała, że nie umawia się na randki, bo była emocjonalnie zajęta. Czekała na *niego*. Może on nie mógł znieść życia bez niej i postanowił jednak zrezygnować z niebezpiecznych wyczynów. Może przyjechał właśnie to jej powiedzieć. Żeby ją odzyskać.

I teraz siedziałem tu i opiekowałem się dzieckiem dla kobiety, którą kochałem, podczas gdy ona była na randce ze swoim byłym ukochanym.

Bo taka była prawda. Kochałem ją.

Uświadomienie sobie tego dosłownie mnie poraziło. Zupełnie jakby ktoś walnął mnie młotkiem w głowę.

Kochałem ją.

Zresztą to chyba oczywiste. Kto by się w niej nie zakochał?

Mogłaby mieć każdego faceta, którego by tylko zapragnęła. Absolutnie każdego.

Takie kobiety jak Vanessa bywają muzami artystów i muzyków. Zostają uwiecznione na słynnych obrazach i w miłosnych balladach. Tańczą w deszczu i uciekają z książętami, którzy dla nich są gotowi wyrzec się tronu. To syreny, o których opowiadają żeglarze, swoim głosem wabiące mężczyzn na śmierć.

Była pięknym wędrownym ptakiem o przyciętych skrzydłach. A z chwilą, gdy znów mogła to zrobić – odleciała. Daleko od St. Paul i ode mnie...

I prawdopodobnie z powrotem do niego.

Rozdział 20

Lukratywna inwestycja, którą eksperci przed wami ukrywają!

VANESSA

Pod Vermilion zebrał się tłum fanów. Informacja o naszej randce musiała jakoś wyciec.

Ja potrafiłam przyciągnąć tłumy. A Drake – jeszcze większe. Razem byliśmy jak galaktyczne pole magnetyczne przeczące prawom fizyki. Ludzie pewnie czuli tajemniczą siłę, która kazała im wsiadać do autobusów albo sprawiała, że jechali tu samochodami z innego stanu, sami nie wiedząc dlaczego.

Laird przygotowywał kamerę, a Malcolm wkładał nowe baterie do mojego mikrofonu.

Drake siedział naprzeciwko mnie i pił jakiegoś bananowego drinka, z którego sterczała sosnowa gałązka.

– Świetnie sobie radzisz z Grace – powiedział, wyjmując gałązkę i odkładając ją na talerz. – Ale naprawdę powinnaś używać materiałowych pieluszek. Żeby zmniejszyć ślad węglowy.

– Nie mam pralki, pamiętasz? – odparłam. – Korzystam z pralki Adriana i szczerze wątpię, czy chciałby, żebym prała w niej brudne pieluchy.

Malcolm prychnął.

– Ten facet pozwoliłby ci nawet jeść krakersy w swoim łóżku.

Zaśmiałam się sarkastycznie.

– Tak? Wczoraj wieczorem go pocałowałam, a on mnie odepchnął. Jak to zinterpretujesz?

– Odepchnął cię? – zdumiał się Malcolm, przypinając mi do sukienki maleńki mikrofon.

– Właśnie. Wiesz, jak to jest, kiedy nagle popatrzysz na siebie i zobaczysz gdzieś na ubraniu pająka? Wykrzykujesz: „O Boże! Pająk!". Zrywasz się z kanapy, wykonujesz taniec przerażenia i wybiegasz z pokoju. Dokładnie tak to się odbyło.

– Daj spokój, na pewno nie tak – włączył się Drake z tym swoim rozbawionym uśmieszkiem.

– No dobra, nie było aż tak dramatycznie. Ale tak to właśnie odczułam. – Uśmiechnęłam się drwiąco. – Dlaczego wszyscy ciągle mi wmawiają, że ten facet na mnie leci? W ciągu ostatnich dwudziestu czterech godzin dosłownie wszyscy przysięgali, że on nie może ode mnie oderwać wzroku. I serio, gdyby nie to, ilość wypitego przeze mnie alkoholu i jego gadki w stylu: „Jesteś powiewem świeżości", oraz inne głodne kawałki, które mi wciskał wczoraj wieczorem na mojej kanapie, to może nie zrobiłabym z siebie kompletnej idiotki. To wszystko wasza wina.

Drake się uśmiechnął.

– Jak to może być nasza wina? Ja dopiero dzisiaj w ogóle go poznałem. Wcale nas tam nie było.

Położyłam rękę na piersi.

– No, moja wina to również nie jest. Też mnie tam nie było. To była Pijana Vanessa, która jest kompletnie inną osobą i nie może odpowiadać za swoje czyny.

Drake się roześmiał.

Westchnęłam.

– Czy widziałam, jak mnie taksuje wzrokiem? Pewnie. Czy lubi spędzać ze mną czas? Jak najbardziej. Ale nawet jeśli uważa, że mój tyłek ładnie wygląda w dżinsach, i lubi moje towarzystwo, to jeszcze nie oznacza, że jest zainteresowany mną i moją pięćdziesięcioprocentową szansą odejścia z tego świata przed trzydziestką. Sprawa jest przechlapana – mruknęłam. – Pewnie już nigdy nie będę uprawiała seksu. Najprawdopodobniej moim ostatnim doznaniem seksualnym będzie kontrola osobista na lotnisku.

Malcolm parsknął śmiechem.

– Wydaje mi się, że ma dobre podejście do Grace – odezwał się Drake.

– Ma znakomite podejście do Grace. Tylko wiesz, nie chce wiązać się ze mną.

Malcolm włączył mój mikrofon.

– A może po prostu go zapytasz, dlaczego nie chciał cię pocałować?

Potrząsnęłam głową.

– Nie. Muszę zacząć ustalać granice między nami. Rzuciłam się na faceta, który nie chciał się ze mną całować. Kompletnie się upokorzyłam. Myślę, że pora się wykaraskać z tej sytuacji, póki jeszcze zostały mi resztki godności.

Jakbym w ogóle miała w tej kwestii jakiś wybór. Adrian pewnie był gotowy wrócić do zdawkowych kiwnięć głową na korytarzu. Przysłał mi esemesa, że chce porozmawiać, ale co tu można było w ogóle powiedzieć? Teraz już zawsze będzie między nami niezręczność. Pewnie dzisiaj przyszedł popilnować Grace, bo już się wcześniej zadeklarował, ale potem zacznie szukać wymówek i znajdzie sobie inne towarzystwo. Kogoś, z kim będzie mógł chodzić na normalne randki, a nie dziewczynę, która napastuje go na kanapie, bo wypiła o jedno martini za dużo.

Drake sięgnął przez stół i chwycił mnie za nadgarstek.

– Dość już o nim.

Podniosłam wzrok. Na zewnątrz, za jego plecami, jakaś kobieta przyciskała do szyby nagą pierś. A było ze dwadzieścia stopni poniżej zera. Podziwiałam jej zaangażowanie.

– Żeby nie wiem co, nie odwracaj się teraz – ostrzegłam Drake'a.

– Dlaczego miałbym się odwracać, gdy mogę patrzeć na *ciebie*? – odparł z uśmiechem.

Tym samym oboje weszliśmy w rolę. Malcolm i Laird już filmowali.

Uniosłam brew.

– Wiesz, Drake, nie bez powodu ze sobą zerwaliśmy.

Nachylił się przez stół i przycisnął do ust moją dłoń.

– To prawda.

Rzuciłam mu powłóczyste spojrzenie.

– Tęsknię za tobą – wyszeptałam.

Patrzył na mnie przez chwilę. A potem oparł się na krześle i sięgnął do kieszeni kurtki. Kiedy wyjął przepiękny pierścionek zaręczynowy i podał mi go przez stół, aż się zachłysnęłam. To była obrączka z osadzoną w niej pojedynczą perłą.

– Sam znalazłem tę perłę – powiedział. – Pół życia spędziłem na jej szukaniu, tak jak pół życia szukałem osoby, która będzie nosić ten pierścionek.

– Drake... – szepnęłam z ręką na sercu. Nie musiałam nawet udawać. To było piękne. I ta obrączka, i jego uczucia.

Pozwoliliśmy, żeby ta chwila trwała przez kilka sekund.

– Iiiii mamy to! – powiedział Malcolm opuszczając kamerę. – Za pierwszym podejściem. Oboje jesteście niesamowici.

– Uff! – Oparłam się w krześle. – Drake, nawet nie wiesz, jak bardzo jestem ci wdzięczna.

– Na tyle, żeby poświęcić chwilkę na krótką prezentację start-upu, którym jestem zainteresowany?

Przechyliłam głowę.

– Chcesz, żebym w coś zainwestowała?

Dziwne. Drake był co najmniej miliarderem. Nie potrzebował *moich* pieniędzy.

– Myślę, że może będziesz chciała zaangażować się w to przedsięwzięcie. – Gestem przywołał kogoś, kto znajdował się najwidoczniej za moimi plecami. Wykręciłam się na krześle, żeby zobaczyć, kto to może być.

W stronę naszego stolika szedł *mój brat*.

– No nie! Czy ty jesteś poważny, Brent? Zadzwoniłeś do *Drake'a*?

Brent wciągnął powietrze przez zęby.

– Oprócz ciebie on jest jedyną znaną mi bogatą osobą – odparł, podchodząc do naszego stolika, z dłońmi zaciśniętymi w pięści osłaniającymi twarz.

Pokręciłam głową.

– Nie. Nie naciągniesz Drake'a na jeden z tych twoich cudownych planów szybkiego wzbogacenia się...

– Motylku, to nie to, co myślisz – przerwał mi Drake. – Wysłuchaj go, proszę. Zaufaj mi.

Patrzyłam to na jednego, to na drugiego. Drake posłał mi ten swój swobodny uśmiech, a Brent wyglądał jak szczeniak, który chce, żeby go wpuścić z powrotem do domu.

Skrzyżowałam ręce na piersi.

– W porządku. Ale tylko dlatego, że ty mnie o to prosisz – zwróciłam się do Drake'a.

Brent uśmiechnął się rozanielony i odtańczył krótki taniec radości.

– Mogę prosić o światła? – Odwrócił się w stronę, z której przyszedł, a Laird i Malcolm usiedli z nami przy stole.

Nagle pojawił się Joel i zaczął wykładać na stół jakieś profesjonalnie oprawione katalogi, a Brent włączył mały projektor na statywie.

Na ścianie wyświetliła się prezentacja PowerPointa.

Okej... Jak dotąd to było nieco więcej, niż się spodziewałam. Trzeba przyznać, że mimo wstępnych obaw już byłam trochę pod wrażeniem.

Brent stanął przy naszym stoliku i odchrząknął.

– Kobiece ubrania nie mają kieszeni. – Pozwolił, żeby to stwierdzenie wybrzmiało. – Zamierzam opowiedzieć wam tutaj o ekskluzywnym innowacyjnym produkcie, do którego stworzenia zainspirowała mnie moja siostra Vanessa i jej patent związany z faktem, że żaden z jej eleganckich strojów nie ma kieszeni, do których mogłaby schować swój balsam do ust.

Drake obejrzał się przez ramię i uśmiechnął się do mnie.

Brent wyświetlił zdjęcie sprzed jakichś pięciu lat, na którym lepimy bałwana.

– Dorastając w Minnesocie, moja starsza siostra Vanessa uwielbiała spędzać czas na świeżym powietrzu. A każdy, kto ją zna, zna też jej obsesję na punkcie carmexu. No wiecie, tych małych żółtych tubek z balsamem do ust, z czerwoną nakrętką? – Kliknął, żeby wyświetlić zdjęcie takiej tubki. – Świetny produkt o gównianym smaku. Wybacz, Vanesso, ale taka jest prawda.

Wśród widzów rozległy się chichoty, a kącik moich ust drgnął leciutko.

– Niezależnie od swego dyskusyjnego smaku, carmex pod wpływem zimna twardnieje i nie da wycisnąć się z tubki. Żeby przezwyciężyć ten problem, nosząc swoje pozbawione kieszeni ubrania, moja siostra wkładała balsam do stanika, by utrzymywać go w cieple. Niestety, przez koszulkę widać było sterczącą końcówkę tubki. Niezbyt sexy. – Kliknął, żeby wyświetlić kolejne zdjęcie. Przedstawiało osiemnastoletnią uśmiechniętą mnie na podjeździe, w rękawiczkach i kapeluszu – czerwona strzałka wskazywała moją pierś w miejscu, gdzie sterczała końcówka carmexu.

– To mi podsunęło pewien pomysł – ciągnął Brent. – A gdyby tak wyprodukować balsam do ust, który nie ma gównianego smaku. Opracowany w taki sposób, żeby miękł pod wpływem ciepła ludzkiego ciała. W miękkiej tubce, która przylega do skóry i nie widać jej przez ubranie. Wyłącznie z naturalnych, organicznych, bezpiecznych dla środowiska składników, z filtrem słonecznym. Do tego w biodegradowalnej tubce z umieszczonym w środku ziarenkiem, więc jeśli ją zakopać, rozłoży się i wyrośnie z niej kwiatek. Przyjazny dla środowiska, doskonały na prezent, awangardowy, supernowoczesny produkt. – Wyświetlił kolejny slajd przedstawiający tubkę balsamu. – Panie i panowie, pozwólcie, że przestawię państwu BoobStick.

Joel chodził z tacką, kładąc przed nami prototypy balsamu. Wzięłam jedną z tubek i obróciłam ją w palcach.

Była śliczna. Jak z Instagrama. Różowa, z delikatnym turkusowym, kwiatowym zdobieniem z przodu.

Wszyscy zaczęli otwierać swoje tubki i wypróbowywać balsam. Nałożyłam odrobinę na wargi i oblizałam je. Balsam smakował jak gujawa. Był pyszny. Naprawdę pyszny.

Brent mówił dalej.

– Przed sobą macie prognozy sprzedaży i przewidywania zwrotu, analizy rynkowe oraz pełne plany marketingowe, produkcyjne i operacyjne. Jak widzicie, koszty produkcji są niskie, i sądzimy, że ze względu na innowacyjność naszego produktu możemy go sprzedawać po nieco wyższej cenie niż konkurencyjne balsamy. Nasza strona internetowa już działa.
– Kliknął link i otworzył stronę internetową, szatą graficzną

nawiązującą do tubki balsamu. – Mamy w ofercie różne smaki. W ciągu najbliższych osiemnastu miesięcy wprowadzimy na rynek również inne produkty. Kremy do rąk, bomby kąpielowe. Proponujemy także DipStick na sznureczku w wersji uniseks, dla aktywnego klienta, który nie ma ani kieszeni, ani stanika. – Puścił oko do Drake'a. – Naszą ofertę będziemy kierować do takich sprzedawców detalicznych jak Anthropologie, Trader Joe's czy Whole Foods. Wypromujemy naszą markę na najbliższej imprezie sportowej Drake'a w formie prezentów powitalnych w pokojach gości, dzięki czemu zaprezentujemy nasze produkty największym influencerom z listy VIP-ów.

Otworzyłam profesjonalnie wyglądający pakiet, który leżał przede mną na stole, i przejrzałam wykresy i liczby. To było *zupełnie* nie w stylu Brenta. Zazwyczaj w swoich biznesowych rojeniach szukał natychmiastowej gratyfikacji, tymczasem to? Musiało mu to zająć kilka miesięcy. Nawet więcej. Włożył w to tyle pracy…

– Niesamowite – wyszeptałam, unosząc ku niemu głowę.

Wyszczerzył zęby w uśmiechu.

– Nie no, serio, Brent. To niewiarygodne. Wszystko sam obmyśliłeś i opracowałeś?

Uśmiechnął się.

– No tak. W końcu wysłałaś mnie na studia biznesowe, pamiętasz? Tylko pewnie myślałaś, że nie uważałem na zajęciach.

Roześmiałam się i spojrzałam na tubkę balsamu. Kupiłabym go. To był produkt, który mógłby być sprzedawany w Sephorze zaraz przy kasie.

– Miałem pewną pomoc, jeśli chodzi o szatę graficzną – dodał Brent. – Tak naprawdę to Annabel zaprojektowała ten wzór. No wiesz. Przedtem.

Spojrzałam na niego.

– Annabel to zrobiła?

– Własnoręcznie. Zaprojektowała też stronę internetową. Jest w tym dobra. A pomysł z nasionkiem podsunął mi tata. Pamiętasz, jak figurka z nasionami chia pękła nam w salonie, a on ją tam po prostu zostawił i cały dywan nam zarósł?

Parsknęłam.

– Boże, tak.

– Och, i mój pierwszy inwestor to ktoś, kogo znasz – powiedział. – Mam nadzieję, że nie będziesz zła. Poprosiłem, żeby nic ci nie mówił. Adrian udzielił mi małej pożyczki na materiały do tej prezentacji.

Moje serce zatrzepotało.

– Naprawdę?

Brent kiwnął głową.

– Napadłem go w szpitalu, w męskiej łazience.

Zamarłam.

– Rany, mówisz serio?

– Nie był zły – dodał szybko. – Zgodził się, żebym mu przysłał mój biznesplan. Spodobał mu się. Następnego dnia przelał mi pieniądze. Swoją drogą, słyszałem, jak opowiadasz tę historię z pająkiem. – Wciągnął powietrze przez zęby. – Przykro mi. To naprawdę dziwne, że nie odwzajemnił pocałunku. Obaj z Joelem byliśmy przekonani, że on na ciebie leci.

Uśmiechnęłam się drwiąco.

– Już drugi raz w tym tygodniu źle oceniłam sytuację – mruknęłam, spoglądając raz jeszcze na przygotowane przez niego materiały.

Brent zrobił krok w moją stronę.

– Vanesso, Adrian w to wierzy. Zresztą Drake też.

Wcale im się nie dziwiłam. Ja też w to wierzyłam.

Kiwnęłam głową.

– Jestem na tak. Dam ci tyle forsy, ile będziesz potrzebował.

Brent wydał z siebie okrzyk radości, a Joel padł mu w ramiona. Objęli się i popiskując radośnie, zaczęli biegać naokoło restauracji.

Drake nachylił się w moją stronę.

– Nie możesz dać mu *tyle, ile będzie potrzebował*. A co ze mną? Ja też chcę w to zainwestować.

Pokręciłam głową, patrząc na celebrujących swój sukces Brenta i Joela.

– Jestem zdziwiona, że w ogóle pozwoliłeś mu przedstawić mi ten projekt. Mogłeś po prostu go wesprzeć i mieć to wszystko dla siebie.

Drake zaśmiał się dobrodusznie.

– Chciałem tak zrobić. Zaproponowałem mu pieniądze. Ale dla niego ważne było, żebyś ty go poparła.

Zmarszczyłam czoło.

– Ja? Dlaczego? Nie wydaje mi się, żeby robiło mu różnicę, od kogo dostanie pieniądze.

Drake wydawał się rozbawiony.

– Zależy mu na twojej aprobacie, Vanesso. Chce, żebyś była z niego dumna. To dla niego ważniejsze niż cokolwiek innego. Ważniejsze niż pieniądze.

Mój uśmiech trochę zbladł.

Naprawdę?

Brent obejrzał się na mnie przez ramię. Jego uśmiech był promienny.

Może naprawdę zależało mu na mojej aprobacie. Bo nie sądziłam, że uznanie ze strony taty zbyt wiele dla niego znaczy.

I naprawdę byłam z niego dumna. Bardzo, bardzo dumna. I w tym momencie postanowiłam, że zawsze będę mu to okazywać. Tak długo, jak długo pozostanę jeszcze na tym świecie.

Rozdział 21

Skuteczny poradnik, jak wyjść
ze strefy przyjaźni

ADRIAN

Kiedy Vanessa napisała mi, że będzie za pięć minut, była już i tak spóźniona o całą godzinę. W ciągu ostatnich czterech godzin przeżywałem całą symfonię emocji i to wyłącznie negatywnych. Nastrój miałem więc bardzo kiepski i nie zamierzałem go zmieniać.

Czułem się zraniony tym, że Vanessa żałowała tamtego pocałunku i uważała go za błąd. Byłem też wkurzony, że nie powiedziała mi o Drake'u. Byłem zazdrosny, sfrustrowany i przerażony, że ją stracę na rzecz tego faceta.

Pieprzona aborygeńska metoda opatulania niemowlęcia...

Grace najwyraźniej to się podobało. Nie wiem dlaczego, ale to wkurzyło mnie bardziej, niż cokolwiek innego, co się dziś zdarzyło.

Grace nawet pachniała tym facetem, jego kadzidełkiem – musiałem ją wykąpać.

Siedziałem przy stole w jadalni z moim laptopem, obok którego stała elektroniczna niania, i usiłowałem się skupić na służbowych mejlach, kiedy Vanessa wreszcie weszła do mojego mieszkania. Harry, który leżał pod stołem na swoim posłanku, uniósł łepek i zawarczał, jakby też był na nią wściekły.

– Przepraszam za spóźnienie – powiedziała, zamykając za sobą drzwi. – Pod restauracją były tłumy. Musiałam składać autografy na jakichś dwustu gąbkach. Wydaje mi się też, że ktoś obciął mi kosmyk włosów...

Nawet na nią nie spojrzałem.

– Jakąś godzinę temu zmieniłem jej pieluszkę. Trochę marudziła. Dałem jej kropelki na gazy i chyba jej się polepszyło. Śpi w kojcu w moim gabinecie.

Odsunąłem krzesło, wstałem i podszedłem do barku.

– Widzę, że jesteś nie w humorze – powiedziała do moich pleców.

Wyjąłem korek z karafki z burbonem.

– Czy ten twój były ma w ogóle jakieś koszule, czy odmroził sobie sutki? – mruknąłem.

– Drake? Chyba jakieś ma. Był w koszuli na okładce „People", kiedy go obwołano Najseksowniejszym Żyjącym Facetem.

Prychnąłem wzgardliwie.

Usłyszałem, że odkłada torebkę na stół.

– Co ci jest?

– Dlaczego nigdy mi o nim nie powiedziałaś? – spytałem, wciąż na nią nie patrząc.

Roześmiała się.

– A dlaczego miałabym ci o nim mówić?

– Najwyraźniej jest dla ciebie ważny. – Wrzuciłem trochę lodu do szklaneczki. – Rozmawialiśmy o wielu rzeczach. Sądziłem, że niczego przed sobą nie ukrywamy.

– Tak, mnie też się tak zdawało. Ale jakoś nie zauważyłam, żebyś mi się pochwalił, że pożyczyłeś pieniądze Brentowi.

Odwróciłem się w jej stronę i zobaczyłem, że stoi z założonymi na piersi rękami.

– Prosił, żebym ci nie mówił – odparłem. – To była sprawa między nami i musiałaś czekać całe czterdzieści osiem godzin, żeby się o tym dowiedzieć. To nie to samo co ukrywanie bliskiej relacji z tym facetem.

– Nie ukrywałam Drake'a.

– Ale sama z siebie nic o nim nie powiedziałaś.

Przewróciła oczami.

– Na jakim ty świecie żyjesz, że nie słyszałeś o Drake'u? A nigdy o nim nie mówiłam, bo uznałam, że nie warto o nim wspominać.

– No tak. – Nalałem sobie drinka i zamknąłem karafkę.

– Wydawało mi się też, że nie chodzisz na randki.

Zaśmiała się do moich pleców.

– Mówisz poważnie? Masz mi za złe, że poszłam na randkę? Chcesz, żebym przez solidarność z tobą była nieszczęśliwa i samotna, tak?

Odstawiłem drinka, odwróciłem się i skrzyżowałem ręce na piersi.

– Znowu się zeszliście?

Wyrzuciła ręce w górę.

– A jakie to ma znaczenie? Przecież ty mnie nie chcesz.

Wpatrywałem się w nią z niedowierzaniem.

– Od pierwszego dnia naszej znajomości dałaś mi niezwykle jasno do zrozumienia, że nie interesuję cię w żaden inny sposób niż tylko i wyłącznie jako przyjaciel. – Gestykulowałem, wskazując to ją, to mnie. – To ty tego chciałaś. Ty chciałaś wyłącznie przyjaźni, ty ustanowiłaś tę granicę. A ja ją szanowałem. A potem znienacka mnie pocałowałaś, następnie oświadczyłaś, że to był wielki błąd, i teraz to ja jestem tym złym?

Przyłożyła rękę do piersi.

– *Ja* ustanowiłam granice?

– Czyli znowu będziecie razem? – zapytałem raz jeszcze.

Roześmiała się.

– Nie. Osobiście wolę się umawiać z mężczyzną, który jest w mniejszym stopniu gejem.

Opuściłem ręce.

– On jest gejem? Od kiedy?

Prychnęła.

– Od urodzenia?

Wytrzeszczyłem na nią oczy.

– No to w takim razie co to za bzdury o was w sieci?

– Adrianie, w tym, co robię, jest pewien stopień gry aktorskiej. Drake i ja spędzaliśmy ze sobą tyle czasu, bo on chodził z moim operatorem, Lairdem. Nie był jeszcze gotowy na coming out. Ludzie widzieli to, co chcieli widzieć, a resztę sobie dopowiedzieli. Dzisiejsza kolacja to była nasza kolejna współpraca. Drake chce ogłosić ich zaręczyny, a jako zwiastun wstawi filmik zatytułowany: „Oświadczył się!", w którym będzie migawka z naszego dzisiejszego spotkania w restauracji, kiedy pokazuje mi pierścionek zaręczynowy z ogromną perłą. To *clickbait*. A kiedy ktoś puści cały film, zobaczy, że on mnie zaprasza na ich ślub. Dzięki temu obojgu nam wzrośnie oglądalność i zyskamy nowych subskrybentów. Oddał mi przysługę.

Zamrugałem.

– Czyli nie spotykasz się z nim?

– Nie! Z nikim się nie spotykam. I pewnie nigdy nie będę! Zadowolony? Czy to ci poprawiło nastrój? – Nagle broda zaczęła jej się trząść. – I nie martw się, nigdy już nie będę próbowała cię pocałować. To było obrzydliwe, co? – Przy tych ostatnich słowach głos jej się załamał.

Pokręciłem głową.

– Nic z tego nie rozumiem. Czy ty *chciałaś*, żebym cię pocałował? Chciałaś, żebym zbrukał naszą przyjaźń czymś, co nie miało dla ciebie żadnego znaczenia? Chciałaś się ze mną przespać? Dla mnie to nie jest jakaś gra, Vanesso. Pocałowanie ciebie coś dla mnie znaczy.

Zamrugała przez łzy.

– Naprawdę?

– Oczywiście. Jak w ogóle możesz o to pytać?

Pociągnęła nosem.

– Ale… ale nie odwzajemniłeś pocałunku.

– Byłaś *pijana* – odparł. – Byłaś tak ubzdryngolona, że musiałem wnieść cię do mieszkania. Ja nie całuję pijanych kobiet. Nawet jeśli mam na to ochotę. A potem powiedziałaś, że to był błąd, że ty wcale… – Nie dokończyłem. Nie mogłem.

Milczałem dłuższą chwilę, odwrócony do niej tyłem. Przeciągnąłem dłonią po brodzie, a potem spojrzałem jej w oczy.

– Chciałem cię pocałować niemal codziennie od dnia, w którym cię poznałem.

No i proszę bardzo. Powiedziałem to na głos.

Wpatrywała się we mnie oniemiała. Zszokowana.

Odtąd już nic nie będzie tak samo.

Zastanawiałem się, czy wszystko tym zepsułem, czy w ogóle zdołamy jeszcze się przyjaźnić. Mogliśmy przejść do porządku dziennego nad jej pijackim wyskokiem, ale nad takim wyznaniem już nie. Moje nieodwzajemnione uczucie to było jednak zbyt wiele.

Czekałem na to rozczarowanie, które – byłem tego pewien – zaraz nadejdzie. Na łagodne: „Ja nie postrzegam cię w ten sposób" albo „Nie chodzi o ciebie, tylko o mnie".

Patrzyła na mnie skruszona tymi wielkimi oczami. Oblizała wargi i powiedziała:

– Adrianie, ja też chciałam cię pocałować niemal codziennie od dnia, w którym cię poznałam.

Dech mi zaparło – zupełnie jakby burza wyważyła drzwi. Wszystko we mnie wybuchło chaosem emocji. Serce zaczęło mi walić, zalała mnie nagła fala nadziei.

Kąciki jej ust uniosły się w figlarnym uśmieszku.

– I teraz nie jestem pijana...

Uśmiechnąłem się szeroko i pokonałem dzielącą nas odległość, zanim zdążyła wziąć kolejny wdech.

Rozdział 22

Poznajcie najlepszy supertajny trik na idealne mięśnie brzucha!

VANESSA

Wpadł na mnie.

I to z impetem. Zaparło mi dech w sensie fizycznym i emocjonalnym, a motyle w moim brzuchu poderwały się do lotu i zaczęły trzepotać skrzydłami, co poczułam między moimi nogami.

Jego palce przeczesywały mi włosy, jego broda drapała mi twarz, a jego ciepłe wargi przywarły do moich ust...

Tak.

To był ten pocałunek, którego odmówił mi ubiegłego wieczoru. Pocałunek, który skupiał w sobie energię tysięcy innych. Tych, które powstrzymywał od tygodni. Wiem, bo ja robiłam to samo.

– Nie mogę uwierzyć, że poszłaś do Vermilion beze mnie – wyszeptał z uśmiechem tuż przy moich ustach.

– Było okropnie – odszepnęłam.

Delikatnie przygryzł moją dolną wargę.

– Kłamczucha. – Uśmiechnął się, dotykając moich warg, po czym znów zaczął mnie pożerać.

O mój Boże, ależ on świetnie całował.

Wodził ustami po linii mojej szczęki, wzdłuż mojej szyi, po odsłoniętym obojczyku, a ja z trudem łapałam oddech, odchylając do tyłu głowę. Wciąż byłam w płaszczu, który Adrian zsunął mi z ramion, a ja wyciągnęłam ręce z rękawów tak, że opadł na podłogę.

Miał nierówny oddech. Już był twardy. Czułam jego erekcję przez sukienkę.

– Chodźmy do twojego pokoju – szepnęłam.

Kiwnął głową i przerzucił mnie sobie przez ramię. Krzyknęłam, a on ruszył w stronę sypialni.

– Zaczekaj! Elektryczna niania! – zawołałam, chichocząc i stukając go w ramię.

Zawrócił i nachylił mnie nad stołem, żebym mogła chwycić nianię. Śmiałam się przy tym jak szalona. Potem zaniósł mnie prosto do swojej sypialni.

Nigdy wcześniej tu nie byłam. Miałam poczucie, jakby zaniósł mnie do swojej tajnej kryjówki, sekretnego miejsca, do którego nie każdy miał dostęp.

Pachniało tu nim, a wyglądało... zupełnie tak jak w pozostałej części mieszkania. Ciemne meble, szara narzuta na łóżko, czysto i schludnie. Rozejrzałabym się uważniej, ale miałam pilniejsze sprawy.

Posadził mnie na brzegu łóżka, a sam stanął pomiędzy moimi nogami, całując mnie i równocześnie rozpinając mi suwak sukienki na plecach.

Rozpięłam mu sprzączkę paska, a on ściągnął koszulę. Następnie cofnął się, żeby zdjąć spodnie, a ja w tym czasie oswobodziłam się z sukienki. Kiedy ściągnął slipy, uwalniając penisa, zamarłam, przerywając w połowie zsuwanie ramiączka stanika.

– O rany! – szepnęłam.

Był niesamowity.

Zapierający dech w piersiach.

To była chwila jak w restauracji hibachi, kiedy szef kuchni robi zwariowaną sztuczkę z ryżem, a ty uświadamiasz sobie, że czeka cię oszałamiający wieczór.

Przekręciłam się na bok i sięgnęłam po telefon leżący na nocnej szafce.

– Co robisz? – spytał.

– Dzwonię do Kristen. Muszę jej powiedzieć, że przepowiednia okazała się prawdziwa.

Parsknął śmiechem.

– Nie możesz z tym poczekać?

Odwróciłam się do niego.

– A jeśli potrzebuję jakichś wskazówek? Specjalnych ćwiczeń? Nie jestem na to przygotowana, Adrianie. – Wpatrywałam się w jego penisa. – Mój Boże, nic dziwnego, że masz takie mięśnie brzucha. Ćwiczysz je za każdym razem, kiedy wstajesz. Masz tam dziesięciokilową hantlę.

Roześmiał się, wszedł do łóżka i nachylił się nade mną. Zdjął mi do końca stanik i zaczął całować mnie między piersiami, zjeżdżając coraz niżej po brzuchu.

Od jego penisa biło gorąco jak od miecza świetlnego. Patrzyłam, jak jego głowa osuwa się coraz niżej po moim ciele.

– A jeśli nie zdołam go udźwignąć? – wyszeptałam.

Wsunął palce pod gumkę moich majtek i zsunął mi je z ud.

– Ja się zajmę dźwiganiem ciężarów – odparł, rzucając moje majtki przez ramię. Sięgnął do szuflady nocnej szafki i wyjął kondom. Rozdarł zębami opakowanie. To był rozmiar XL – Magnum. Ale i tak się bałam, że nie będzie na niego pasować.

Oparłam się na łokciach, żeby zobaczyć, jak go wkłada. On pożerał wzrokiem moje ciało i widziałam, jak bardzo mnie pragnie. Miał taką minę, jakby chciał wgnieść mnie w ramę łóżka, a ja byłam zdecydowanie na tak.

Chciałam się rozkoszować każdą sekundą. Dotykać ustami każdego centymetra jego ciała, które bezwstydnie podziwiałam w ciągu minionych tygodni. Zamierzałam potraktować jego ciało jak dekadencki deser pod koniec wspaniałego posiłku – bo tak naprawdę dla mnie tym właśnie było. Adrian stanowił wymarzony finał dobrze przeżytego życia. Był wisienką na torcie.

Prawdopodobnie był ostatnim mężczyzną, z jakim będę się kochać.

I nagle dotarło do mnie, że to byłoby prawdą nawet, gdybym nie miała wkrótce umrzeć.

Rozdział 23

Sprawdź, która sławna osoba jest twoją bratnią duszą!

ADRIAN

Jeszcze *nigdy* nie przeżyłem takiego seksu. Powiedzieć, że był udany, to niedopowiedzenie życia. Vanessa była tak samo figlarna w łóżku, jak poza nim i nie miała problemu z proszeniem mnie o to, czego chciała. Nie mogliśmy się sobą nacieszyć. Budziliśmy się nawzajem w środku nocy. Spałem może ze trzy godziny.

Uwielbiałem jedyny w swoim rodzaju sposób, w jaki okazywała mi swoje uczucia. Wspinała się na mnie i eksplorowała moje ciało. Zawieszała mi się na szyi i całowała moje jabłko Adama, obejmowała mnie od tyłu, kiedy o północy gotowałem dla nas przekąski, odrywała się i znów wracała jak bumerang. Uśmiechała się do mnie, przytulała, siadała mi na kolanach, obsypywała pocałunkami. Szkoda, że wcześniej nie zdołałem odblokować tego poziomu. Szkoda, że nie poznałem jej przed laty. W liceum. W szkole podstawowej. W poprzednim życiu. Miałem poczucie, że straciłem tyle czasu.

Był wtorek rano, a ja szykowałem się, żeby wyjść do pracy. Przez weekend zajmowałem się sprawą Annabel. Dzisiaj miała zostać wypisana ze szpitala i skierowana prosto do kliniki odwykowej w Iowa. Sonja i Gerald mieli ją tam zawieźć.

Specjalnie prosiła, żeby Vanessa nie przyjeżdżała do szpitala. Nie chciała się z nią widzieć. Była zła na siostrę, pewnie za to, że ta zablokowała jej kartę kredytową i telefon. Vanessa wydawała się dotknięta, ale cieszyła się, że Annabel otrzyma pomoc.

Stanąłem przy łóżku, zakładając krawat i uśmiechając się do śpiącej kobiety otulonej moją kołdrą.

Cudownie było widzieć Vanessę w moim łóżku. Cudownie było budzić się i móc ją przytulić, zamiast gapić się na dzielącą nas ścianę albo czekać, aż ona się zbudzi i odpowie na mojego esemesa. Uwielbiałem zapach jej włosów na mojej poduszce i rzeczy, które mówiła w półśnie. Wspaniale było wstać do Grace i przynieść ją do nas do łóżka, żeby dać jej butelkę – byliśmy wtedy jak prawdziwa rodzina.

Kąciki moich ust opadły.

Grace.

Najlepszy możliwy scenariusz był taki, że Annabel wyjdzie z nałogu i zabierze córeczkę do siebie. Wtedy wciąż mógłbym ją widywać. A skoro Annabel miała trafić do kliniki odwykowej, szanse na to były całkiem spore.

Dręczyło mnie coś innego. Powód, dla którego Vanessa sama nie mogła adoptować Grace.

Wkrótce zamierzała wrócić do pracy.

Prawda była taka, że im szybciej ktoś zabierze Grace, tym szybciej Vanessa wyjedzie. A mnie wcale nie podobała się ta perspektywa. W żadnym sensie.

Vanessa zwykle tak dużo wyjeżdżała, że nie miała nawet mieszkania. Przez ostatnie dwa lata wszystkie rzeczy trzymała w jakiejś przechowalni. Wynajęła tę kawalerkę, bo chciała przez kilka miesięcy siedzieć w domu, żeby pomóc siostrze przy dziecku. A potem Grace wylądowała u niej na stałe i Vanessa tu utknęła. Ale kiedy to się skończy, co będzie ze mną – z nami?

Ja nie latałem samolotami. Nawet jednak gdybym się odważył, nie mogłem zwolnić się z pracy na kilka tygodni, żeby wraz z nią podróżować po świecie. A ona nie mogła siedzieć w domu i kręcić filmów. Nie na dłuższą metę. Już teraz rozpaczliwie szukała tematów do kolejnych odcinków...

Starałem się jednak nie patrzeć na słońce.

Najpierw Annabel musiała ukończyć dziewięćdziesięciodniowy program odwykowy. Potem czekał ją kolejny etap – w domu trzeźwego życia. Tam też nie będzie mogła zabrać Grace. To oznaczało, że Vanessa nie wyjedzie jeszcze co najmniej przez kilka miesięcy. Mieliśmy więc trochę czasu, żeby zastanowić się, co dalej.

Vanessa poruszyła się, a ja uśmiechnąłem się do niej. Spojrzała na mnie sennym wzrokiem.

– Dokąd idziesz? – spytała, trąc oczy.

– Muszę iść do pracy.

Wydęła usta.

– Oj. Zostań ze mną.

– Nie mogę. – Uśmiechnąłem się, wiążąc krawat. – Przewinąłem Grace i dałem jej butelkę. Podałem Harry'emu lekarstwa i nałożyłem do miski trochę mokrej karmy. Szatan został nakarmiony.

Roześmiała się. Odrzuciła kołdrę i przeciągnęła się jak kot. Była naga.

Moje wiążące krawat ręce zamarły w bezruchu.

Spojrzała na mnie przez ramię i posłała mi figlarny uśmiech – a potem chwyciła mój T-shirt, włożyła go przez głowę i poszła do łazienki. Kiedy wróciła, zaczęła zbierać swoje ubrania.

– Dokąd się wybierasz? – spytałem.

Wzruszyła ramionami.

– Ty wychodzisz. Muszę iść do domu. – Wdrapała się na łóżko i uklękła na brzegu materaca, po czym objęła mnie w pasie.

– Nie pójdziesz do domu. – Uśmiechnąłem się. – Nie chcę, żebyś kiedykolwiek jeszcze tam szła. Właściwie to uważam, że powinniśmy wyrąbać drzwi między naszymi mieszkaniami. W twoim urządzimy garderobę.

Roześmiała się, a potem uśmiechnęła, opierając podbródek na mojej piersi.

– Więc mogę tu zostać, kiedy ty pójdziesz do pracy?

– Dam ci klucz.

– Będę ci szperać w szafce z lekarstwami.

– Daj mi znać, jeśli znajdziesz coś przeterminowanego.

Uśmiechnęła się.

– Czyli co? Czy to znaczy, że jestem teraz twoją dziewczyną? – Przygryzła dolną wargę i uniosła brwi.

Przygładziłem jej włosy na czubku głowy i spojrzałem na nią z powagą.

– To określenie nie wydaje mi się warte tego, co nas łączy.

Naprawdę tak uważałem. Było zupełnie nieadekwatne.

Rozpromieniła się.

– Hej, skoro teraz będziemy ze sobą na wyłączność, możemy przestać używać prezerwatyw, jeśli chcesz. Ale najpierw oboje musimy zrobić testy na choroby przenoszone drogą płciową – powiedziała, spoglądając na mnie surowo.

– Dobrze. – To nie był zły pomysł. Zawsze się zabezpieczałem, ale w tych sprawach nie można być zbyt ostrożnym. – Ale co z antykoncepcją?

Wzruszyła ramionami.

– Mam podwiązane jajowody.

288

Aż mnie cofnęło.

– Co? Dlaczego?

– Bo nie chcę ryzykować, że przypadkowo zajdę w ciążę i przekażę dziecku moje gówniane geny.

Parsknąłem.

– Okej...

Jej uśmiech trochę zbladł.

– Przeszkadza ci to?

Potrząsnąłem głową.

– Nie. Właściwie to nie. Są różne sposoby na posiadanie dzieci, jeśli chce się je mieć. To dla mnie nie problem, czy ty tego chcesz, czy nie. Tylko że to taki nieodwracalny zabieg.

– Potrzebowałam najskuteczniejszego rozwiązania. Bardzo trudno było znaleźć lekarza, który by się tego podjął. Boże broń, żeby kobieta po dwudziestce wiedziała, co chce zrobić ze swoimi jajowodami. – Przygryzła moją dolną wargę. – Mam już dla ciebie świąteczny prezent – szepnęła.

Mruknąłem lekceważąco i chciałem znów ją pocałować, ale pokręciła głową i zarzuciła mi ręce na szyję.

– Muszę dać ci go teraz, żebyś mógł się przygotować.

Uśmiechnąłem się.

– Dobrze, więc mi go daj.

Przygryzła wargę, po czym oznajmiła rozpromieniona:

– Załatwiłam nam kolację w Badger Den.

Odchyliłem głowę i uśmiechnąłem się z niedowierzaniem.

– Naprawdę? Na kiedy?

– Na jutro.

Aaaaaaa. Cholera!

– Wiem, co zaraz powiesz, ale już mam plan.

Potrząsnąłem głową.

– Nie mogę lecieć. Wiesz o tym. – A Bóg jeden wiedział, że nie mogłem też opuszczać kolejnych dni w pracy.

– Wiem, że *wydaje ci się*, że nie możesz latać. Ale wysłuchaj mnie, proszę – powiedziała. – Sporo o tym myślałam. Dziś wieczorem zjemy kolację na lotnisku. Przyjedziemy tam na trzy godziny przed naszym lotem. Tam jest taka knajpka, w której uwielbiam jeść, na terminalu. Możemy też się przyjemnie ubzdryngolić i popatrzeć sobie na samoloty na płycie lotniska w ramach takiej małej sesji terapeutycznej. Lot trwa tylko trzy godziny, kupiłam nam bilety w pierwszej klasie. Usiądziemy sobie na naszych miejscach, z drinkami w dłoniach i będziemy mieć mnóstwo czasu, żeby się tam rozgościć i oswoić się z samolotem, zanim jeszcze zacznie kołować po płycie. Ściągnęłam piąty sezon *Biura*, żebyśmy mogli go oglądać podczas lotu, a Pani Joga na moją prośbę przygotowała ci buteleczkę olejku eterycznego z lawendą i eukaliptusem, który ukoi twoje lęki. A potem, gdy już dotrzemy na miejsce, zatrzymamy się w cudownym pięciogwiazdkowym hotelu na plaży i zjemy kolację w Badger Den. Trudno o lepszą motywację do tego, żebyś pokonał swój strach.

Przeciągnąłem dłonią po twarzy.

– A jeśli nie zdołam wsiąść do samolotu?

Wzruszyła ramionami.

– No to nie zdołasz. Proszę tylko, żebyś zechciał *spróbować*.

Wypuściłem powietrze przez nos. Pewnie w końcu będę musiał jakoś to przezwyciężyć. Moja dziewczyna kręciła vlogi podróżnicze. Będziemy latać w różne miejsca. Jeśli nie zdołam wsiąść do samolotu, to by znaczyło, że nie dam rady do niej dołączyć, nawet kiedy będę mógł się wyrwać na kilka dni. No i miała rację, Badger Den to niesamowita nagroda, nawet jeśli przedtem musiałem przetrwać trzy godziny czegoś, co dla mnie – byłem tego pewien – będzie po prostu piekłem.

– Kto zajmie się Grace? – spytałem ponuro.

Uśmiechnęła się z tym swoim radosnym entuzjazmem.

– Tata i Sonja. Sonja mówi, że dobrze mu zrobi, kiedy zobaczy, że jego starania są nagradzane.

– A Harry Puppins?

– Becky. Już do niej napisałam.

Uniosłem brew.

– Piszesz esemesy do mojej asystentki?

– Piszę do wszystkich twoich znajomych. Twoi znajomi są teraz moimi znajomymi, nie pamiętasz?

Parsknąłem śmiechem.

– Zgódź się! Prooooszę? – Patrzyła na mnie wyczekująco.

Odczekałem jeszcze chwilę.

– No dobrze. Spróbujmy.

Zaklaskała w dłonie z ożywieniem.

– Super! I mam dla ciebie wskazówkę. Taki mały coaching życia.

Westchnąłem posępnie.

– Jaką?

– Nie myśl o tym na razie. W ogóle nie myśl o tym zawczasu.

Potarłem czoło dłonią.

– No tak, obawiam się jednak, że to niemożliwe.

– Wiesz, jak to jest, kiedy jesteś gdzieś spóźniony i strasznie się stresujesz? Ja tak nie mam. Nigdy. Jeśli mam gdzieś być na drugą, a wiem, że zdążę najwcześniej na piętnaście po, nie dopuszczam do siebie stresu przed wybiciem drugiej. Bo przedtem nie jestem przecież jeszcze spóźniona. I tylko bez sensu bym się stresowała czymś, co jeszcze się nie zdarzyło.

– Tak, ale wiesz, że to nastąpi. Wiesz, że tak się stanie.

– Ale to jest właśnie patrzenie na słońce, Adrianie. Do diabła z tym, co się stanie potem. Nie skupiaj się na tym, co będzie. Czy też, w tym wypadku, na tym, co *może* się stać. Bo kto wie, może gdy dotrzesz na miejsce, uświadomisz sobie, że to wszystko nadbudowałeś sobie tylko w głowie. Może wsiądziesz do samolotu i nagle stwierdzisz, że jesteś silniejszy, niż myślałeś, i zdolny do wszystkiego. – Uśmiechnęła się do mnie.

– Bo jesteś. Nigdy nie spotkałam nikogo, kto by tak dobrze radził sobie w każdej sytuacji.

Pocałowała mnie delikatnie. A potem zeskoczyła z łóżka i poszła do łazienki. Patrzyłem za nią i czekałem, aż zamknie drzwi, i dopiero potem przyłożyłem dłoń do mojego łomoczącego serca. To, że już teraz nie mogłem złapać tchu, a nie wyszedłem jeszcze nawet z mieszkania, powinno dać mi do myślenia.

To nie był mój najlepszy dzień. Nie mogłem się skupić na pracy. Wciąż myślałem o czekającym nas locie. To było niedorzeczne i wkurzałem się sam na siebie.

No bo w sumie co takiego? To tylko trzy godziny. Tylko. Przez trzy godziny mogłem robić wszystko. Kiedyś przez tydzień siedziałem w więzieniu, przesłuchując klienta, który zarąbał sąsiada siekierą. A nie mogłem wsiąść do pieprzonego samolotu?

Starałem się odepchnąć te myśli, jak radziła Vanessa. Miała rację. Może jeśli nie będę się zadręczał na zapas, po prostu tam pojadę i zerwę plasterek. Wsiądę do tego samolotu i już.

Dziesięć godzin później wjechaliśmy na parking przy lotnisku. Po drodze zawieźliśmy Grace do dziadka. Nasze torby były w bagażniku. Odprawiliśmy się online, Vanessa natarła mi skronie olejkiem eterycznym i przez całą drogę trzymała mnie za rękę.

Miałem atak paniki, zanim jeszcze wysiadłem z samochodu.

Rozdział 24

Siedem małych miasteczek, które musicie odwiedzić w waszym życiu (numer 1 was zachwyci)

VANESSA

Jechaliśmy wąską główną ulicą z ogromnym napisem WESOŁYCH ŚWIĄT przeciągniętym w poprzek jezdni. Była wigilia Bożego Narodzenia i właśnie dotarliśmy do Nebraski, żeby spędzić święta z rodzicami Adriana.

Wszystkie witryny były udekorowane świątecznymi światełkami i wieńcami. Padał drobny śnieg, a po chodnikach pędzili zakapturzeni ludzie, obwieszeni torbami.

– To miasto jest zupełnie jak z filmu na Hallmarku – stwierdziłam, głaszcząc Harry'ego Puppinsa zwiniętego na moich kolanach. – Czuję się jak dziewczyna z wielkiego miasta, która zaraz pozna prawdziwie świąteczne klimaty dzięki przystojnemu miejscowemu kawalerowi w grubym wełnianym swetrze z reniferem.

Adrian się roześmiał.

– Mam nadzieję, że nie, bo ja nie mam takiego swetra.

– A potem jego uśmiech przygasł. – Przykro mi – powiedział.

– Żałuję, że nie mogliśmy przylecieć tu samolotem.

Jego atak paniki miał miejsce cztery dni temu, a on nadal mnie przepraszał. Nie musiał.

– Nic nie szkodzi – zapewniłam go po raz kolejny. – Mówiłam ci, że doceniam, że w ogóle spróbowałeś.

Zacisnął zęby.

– Właśnie, że szkodzi.

– Kiedy będę musiała kręcić filmy gdzieś daleko, po prostu polecę bez ciebie – powiedziałam. – I wrócę najszybciej, jak będę mogła.

Bruzdy na jego czole jeszcze się pogłębiły. Moje słowa wyraźnie go nie pocieszyły.

Położyłam mu rękę na przedramieniu.

– Możemy też kręcić lokalne relacje, żebym mogła być z tobą. Możemy nakręcić weekendową serię filmików o najlepszych pensjonatach w Minnesocie. A potem, gdy będziesz miał trochę wolnego, możemy wyprawiać się w rejsy statkiem albo jeździć po kraju tak jak teraz. Wynająć kampera i wypróbować najfajniejsze kempingi. Coś wymyślimy. To żaden problem.

Widziałam jednak po napięciu w jego ciele, że dla niego to był problem.

Był sobą rozczarowany. Taki facet jak on nie przywykł do tego, że nie daje sobie z czymś rady. Z czymkolwiek.

– Właściwie to liczyłam się z tym, że tak się stanie – przyznałam. – Mam dla ciebie jeszcze jeden świąteczny prezent na wszelki wypadek.

Zerknął na mnie z nikłym uśmiechem.

Myślę, że przede wszystkim stresował się tym weekendem i spotkaniem z ojcem po latach. Poczyniłam szczegółowe plany, w jaki sposób umilić mu tę sytuację. Zamierzałam zadbać o to, żeby dobrze się bawił bez względu na wszystko. Byłam gotowa robić mu loda w schowku na miotły, jeśli okoliczności będę tego wymagały.

W pewnym sensie miałam nadzieję, że będą.

Jechaliśmy jeszcze przez dwie minuty, a potem skręciliśmy w obsadzoną drzewami aleję, prowadzącą pod piękny wiktoriański dom. Adrian zaparkował za starym zdezelowanym pick-upem i wyłączył silnik. Nie wykonał jednak żadnego ruchu, żeby wysiąść.

– To tutaj? – spytałam, zerkając na niego.

Siedział i patrzył na dom.

– Nie byłem tu od prawie dwudziestu lat – powiedział cicho.

– I jak?

– Wygląda naprawdę dobrze. Widać, że jest zadbany.

Wyjrzałam przez przednią szybę. To był tego rodzaju dom, w którym pachnie cynamonem. Pod okapem paliły się białe światełka, a na drzwiach frontowych wisiał wielki świąteczny wieniec. Całość przywodziła na myśl wnętrze świątecznej śnieżnej kuli.

– Dlaczego tak długo tu nie przyjeżdżałeś? – spytałam.

Oparł łokieć o drzwi samochodu i potarł czoło dłonią.

– Kiedyś przyjeżdżałem tu każdego lata. Tak jak wszyscy moi kuzyni. To był dom moich dziadków. Przestałem przyjeżdżać, kiedy tata nas zostawił.

– Dlaczego?

Przez chwilę kręcił głową, wciąż patrząc na dom przez przednią szybę.

– Nie chciałem ryzykować, że go tu spotkam. No i mama była w rozsypce. Nie mogłem jej zostawić.

Westchnęłam.

– No tak. Wiem, jak to jest, kiedy jesteś jedyną ogarniętą osobą w całej rodzinie – mruknęłam i spojrzałam ponownie na frontowe drzwi. Po obu stronach stały małe oświetlone choineczki. Bardzo gustownie. Wszystkie okna były oświetlone i zdawały się zapraszać nas do środka. – Fajny dom.

– Należał do rodziny, odkąd pamiętam. Po śmierci dziadka wykupił go mój wuj. Ale na emeryturze przeniósł się na Florydę. Na początku tego roku sprzedał go ojcu. – Umilkł na chwilę. – Cieszę się, że mama może tu mieszkać. Ona lubi takie domy. Zawsze uwielbiała tu przyjeżdżać.

Zmrużyłam oczy.

– Czy to pług śnieżny przed tym pick-upem? – spytałam, wpatrując się w starego forda zaparkowanego przed nami pomiędzy domem a garażem.

– Mieszkając tutaj, musisz pomagać innym. Infrastruktura jest tu kiepska. Mama mówiła, że ojciec zasiada też w radzie miejskiej.

– Rany! A ty masz tylko jedną pracę i żadnych politycznych aspiracji. Jestem trochę rozczarowana.

Uśmiechnął się, w dalszym ciągu nie wysiadał jednak z samochodu. Siedzieliśmy tak i w milczeniu gapiliśmy się na jego dom.

– Swego czasu opowiadałem wszystkim, że nienawidzę tu przyjeżdżać – odezwał się cicho.

– Dlaczego?

– Bo nie mogłem. Łatwiej było udawać, że wcale nie mam ochoty. Nie chciałem, żeby mama miała wyrzuty sumienia, że zostaję ze względu na nią. I nie chciałem się przyznać sam przed sobą, jak bardzo tęsknię za tym domem. – Urwał. – Myślę, że dzięki temu, że sam podjąłem decyzję, żeby tu nie przyjeżdżać, miałem złudne poczucie kontroli nad sytuacją.

Westchnęłam.

– Te nasze mechanizmy obronne. Czy to nie jest niesamowite, do jakich rzeczy jesteśmy zdolni, byle tylko poczuć się

lepiej? Dobrze, że wreszcie teraz mogłeś tutaj przyjechać
– powiedziałam. – I hej, może twój stary pokój nie będzie pełny rdzewiejących rowerów.

Roześmiał się.

Grace zaczęła marudzić na tylnym siedzeniu, co potraktowaliśmy jako sygnał, żeby wreszcie wysiąść. Niedługo trzeba
będzie ją przewinąć i nakarmić.

Adrian wziął głęboki wdech i otworzył drzwi wozu. Gdy to
zrobił, drzwi domu również się otworzyły i jakiś mężczyzna
zbiegł po schodkach, żeby nas powitać. To musiał być ojciec
Adriana, bo wyglądał zupełnie jak on. A wszelkie moje obawy,
że ich spotkanie po latach może się okazać niezręczne, błyskawicznie się rozwiały. Jego tata natychmiast otoczył go ramionami.

Adrian potrzebował sekundy. Jakby musiał ostatecznie
zwalczyć podsycane tyle lat negatywne uczucia. Potem jednak
odwzajemnił uścisk ojca i po chwili obaj płakali.

Mama Adriana, która stała u szczytu schodów i przygląda
ła się tej scenie, zakryła usta dłońmi. Ona też płakała.

– Tęskniłem za tobą, synu – wychrypiał Richard.

– Ja też za tobą tęskniłem – wykrztusił Adrian po chwili.

* * *

Kiedy weszliśmy do domu, Adrian postawił fotelik z Grace
na podłodze i przywitał się z mamą. Kiedy już wypuścili się
nawzajem z objęć, odwrócił się do mnie z promiennym uśmiechem.

– Mamo, to jest Vanessa. Vanesso, to moja mama, Robin,
i mój tata, Richard.

Richard odwieszał właśnie nasze kurtki na wieszak, gdy
z głębi domu wyłoniła się starsza pani w różowej podomce.

– Adrianie! Przyjechałeś! – wykrzyknęła, unosząc chude ręce, żeby go uściskać.

Adrian pocałował ją w policzek, a potem ujął ją za ramiona i obrócił w moją stronę.

– Babciu, to moja dziewczyna, Vanessa. Vanesso, to jest Audrey.

Drobna staruszka rozpromieniła się, jakby wokół niej rozbłysły choinkowe lampki.

– Adrianie! Dziewczyna? – Przyłożyła dłonie do ust i zadarła głowę, patrząc na swojego wysokiego wnuka, zielone oczy błyszczały jej jak u małej dziewczynki. – Zamierzasz się z nią ożenić? – To pytanie zabrzmiało tak niewinnie i słodko.

– Obiecałem, że ożenię się z nią w jej trzydzieste urodziny. – Adrian puścił do mnie oko.

Podeszła bliżej, żeby mnie uściskać.

– Och, niech cię Bóg błogosławi, moje dziecko. – Wypuściła mnie z objęć i poklepała po policzku. – Piękna dziewczyna. Szczęściarz z ciebie! Robin, Adrian się żeni! To świąteczny cud!

Podreptała z powrotem do salonu, a ja musiałam zakryć usta dłonią, by stłumić śmiech.

Adrian nachylił się do mnie i szepnął:

– Chyba cię polubiła.

– Mamy tak po prostu zignorować ten świąteczny cud czy też może…?

Roześmiał się.

– Jeszcze nigdy nie przedstawiłem jej żadnej dziewczyny.

Adrian rozejrzał się po przedpokoju.

– Dom wygląda wspaniale. Drewniana podłoga! – Zaśmiał się, patrząc pod nogi.

Robin się uśmiechnęła.

– Były ukryte pod dywanem. – Wzdrygnęła się.

Ten dom wyglądał jak ilustracja z magazynu „Good House-keeping". I naprawdę pachniał cynamonem.

Z przedpokoju na górę prowadziły wspaniałe schody z ciemnego drewna. Balustrada przyozdobiona była girlandą z sosnowych gałązek. W salonie był ogromny kominek, w którym płonął żywy ogień, oraz wielka choinka ozdobiona jak w holu pięciogwiazdkowego hotelu.

Dom był pięknie odrestaurowany w każdym calu.

– Nie potrafię wyrazić słowami, jak się cieszę, że tu z nami jesteście – powiedziała Robin.

Richard się uśmiechnął.

– Specjalnie dla was wybraliśmy butelkę wina. Boone's Farm.

Adrian zbladł, a Richard wybuchnął śmiechem.

– Żartowałem.

Nadal się uśmiechając, Richard chwycił nasze torby.

– Chodźcie, zaprowadzę was do waszego pokoju. Będziecie mogli spokojnie się rozpakować. Kolację zjemy, gdy będziecie gotowi.

W naszym pokoju mieliśmy wielkie mahoniowe łoże z baldachimem i osobną łazienkę z wolnostojącą wanną na lwich łapach. W naszym kominku też już płonął ogień. Było superromantycznie. Zapowiadał się cudowny weekend.

Zjedliśmy kolację i wypiliśmy drinki w salonie. I Robin, i Richard byli fantastyczni, a Adrian przez dobrą godzinę rozmawiał z ojcem, nadrabiając stracony czas. Babcia Adriana zmęczyła się i wcześniej poszła się położyć. Harry Puppins bardzo przypadł jej do gustu i wzięła go ze sobą do swojego pokoju. Adrian i ja zostaliśmy z Richardem i Robin jeszcze trochę. O północy powiedzieliśmy „dobranoc" i poszliśmy do naszego pokoju.

Adrian ułożył Grace w jej rozkładanym kojcu.

Gdy miał już wolne ręce, pokonał dzielącą nas przestrzeń i mnie pocałował. Jeszcze bardziej namiętnie niż zwykle, czego się nie spodziewałam.

– O rany! – mruknęłam tuż przy jego ustach.

– Dziękuję – szepnął.

– Za co? – spytałam bez tchu.

– Za to, że tu ze mną przyjechałaś. I że mnie namówiłaś do przyjazdu. Że pomogłaś mi zobaczyć sprawy w innym świetle. – Patrzył mi prosto w oczy. – Święta nigdy nie miały dla mnie większego znaczenia. Ale te są inne.

– Dlaczego? – Uśmiechnęłam się.

– Bo to nasze pierwsze wspólne Boże Narodzenie. Bo z tobą wszystko jest lepsze. Bo znalazłem osobę, bez której nie mogę żyć.

Uśmiech zamarł mi na ustach.

– Nie mów tak.

– To znaczy jak? – szepnął.

– Że nie możesz beze mnie żyć.

Pokręcił głową.

– Dlaczego?

– Bo nie powinno się tak mówić. Nie chcę wiedzieć, że nie będziesz chciał żyć, kiedy mnie nie będzie. To nie jest komplement. Właściwie dla mnie to najgorszy koszmar.

Uśmiechnął się do mnie.

– No dobrze. Znalazłem osobę, z którą chcę się wszystkim dzielić. Lepiej?

Kiwnęłam głową.

– Tak. Lepiej.

Uśmiechnął się.

Zadarłam ku niemu głowę.

– Hej, co ty na to, żeby podarować Harry'ego Puppinsa twojej babci?

Odsunął się.

– Chcesz oddać naszego psa?

Wzruszyłam ramionami.

– No wiesz, on tak naprawdę nie jest *naszym* psem. Opiekujemy się nim tymczasowo. A nasz styl życia na dłuższą metę nie sprzyja posiadaniu psa, jeśli się nad tym głębiej zastanowić. Twoja babcia naprawdę go polubiła. I zauważyłeś, że ani razu jej nie ugryzł?

Uśmiechnął się ironicznie.

– Boże, wyobrażasz sobie tego psa z zębami?

– A wyobrażasz go sobie jako smoka?

Adrian wybuchnął śmiechem.

– Założę się, że twoja babcia przypomina mu poprzednią właścicielkę albo coś w tym stylu. Możemy załatwić wszystko w schronisku i uiścić opłatę adopcyjną jako prezent dla niej.

Zdawał się to rozważać.

– Chyba masz rację. Pewnie rzeczywiście tu byłoby mu lepiej. Tu zawsze ktoś jest w domu. Będę tęsknił za tym małym sukinsynem.

Roześmiałam się.

– Możemy wziąć pod opiekę innego psa, jeśli będzie ci go brakowało. Ocalimy jeszcze jedno życie.

Uśmiechnął się do mnie.

– To cudowne, że jesteś taką dobrą osobą. Sprawiasz, że ja też chcę być lepszy.

Potarłam jego nos swoim.

– Ty już jesteś *naj*lepszy.

Przeniósł wzrok na moje usta, po czym znów popatrzył mi w oczy.

– Gotowa na gwiazdkowy prezent?

Przechyliłam głowę.

– Nie chcesz zaczekać do jutra?

– Już po północy. Jest Boże Narodzenie.

– Czy to twój penis w ozdobnym pudełku? Bo jeśli tak, to bardzo chcę go już odpakować.

Roześmiał się.

– Nie. Chociaż ten prezent możesz odpakowywać tak często, jak tylko będziesz mieć ochotę.

Parsknęłam śmiechem.

Wyjął coś z kieszeni i położył na mojej dłoni. To była mała, płaska paczuszka, owinięta w świąteczny papier w biało-czerwone laski cukrowe.

– Czy to karta podarunkowa? – spytałam, rozchylając papier.

To było blaszane pudełeczko po cukierkach Altoids.

– Nie chcę, żebyś sobie wyobrażała, co to jest, dopóki tego nie zobaczysz – powiedział.

Uśmiechnęłam się i potrząsnęłam pudełeczkiem tuż przy uchu, w środku coś zagrzechotało. Otworzyłam wieczko i po prostu mnie zatkało. Mrugałam przez chwilę, nie wierząc własnym oczom.

To była obrączka mamy.

Wyciągnęłam drżącą dłoń, żeby jej dotknąć i przekonać się, czy jest prawdziwa.

– Jak ją odzyskałeś...? – wyszeptałam.

– Zacząłem jej szukać zaraz po tym, kiedy powiedziałaś mi, że została skradziona.

Z moich ust wyrwał się zduszony szloch.

– Adrianie... to... – Potrząsnęłam głową i popatrzyłam na niego ze łzami w oczach. – To najwspanialszy prezent gwiazdkowy, jaki kiedykolwiek dostałam – wyszeptałam.

Uśmiechnął się. A potem wyjął obrączkę z pudełeczka, włożył mi ją na palec i pochylił się, żeby mnie pocałować. Gdy znów się wyprostował, stałam tam, patrząc na moją dłoń i usiłując powstrzymać łzy.

– Dziękuję – wyjąkałam, zadzierając ku niemu głowę.

Jego zielone oczy odwzajemniły moje spojrzenie.

– Ofiarowałbym ci cały świat, gdybym tylko mógł. – Przyglądał mi się przez chwilę. – Zaplanowałaś to wszystko, prawda?

– Co takiego? – Pociągnęłam nosem.

– Wiedziałaś, że się w tobie zakocham. Że w tym starciu nie mam żadnych szans.

Uśmiechnęłam się.

– Przeceniasz mnie. Szczerze mówiąc, nie sądziłam, że mnie zechcesz z tymi wszystkimi moimi obciążeniami.

Pokręcił głową.

– Wiesz, że moi dziadkowie przez całe swoje życie mieszkali w tym domu? Byli najszczęśliwszą parą, jaką znałem. Babcia wyszła za dziadka miesiąc po tym, jak się poznali. Nigdy nie mogłem tego zrozumieć. Nie potrafiłem sobie nawet wyobrazić, że kiedykolwiek będę tak szybko pewny moich uczuć wobec kogokolwiek. Ani że w ogóle będę ich pewny. Aż poznałem ciebie.

Położył swoje ciepłe dłonie na moich policzkach.

– Jesteś jak powódź, Vanesso. Zalewasz mnie, wypłukujesz wszystko to, co kiedyś wydawało mi się ważne, a potem wypełniasz mnie całego, aż cały w tobie tonę.

Otworzyłam usta, ale i tak nie mogłam złapać tchu. Nikt nigdy nie powiedział mi czegoś tak pięknego. Nigdy.

– Adrianie...

Pokręcił głową.

– Nie musisz nic mówić. To po prostu prawda. Nie dałaś mi żadnego wyboru.

Łzy, które cały czas cisnęły mi się do oczu, teraz wartkim strumieniem popłynęły po policzkach.

Czułam się taką szczęściarą, że on mnie kocha. I że jestem dla niego wyjątkowa.

On dla mnie też był kimś wyjątkowym.

Byłam w nim zakochana. Nie dało się tego inaczej ująć. Byłam totalnie zakochana. A on nawet się nie starał rozkochać mnie w sobie. Po prostu był sobą.

Zjeździłam tyle świata, ale nigdy nie będę miała dość Adriana. Nawet gdyby dane mi było najdłuższe życie na tej Ziemi, gdybym mogła wyjść za niego za mąż i razem z nim się zestarzeć, to i tak byłoby za mało.

Nagle ogarnął mnie straszliwy, bezdenny smutek. Niewidzialne palce zacisnęły się na mojej szyi.

Prawdopodobnie wkrótce umrę.

Ta świadomość jeszcze nigdy aż tak mnie nie poraziła. Tyle lat żyłam w niepewności i lęku, ale jeszcze nigdy nie odczułam tego tak głęboko w kościach. I z tak brutalną siłą.

Zawsze podejrzewałam, że umrę młodo. A potem moja ręka zaczęła dawać mi się we znaki i zyskałam pewność. Przez większość czasu byłam z tym pogodzona. Miałam wspaniałe życie. Niczego nie żałowałam. Teraz jednak wszystko się zmieniło.

Chciałam tu zostać. Chciałam z nim zostać.

A świadomość, że nie mogę, że nie zdołam się nim nasycić, była druzgocząca.

Nie chciałam go opuszczać.

Jak ten świat mógł mi pokazać tak czystą, idealną miłość, a potem mnie zabić?

Zalała mnie fala rozpaczy. Tej zakazanej emocji, której nigdy do siebie nie dopuszczałam. Popatrzyłam prosto w słońce, a ono wybuchło, zmiażdżyło mnie i spaliło żywcem.

Zaczęłam płakać. Rozpaczliwie szlochać.

Otoczył mnie ramionami.

– Co się stało?

Pokręciłam głową, wtulona w jego pierś.

– Tak się boję, że cię stracę.

– Nie stracisz – szepnął. – *Nigdy* mnie nie stracisz. Nie.

Będzie dokładnie odwrotnie.

To on straci mnie.

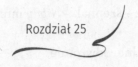

Rozdział 25

Dziesięć oznak tego, że twój idealny związek jest zbyt dobry, by mógł być prawdziwy

ADRIAN

W bożonarodzeniowy poranek obudziłem się, trzymając w objęciach ciepłe ciało Vanessy, ubranej tylko w workowaty T-shirt. Włosy miała przerzucone przez jedno ramię, pocałowałem odsłoniętą skórę na jej karku, a ona przechyliła na bok głowę.

Pachniała wanilią. Pachniała domem.

Nie potrafiłem w ogóle pojąć, jak ja mogłem kiedyś żyć bez niej. Jak znosiłem kolejne dni, nie znając jej. Obracałem się teraz w jej stronę tak, jak doniczkowa roślina nachyla się ku nasłonecznionemu oknu. Czułem się najszczęśliwszym facetem na świecie.

A to było najcudowniejsze Boże Narodzenie, jakie kiedykolwiek przeżyłem. Zjedliśmy śniadanie i otworzyliśmy prezenty. Mamie i Richardowi dałem ekspres do kawy. Mniejszą i mniej wulgarną (jak powiadała Vanessa) wersję tego, który stał w mojej kuchni. Uzyskaliśmy zgodę schroniska i opowiedzieliśmy im o Harrym. Babcia trzymała go już na kolanach, kiedy jej powiedzieliśmy, że to będzie odtąd jej pies. Była bardzo podekscytowana.

Obrączka mamy Vanessy była moim głównym prezentem dla niej. W ostatecznym rozrachunku za kwotę, którą przeznaczyłem na poszukiwania, mógłbym jej kupić pięć pierścionków, ale za nic bym tego nie zmienił. Wyraz jej twarzy, kiedy otworzyła pudełeczko, był bezcenny.

Kupiłem jej także koszulkę z wizerunkiem Jima z *Biura* i napisem BEARS BEETS BATTLESTAR GALACTICA z przodu. Była zachwycona.

Ponieważ wyprawa do Badger Den nie wypaliła, Vanessa podarowała mi butelkę Château Lafite Rothschild Pauillac rocznik 2010. Powiedziała, że to „bordeau o silnym poczuciu własnej ważności" – w czym przypomina jej tatę. To jej słowa, nie moje. Kupiła mi także farmę mrówek, co wydało mi się znamienne, bo moim ostatni prezentem dla niej, który wciąż był w drodze do jej mieszkania, był zestaw do hodowli motyli.

Po otwarciu prezentów i po lunchu tata zaproponował Vanessie, że pokaże jej, jak się łowi ryby pod lodem. Ja postanowiłem zostać w domu i spędzić trochę czasu z mamą i babcią. Po jakiejś półgodzinie babcia poszła się zdrzemnąć, a my przenieśliśmy się do ogrodu zimowego z widokiem na staw za domem. Były tam mały kominek i kanapa, na której usiedliśmy. Widzieliśmy Richarda i Vanessę, którzy z tej perspektywy wyglądali jak dwa małe ciemne punkciki na tle białej zamarzniętej tundry.

– To wyjątkowa dziewczyna – powiedziała mama, odstawiając swoją filiżankę z herbatą na stoliku do kawy. – I jest dla ciebie idealna. Nigdy nie lubiłam Rachel.

Roześmiałem się.

– Widziałaś ją tylko raz.

– Nie potrafiła spojrzeć mi w oczy!

No, to by miało sens.

– Dziękuję, że przyjechaliście – podjęła mama. – To bardzo wiele dla mnie znaczy. – Skinęła głową w stronę stawu. – Dla niego też.

Spojrzałem przez okno na tatę i Vanessę.

Vanessa miała rację. Potrzebowałem tego wybaczenia ojcu.

Nie zdawałem sobie sprawy z tego, jak wielki ciężar dźwigałem przez tyle lat, dopóki się od niego nie uwolniłem.

Teraz ta moja nienawiść do niego wydawała mi się bezsensowna. Nabrałem poczucia, że gdybym kiedykolwiek dał mu jeszcze jedną szansę, uświadomiłbym to sobie znacznie wcześniej.

Dzisiaj odzyskałem coś, co straciłem dawno temu. Może chodziło o osobę ojca – a może o przestrzeń, w której dusiłem moje uczucia do niego. Tak czy inaczej, teraz w moim sercu zrobiło się miejsce również na inne, lepsze rzeczy.

I już nie mogłem się ich doczekać.

– Cieszę się, że jesteś szczęśliwa, mamo. Widzę, że dobrze wam się tutaj żyje. Rozumiem teraz, dlaczego zdecydowałaś się na przeprowadzkę.

Uśmiechnęła się.

– Jestem szczęśliwa, naprawdę. – Nagle zrobiła taką minę, jakby coś jej się przypomniało. – Vanessa mówiła, że chce ze mną porozmawiać o jakimś klubie, do którego należy ona i Kristen.

Zakrztusiłem się kawą.

– Tylko do niego nie wstępuj – powiedziałem, śmiejąc się i kaszląc. – Zaufaj mi. Bo dowiesz się o mnie i o Joshu więcej, niżbyś chciała.

Mama się uśmiechnęła i trąciła mnie w łokieć.

– Lubię ją. Wiesz, myślę, że to przeznaczenie, że spotkałeś tę dziewczynę.

A ja zacząłem się śmiać, bo stwierdziłem, że chyba po raz pierwszy w życiu naprawdę uwierzyłem w przeznaczenie. No bo jak inaczej można by to wyjaśnić?

Gdybym nie poznał Rachel, nie poszedłbym wtedy nad ranem do mieszkania Vanessy. Gdyby Becky wynajęła tę kawalerkę, kiedy jej to zaproponowałem, albo gdyby Vanessa wprowadziła się do innego budynku – czy nawet do innego mieszkania – wcale byśmy się nie spotkali. I nie poznałbym jej ani Grace.

To musiało być przeznaczenie. Zrządzenie losu. Jakiś wyższy plan.

Nie byłem jeszcze gotowy na to, żeby Becky każdego ranka przesyłała mi mejlem mój horoskop, czułem się jednak otwarty na to, by rozważyć, że może jest w tym jednak coś więcej, niż sądziłem wcześniej.

Mama ruchem głowy wskazała Grace śpiącą w swoim bujaczku.

– Szczerze mówiąc, nigdy nie sądziłam, że tak wspaniale się odnajdziesz w roli opiekuna maleńkiego dziecka. – Pokręciła głową. – I że zwiążesz się z kimś takim jak Vanessa, nawet wiedząc, że może być chora. – Uśmiechnęła się do mnie. – Wyrosłeś na wspaniałego mężczyznę, Adrianie. Jestem z ciebie dumna.

Zmarszczyłem czoło.

– Co chcesz przez to powiedzieć? Ona nie jest chora.

– Tak, wiem. – Machnęła ręką. – Jednak groźba ALS cały czas nad nią wisi. Boże, obejrzeliśmy z Richardem chyba z połowę jej filmów, od kiedy nam powiedziałeś, że przyjedziecie razem. Ona jest niesamowicie dzielna.

Wpatrywałem się w nią.

– O czym ty mówisz? Zachorowania na ALS są czysto przypadkowe.

Ściągnęła brwi.

– No, tak, na ogół tak. Ale w rodzinie Vanessy to genetyczna przypadłość. Zagrożenie chorobą wynosi u niej pięćdziesiąt na pięćdziesiąt.

Poczułem, że krew odpływa mi z twarzy. Że co?

– Dowiedziałaś się tego z jej kanału? – spytałem, starając się zapanować nad głosem.

– Mówi o tym w prawie każdym filmie. – Mama znów machnęła ręką. – Ale przecież wiesz.

Mrugałem dłuższą chwilę w oszołomieniu.

– Muszę przewinąć małą – odparłem, wstając i usiłując zachować spokój. Wyjąłem Grace z bujaczka i popędziłem do naszego pokoju.

Gdy tylko tam dotarłem, zamknąłem drzwi na klucz i wyciągnąłem mojego laptopa. Wpisałem w wyszukiwarkę „Vanessa Price pierwszy film". Kiedy znalazłem ten, którego szukałem, z datą sprzed trzech lat, zacząłem go odtwarzać, czując w uszach łomoczący puls.

Na ekranie pojawiła się młodsza wersja mojej dziewczyny.

– Cześć – powiedziała i pomachała do kamery. – Nazywam się Vanessa Price.

Uniosła kieliszek z jakimś ciemnym trunkiem.

– Wczoraj umarła moja siostra. Właśnie nalałam sobie kieliszek sambuki i uznałam, że takiego obrzydlistwa nie da się wypić samego, więc dodałam trochę soku grejpfrutowego, ale to jeszcze pogorszyło smak. I kiedy tak siedziałam i gapiłam się na tego drinka, zadałam sobie pytanie: „Vanesso, czy ty naprawdę chcesz być taką osobą, która przeżywa żałobę, pijąc gówniane koktajle?". I odpowiedziałam sobie, że nie. Nie chcę odreagowywać tragicznej przedwczesnej śmierci mojej siostry, wlewając w siebie ohydne alkoholowe drinki, bo po pierwsze, ona by tego nie chciała. A po drugie, ja też tego nie chcę. Bo widzicie, możliwe, że ja też umieram. A umieranie zmienia perspektywę. Zaraz wyjaśnię, co mam na myśli.

Jeśli wiem, że moje dni są policzone, chcę się rozkoszować każdym z nich. Chcę się cieszyć wszystkim, co jem i piję; ludźmi, których spotykam; i każdą sekundą, jaka mi została na tej Ziemi. Chcę się śmiać. Chcę podróżować. Chcę przeżyć dane mi życie jak motyl na wietrze i podążać tam, gdzie zaprowadzi mnie świat. Z całą pewnością nie chcę siedzieć w mojej pozbawionej perspektyw pracy i czekać na kolejny ruch zboczonego starucha z Monett w stanie Missouri, którego poznałam kiedyś na internetowej grupie wsparcia i który teraz przysyła mi odręczne listy miłosne, kaligrafowane pochyłym pismem. – Nachyliła się do kamery. – I powiem wam coś jako osoba, która być może cierpi na śmiertelną chorobę: nie ma nic bardziej przerażającego niż odręczny list miłosny kaligrafowany pochyłym pismem. Zwłaszcza jeśli do listu dołączony jest woreczek strunowy z domowej roboty suszoną – lecz z jakiegoś powodu lekko wilgotną – wołowiną. Możecie mi wierzyć.

Tak więc wypłaciłam pieniądze z mojego konta emerytalnego, w sumie 1023 dolary. Och, a tak przy okazji, Patricku, odchodzę z pracy. Przykro mi, że musiałeś dowiedzieć się w taki sposób. I jeszcze dzisiaj wyjeżdżam. Teraz, zaraz po tym, jak wstawię ten filmik na YouTube'a. Chociaż właściwie to nie. Najpierw urządzę jeszcze wyprzedaż garażową, sprzedam swoje włosy i zastawię biżuterię. Wyjadę zaraz potem. Czyli pewnie jutro.

Pewnie i tak nikt tego nie obejrzy. Sama nawet nie wiem, dla kogo to nagrywam. Uznałam jednak, że jeśli dzięki temu ktoś przekaże choćby jednego dolara na badania naukowe albo chociaż jedna osoba postanowi przeżyć życie najlepiej, jak się da, to chyba warto, prawda? A teraz opowiem wam o mojej siostrze.

Moja siostra umarła na rzadką śmiertelną chorobę zwaną stwardnieniem zanikowym bocznym, w skrócie ALS. Pewnie o niej słyszeliście, bo kilka lat temu wszyscy uczestniczyli w Ice Bucket Challenge – polewali się lodowatą wodą, żeby wesprzeć badania nad ALS.

Ja wiem o tej chorobie, bo stanowi część moich najwcześniejszych wspomnień. To nasza klątwa. Gen odpowiedzialny za ALS krąży w mojej rodzinie, co oznacza, że ta choroba jest dziedziczna. W naszym przypadku pierwsze objawy zaczynają się wcześniej, a śmierć następuje szybciej niż w przypadku zachorowań sporadycznych, a ograniczone formy leczenia mogą jedynie przedłużyć życie o jakieś trzy miesiące. Konkretny gen, który wywołuje tę chorobę w mojej rodzinie, nie został jeszcze zidentyfikowany, co oznacza, że nie mogę nawet zrobić na to testów. – Przerwała. – Możliwe, że mam w DNA tykającą bombę.

Moja babcia ją miała. Moja ciocia. Moja mama też, chociaż zginęła w wypadku samochodowym, zanim ALS odebrało jej życie. Miała ją moja siostra Melanie. Istnieje ryzyko wynoszące pięćdziesiąt procent, że ja też ją mam...

Nie wiem, co mówiła potem, bo zaczęło dzwonić mi w uszach.

Chodziłem tam i z powrotem po pokoju, ale teraz musiałem usiąść. Czułem, że jeśli zaraz tego nie zrobię, to się zwyczajnie przewrócę.

Ryzyko wynoszące pięćdziesiąt procent?

To znaczy, wiedziałem o Melanie, ale nie miałem pojęcia o reszcie. Nigdy mi o tym nie mówiła, nic nie wiedziałem, na filmach z Drakiem nie było o tym mowy... Pewnie Vanessa sądziła, że wiem, bo...

Jej ręka...

Mój oddech zrobił się świszczący.

Jej *ręka*...

Mówiła mi o tym. Mówiła mi, ale ja nie słuchałem. Nie słuchałem, kurwa, co do mnie mówiła.

Informacje docierały do mnie na raty, powoli składając się w całość, w czarny, makabryczny nekrolog.

Słabość dłoni.

Jej powody, żeby nie umawiać się na randki.

Podwiązała sobie jajowody, powiedziała, że nie może adoptować Grace, bo za rok może jej tu nie być...

Nie... nie, nie, nie, nie, nie.

Nie mogłem oddychać.

Cały mój świat runął w gruzach. Byłem zdruzgotany. Zupełnie jakby na moich oczach piękny witraż roztrzaskał się na tysiąc kawałków.

Możliwe, że Vanessa umiera. Miłość mojego życia umiera.

A ja będę musiał na to patrzeć.

Rozdział 26

Ranking waszych najgorszych koszmarów!

VANESSA

P o powrocie znad stawu wbiegłam na schody i popędziłam do naszego pokoju. Kiedy weszłam, Adrian stał przed kominkiem twarzą do drzwi.

– Hej – powiedziałam, ściągając czapkę. – Boże, uwielbiam twoją rodzinę. Twój tata jest jak człowiek gór czy ktoś taki. Czy wiesz, że on...

– Jesteś chora?

Zdjęłam szalik.

– Słucham?

– Chora. Czy jesteś chora? – powtórzył. – Czy masz ALS?

Zmarszczyłam czoło.

– Nie wiem... – Wpatrywałam się w niego zdezorientowana. – Dlaczego mnie o to pytasz?

– Nie wiedziałem... – wyszeptał.

Zamrugałam.

– Czego nie wiedziałeś?

Potrząsnął głową, a ja uświadomiłam sobie, jaki jest blady.

– Nie wiedziałem, że to jest dziedziczne.

Poczułam, że twarz mi tężeje.

– Jak to nie wiedziałeś, że to jest dziedziczne? – spytałam ostrożnie.

Westchnął dramatycznie.

– Nie oglądałem wszystkich twoich filmów. Ja tylko... obejrzałem ten, w którym opowiadasz o tym, jak mnie poznałaś, i ten o papryczkach naga jolokia...

– O papryczkach? To nawet nie jest mój kanał. To kanał Willow Shea. To była współpraca. – Poczułam ucisk w żołądku. – Adrianie, co ty mówisz? Chcesz powiedzieć, że... naprawdę o tym nie wiedziałeś?

– Nie wiedziałem – powtórzył.

A potem zaczął rzęzić.

Podbiegłam do niego.

– Adrianie!

Zgiął się wpół, opierając dłonie na kolanach i z trudem łapiąc powietrze.

– Masz atak paniki. Usiądź. *Siadaj!* – Słyszałam w uszach łomot własnego serca.

Chwilę trwało, zanim zdołałam go skłonić, żeby się ruszył, ale w końcu posadziłam go na brzegu łóżka.

Ukucnęłam naprzeciwko niego.

– Postaraj się zwolnić oddech. To hiperwentylacja. Oddychaj przez nos. Wciągaj powietrze przez nos, a wypuszczaj przez zaciśnięte usta.

Udało mu się parę razy odetchnąć w ten sposób.

– Musisz iść do lekarza – wycharczał.

– Słucham?

– Idź do lekarza. Pójdę z tobą. Musimy się dowiedzieć, czy to, co ci dolega, to ALS.

– Ja... Adrianie, nie można iść do lekarza i wyjść z potwierdzoną diagnozą ALS. Na to nie ma testów.

Spojrzał mi w oczy, oddychając z wysiłkiem przez nos.

– Musi być jakiś sposób, żeby to zbadać. To się przecież diagnozuje.

– ALS diagnozuje się poprzez wykluczenie innych chorób i monitorowanie nasilania się objawów. To całe miesiące najróżniejszych badań. Uzyskanie diagnozy może potrwać rok...

– Więc zrób to.

Uśmiechnęłam się drwiąco.

– Nie.

Wytrzeszczył oczy.

– Nie zrobię tego. HIV, białaczka z komórek T, polio, wirus Zachodniego Nilu, stwardnienie rozsiane, wieloogniskowa neuropatia ruchowa, choroba Kennedy'ego – one wszystkie są podobne do ALS. Byłabym badana na te wszystkie choroby, miesiącami trzymaliby mnie w szpitalu i męczyli na różne sposoby, i po co? Albo to mam, albo nie. A jeśli mam, to jest to choroba śmiertelna. Więc i tak nie mogą mi pomóc.

Zamrugał.

– Ale... ale co, jeśli to nie jest to? Jeśli dolega ci coś całkiem innego?

Wzruszyłam ramionami.

– W takim razie ta dolegliwość się nie rozwinie i nie będzie żadnego problemu. Jeśli za pół roku ręka nadal będzie mi drętwiała, ale poza tym nic się nie zmieni, raz jeszcze pójdę to sprawdzić. Ale najbardziej prawdopodobnym konkurentem ALS był zespół kanału nadgarstka, a to już zostało wykluczone.

Wpatrywał się we mnie, jakbym zwariowała.

– Jak możesz żyć w ten sposób? – spytał z niedowierzaniem w głosie.

Potrząsnęłam głową.

– A jaki mam wybór? Co innego mogę zrobić? Ja *zawsze* tak żyłam.

Jego oddech był chrapliwy. Miał taką minę, jakby zrobiło mu się niedobrze. Mnie też zbierało się na mdłości.

Usiadłam obok niego.

– Posłuchaj, zostawmy to teraz. Dobrze? – Pogłaskałam go po plecach. – Możemy o tym porozmawiać, kiedy będziesz spokojniejszy.

– Nie. Porozmawiajmy o tym teraz. – Nie mógł złapać tchu i musiał odczekać dobrą minutę, zanim zdołał mówić dalej. – Jeśli nie masz diagnozy, to jak mogą ci dobrać odpowiednie leki?

Poczułam, że moje serce rozpada się na kawałki.

On nic nie wiedział. Nie miał o niczym pojęcia.

Jak to się mogło stać?

– Adrianie – odezwałam się łagodnie. – Ja nie będę brała żadnych leków.

Zamarł w bezruchu.

– Co? – wykrztusił. – Jak to?

– Nie zamierzam się leczyć.

– Jak to nie? Musisz się leczyć, są badania kliniczne…

– Żebym miała spędzić resztę mojego krótkiego życia poddawana nakłuciom lędźwiowym i zmagać się z efektami ubocznymi gorszymi od samej choroby? W zamian za może parę dodatkowych miesięcy przewidywanej długości życia? I to o ile nie podadzą mi placebo. A leczenie? – Uśmiechnęłam się drwiąco. – Wiesz, jak mało jest leków na to, co być może mi dolega? A wiesz, co one mi dadzą? W najlepszym razie trzy miesiące. Właśnie tyle. Trzy dodatkowe miesiące. Melanie na to poszła. Miała bóle głowy i wymiotowała, i była taka otumaniona i zmęczona, że z trudem otwierała oczy. Codziennie była podłączona do kroplówki, bez przerwy badali jej krew i monitorowali pracę wątroby. Ja nie chcę tak żyć. Będę uwięziona w szpitalu, nie będę mogła podróżować…

Wyraz jego twarzy można było opisać wyłącznie jako przerażenie.

– Ale... co, jeśli nastąpi przełom? – zapytał. – Przecież to może się wydarzyć właśnie teraz. Mogą wynaleźć nowy lek, a ty nie będziesz nawet o tym wiedziała. Vanesso, musisz się leczyć...

Potrząsnęłam głową.

– Nie. Nie będę. Terapię fizyczną i terapię mowy odbędę wirtualnie, żeby móc podróżować. A kiedy będę potrzebowała pomocy w oddychaniu, jedzeniu i poruszaniu się, podejmę odpowiednie kroki. Zrobię wszystko, co będzie trzeba, żeby pozostać swobodną i niezależną tak długo, jak się da. Ale nie będę zażywać leków i nie poddam się badaniom. Jeśli mam ALS, już i tak jest za późno. W mojej rodzinie choroba postępuje zbyt szybko. Żadne z tych obiecujących badań i eksperymentów medycznych nie zatrzymają ani nie cofną tego procesu. Mogą go jedynie spowolnić. Kiedy otrzymam diagnozę i zaczną mnie leczyć, nic to już nie pomoże – a zatem co? Mam być królikiem doświadczalnym? Tego byś chciał? Tak ma wyglądać reszta mojego życia?

Nie odpowiedział. Patrzył tylko na mnie i oddychał ciężko przez nos.

Zwilżyłam wargi.

– Adrianie, chcę przeżyć moje życie jak najlepiej. Chcę podróżować, mieć przygody i pić dobre wino, dopóki tylko będę mogła, i śmiać się, i bawić, jak długo się da. Nie chcę oddawać tej chorobie ani jednej minuty. I ty też nie powinieneś.

Wstał i moja głowa spadła z jego ramienia. Zaczął chodzić po pokoju.

– Nie. – Potrząsnął głową. – Nie, nie możesz. Musisz się trzymać tak długo, jak się da. Nie wiesz, co może się stać. Nie wiesz, w którą stronę pójdą badania kliniczne...

Westchnęłam ciężko.

– Nie ma badań, o których bym nie czytała, czy pracy naukowej, do której bym nie zajrzała. Nie zdarzy się cud. W każdym razie – nie dla mnie. Jeśli mam ALS, umrę. I proszę tylko, żebyś zrozumiał, jak chcę żyć, póki wciąż mogę. Uwierz mi, to nie jest pochopna decyzja. Wiem, czego pragnę. I nie zmienię zdania.

Pokręcił głową, w oczach miał łzy.

– Nie. Nie pozwolę ci na to.

Zamrugałam.

– Na co mi nie pozwolisz?

– Nie pozwolę ci się poddać.

– Ja się wcale nie poddaję. Chcę tylko żyć i umrzeć na moich własnych warunkach.

Podszedł do mnie i położył mi ręce na ramionach.

– Jesteśmy parą. Razem podejmujemy decyzje, Vanesso. Musisz walczyć. I pozwól, że ci w tym pomogę. Znajdziemy najlepszych lekarzy na świecie, pojedziemy, gdzie będzie trzeba. Polecimy samolotem… – Głos mu się załamał na tym ostatnim słowie, a ja poczułam, że znów łamie mi się serce.

– Nic na to nie poradzisz – wyszeptałam. – Wiem, że to dla ciebie trudne, że nie masz nad tym kontroli. Ale, Adrianie, proszę. Potrzebuję twojego wsparcia.

Wbił we mnie znękany wzrok. A potem zdjął dłonie z moich ramion. Odwrócił się i przeczesał palcami włosy.

– Nie. Nie mogę tego poprzeć. – Potrząsnął głową i znów na mnie spojrzał. – Nie pozwolę ci porzucić nadziei. A jeśli właśnie nastąpi przełom? Jeśli będziesz mogła żyć jeszcze dwadzieścia lat?

– A jeśli nie będę mogła? – Żachnęłam się. – Jeśli został mi tylko rok, zanim przestanę przełykać i oddychać bez aparatury wspomagającej? Tylko jeden rok, zanim umrę? Chcę nadal żyć moim życiem, Adrianie. Nie zamierzam tracić cennego czasu podłączona do kroplówki, uwięziona w szpitalach w imię jakichś mrzonek.

Staliśmy i patrzyliśmy na siebie, oddychając ciężko.

– Zrealizuję mój plan z tobą albo bez ciebie – powiedziałam i łzy napłynęły mi do oczu. – Proszę, nie każ mi robić tego bez ciebie.

Staliśmy w milczeniu naprzeciwko siebie. Widziałam, jak pęka mu serce. Nawet jego twarz wydawała się pęknięta. Wyglądał jak wielkie silne drzewo uderzone piorunem i przepołowione przez środek. Nagle wydał mi się znużony. Jeszcze nigdy nie widziałam go tak zmęczonego. Jakby cała witalność z niego uleciała.

– Nie chcę, żeby tak było – szepnął.

Otarłam z policzka łzę.

– Dobrze, więc zapomnijmy o tym wszystkim. Zróbmy coś fajnego. Wypożyczmy sobie skutery śnieżne albo chodźmy pojeżdżać na sankach. Wypróbujmy akrobatyczny seks w łazience. Może doznamy urazów, z których wolelibyśmy się nie tłumaczyć sanitariuszom.

To wywołało nikły uśmiech na jego twarzy, który jednak szybko zgasł.

– Muszę też mieć w tej sprawie coś do powiedzenia, Vanesso.

Zamrugałam.

– W sprawie *mojego* życia?

– To nie jest tylko twoje życie. To dotyczy nie tylko ciebie.

Zacisnęłam zęby.

Patrzył na mnie błagalnie.

– Proszę. Ludzie walczą z chorobą. Próbują wszystkiego…

Kiwnęłam głową.

– Tak. Wiele osób gotowych jest spróbować wszystkiego, co się da. To ich wybór. Taki był też wybór Melanie. Ale mój jest inny. I tylko ja mogę go dokonać.

Patrzył na mnie posępnie przez pokój. Następnie usiadł w obitym adamaszkiem fotelu i zakrył twarz dłońmi, wbijając sobie palce w skórę głowy.

– Nie zostanę niewolnicą tej choroby, Adrianie. Nie spędzę reszty życia, poddając się eksperymentom medycznym i kolejnym złudzeniom. Już i tak odebrała mi zbyt wiele.

Nie podniósł wzroku.

Nie mam pewności, ale możliwe, że płakał.

Chciałam go zapewnić, że wszystko będzie dobrze, tak jak on kiedyś zapewnił o tym mnie. Ale nie mogłam. Nie chciałam mu dawać fałszywej nadziei.

I nagle uświadomiłam sobie, że tamtego dnia w jego kancelarii, kiedy mnie pocieszał, przecież w ogóle nie miał pojęcia, o czym mówi.

Dopiero teraz dotarło do niego w pełni, jaka beznadziejna jest moja sytuacja.

Rozdział 27

Sądzili, że mają wszystko, aż tu nagle doszło do katastrofy!

ADRIAN

Wałkowaliśmy to przez cały wieczór. Ja ją błagałem, ona upierała się przy swoim. Przetrwaliśmy jakoś kolację, nadrabiając miną, a potem wróciliśmy do naszego pokoju i zaczęliśmy wszystko od początku. Wreszcie zasnęliśmy z wyczerpania.

Teraz mnie też porwało to samo tornado, w którym ona wirowała przez cały czas. Dotychczas znajdowałem się w jego oku, obszarze złudnego spokoju, nie zdając sobie sprawy, że wokół mnie koszmar narasta, a teraz zostałem wciągnięty w ten straszliwy czarny wir i usiłowałem się czegoś przytrzymać, ale nie było niczego takiego. Vanessa nie mogła dać mi nic, czego mógłbym się uchwycić. Nawet cienia nadziei.

Wczoraj wróciliśmy do domu. Przez całe sześć godzin jazdy prawie nie rozmawialiśmy.

Nie kłóciliśmy się. Nie byliśmy na siebie źli. Po prostu mieliśmy odmienne zdanie i nie było już nic do dodania.

Kiedy mijaliśmy billboard reklamujący największy sklep ze słodyczami w Minnesocie, Vanessa wywiesiła białą flagę i spytała, czy chcę tam pojechać. Nie chciałem. Wolałem jechać prosto do domu. Nie byłem w nastroju na żadne przygody ani postoje. Chciałem wrócić do naszej przestrzeni, gdzie nie musiałem udawać, że wszystko jest dobrze, bo znajdujemy się w miejscu publicznym – ponieważ wcale nie było dobrze. Bynajmniej.

Nie miałem pojęcia, jak się pogodzić z tą sytuacją.

Byłem w stanie pojąć rozumowanie Vanessy, ale nie mogłem go poprzeć.

Nie wiedziała przecież, czy będzie reagowała na leki tak samo jak Melanie. A może u niej nie wystąpią żadne skutki uboczne? Nie przekona się, dopóki nie spróbuje. Trzy miesiące to nie było dużo – ale zawsze coś. Lepsze to niż nic. Jak mogła ot tak odrzucać trzy miesiące życia?

A jeśli kolejne badanie kliniczne da nam skuteczne lekarstwo? Albo chociaż zatrzyma chorobę? A może całkiem cofnie jej skutki? Może te badania odbywały się teraz, a ona w nich nie uczestniczyła?

To było dla mnie nie do przyjęcia. Nie mogłem tego zaakceptować.

Jak mogła tak po prostu się poddać?

Od dwóch dni targały mną fale niepokoju i paniki. Jeszcze nigdy nie byłem taki zmęczony. Czułem się wyzuty z wszelkich emocji. Zrozpaczony. Bezsilny. Chciałem ją ratować, chciałem zrobić *cokolwiek*, ale miałem związane ręce, bo ona nie chciała ustąpić. Nawet na krok.

Gdyby zgodziła się pokazać komuś swoją rękę, mógłbym przynajmniej się zająć szukaniem specjalistów i umawianiem wizyt. Mógłbym coś planować, jakoś działać, coś by się *działo*. Ale nie mogłem zrobić nic. Ona chciała, żebym po prostu o wszystkim zapomniał. Miałem siedzieć bezczynnie, chodzić z nią do sklepów ze słodyczami i udawać, że cały mój świat nie legł właśnie w gruzach.

Kiedy w poniedziałek rano zadzwonił budzik, nie spałem już od kilku godzin. Siedziałem w moim gabinecie i przeglądałem artykuły medyczne dotyczące ALS. Rozpierała mnie maniacka energia. Czułem szaleńczą potrzebę, żeby się dokształcić i móc przedstawić Vanessie wszelkie możliwe punkty widzenia, podważyć każdy jej argument.

Szukanie kontrargumentów było moją specjalnością. Zawodowo przekonywałem dwunastu przysięgłych, że winni są... niewinni. A nie mogłem przekonać ukochanej kobiety, żeby zdecydowała się brać przedłużające życie leki albo zgodziła się poddać badaniom, które mogły ją ocalić. Nic nigdy nie było dla mnie ważniejsze niż to i nigdy nie czułem się tak kompletnie nieudolny. Byłem na granicy załamania nerwowego, jakbym przeżywał senny koszmar, z którego nie mogłem się obudzić: biegłem całkowicie wyczerpany, wiedząc, że jeśli się zatrzymam, to już nigdy nie wstanę.

Nigdy nie będzie całkiem dobrze...

Odtąd już zawsze będę żył w cieniu tej strasznej choroby. Nawet jeśli jakimś cudem drętwienie jej ręki nie okaże się objawem ALS, to i tak mogła zachorować w każdej chwili, a wtedy także nie będzie z tym walczyć. Nigdy się od tego nie uwolnimy. A jeśli ona nie zgodzi się walczyć z chorobą, to nigdy nie będzie dla nas nawet cienia nadziei.

Chciałem wrócić do stanu błogiej nieświadomości. Chciałem zapomnieć.

Zawlokłem się do łazienki, żeby wziąć prysznic i wyszykować się do pracy, a potem stanąłem przy łóżku, wiążąc krawat i patrząc na śpiącą Vanessę tak, jak to robiłem w ubiegłym tygodniu.

Tyle się zmieniło w ciągu ostatnich siedmiu dni.

W zeszłym tygodniu moje życie było idealne. Nasza przyszłość wydawała się świetlana i bezkresna. Mieliśmy niewyczerpane możliwości. Miałem wszystko. Miałem *ją*. I sądziłem, że tak będzie już zawsze.

A w tym tygodniu ona mogła umrzeć.

Spytała mnie, czy jest moją dziewczyną, a ja odparłem, że to słowo nie wyczerpuje tego, kim dla mnie jest. I nadal tak uważałem.

Chciałem być z nią do końca mojego życia, a nie do końca jej. Nie chciałem już nigdy obudzić się i nie zobaczyć jej obok siebie. A gdy teraz na nią patrzyłem, wiedząc, że za rok może być już w grobie...

Gardło mi się ścisnęło i znów zalała mnie fala bezsilnej rozpaczy, mój oddech stał się płytki i przyśpieszony – zbliżał się atak paniki.

Najszczęśliwsze chwile mojego życia mogłem być może mierzyć w miesiącach, nie w latach. I wiedziałem, że powinienem rozkoszować się każdą wspólną sekundą, ale nie mogłem przestać patrzeć na słońce. Nie mogłem. Pędziło ku Ziemi, a ja byłem wściekły, bo ona nie chciała nawet spróbować go zatrzymać.

Odwróciłem się, usiadłem na brzegu łóżka i ukryłem twarz w dłoniach.

Nie zorientowałem się, że się obudziła, dopóki nie szepnęła za moimi plecami:

– Nic ci nie jest?

Przeciągnąłem dłonią po brodzie i siedziałem, patrząc ze znużeniem przed siebie. Nie odpowiedziałem jej.

– Adrianie, nie będziesz musiał się mną opiekować, jeśli o to się martwisz. Będę miała pielęgniarki i pomoc domową, i możemy...

Pokręciłem głową.

– Nie martwię się, że będę musiał się tobą opiekować, Vanesso. To w ogóle, kurwa, nie jest... – nie zdołałem dokończyć.

Nie widziałem, żadnego problemu w tym, że miałbym spędzić resztę życia, usługując Vanessie. To by mi w ogóle nie przeszkadzało. Chciałem po prostu, żeby była *ze mną*.

Znowu ukryłem twarz w dłoniach.

– Żałujesz? – zapytała.

Odwróciłem się i spojrzałem w te jej przepastne brązowe oczy, które patrzyły na mnie.

– Czego?

– Wolałbyś mnie nigdy nie spotkać?

Potrząsnąłem głową i odparłem chrapliwym głosem:

– Jak możesz o to pytać?

– Nie chciałam wprowadzić cię w błąd ani zwodzić. Nie chciałam, żebyś zakochał się we mnie, nie znając mojej sytuacji, żeby potem wyszarpnąć ci dywan spod nóg. Myślałam, że wiesz...

Głos jej się załamał. Zasłoniła twarz łokciem i zaczęła płakać.

Wszedłem do łóżka w garniturze i krawacie i przyciągnąłem ją do siebie. Przytuliłem ją mocno i trzymałem, jakbym się bał, że zniknie.

Zachłysnęła się płaczem, a ja ją pocałowałem.

To było rozpaczliwe. Desperackie. Jakby ten pocałunek mógł sprawić, że zmieni zdanie; dać nam więcej czasu albo po prostu pomóc mi zapomnieć. Ona też musiała tego pragnąć, bo całowała mnie równie gorączkowo.

Chciałem oszołomić czymś zmysły. I swoje, i Vanessy. Chciałem jej wykrzyczeć, że ją kocham. Błagać ją, żeby dała mi szansę, pozwoliła mi mieć coś do powiedzenia w sprawie tego, co się zdarzy. Zawarłbym pakt z diabłem, zaprzedał duszę, gdybym dzięki temu mógł ją ocalić. Nie mogłem jednak w żaden sposób uleczyć jej wadliwych genów. Nic nie mogło cofnąć ani choroby, ani czasu. A tylko czas mógł nam przynieść jakiekolwiek odpowiedzi, ale on był też właśnie naszym wrogiem.

Całowała mnie coraz bardziej natarczywie. Sięgnęła do mojego rozporka, a ja zsunąłem jej majtki. Zaczęła rozpinać mi koszulę, ale palce odmówiły jej posłuszeństwa. Uniosłem się i rozerwałem koszulkę, guziki posypały się na Vanessę i odbiły od ramy łóżka. Gwałtownym ruchem rozpiąłem pasek, a ona chwyciła mnie za krawat i przyciągnęła z powrotem do siebie, ściągając mi spodnie i oplatając nogami w pasie.

To był szaleńczy seks. Dziki. Łzy cisnęły mi się do oczu, kiedy wchodziłem w nią, a ona wychodziła mi naprzeciw, jakby chciała poczuć mnie w sobie jak najgłębiej.

Była dla mnie wszystkim. *Wszystkim*. Znalazłem coś bezgranicznego. Miłość, o jakiej piszą poeci.

Tyle że to była tragedia.

Krzyknęła pode mną, wygięła w łuk plecy, a ja doszedłem tuż za nią. A potem leżeliśmy spleceni, patrząc w sufit i dysząc ciężko.

– Nie wolno ci myśleć, że żałuję – wyszeptałem. – Nigdy nie będę żałował, że cię poznałem. Oddałbym ci swoje życie, gdybym mógł. Zrobiłbym dla ciebie wszystko.

Przesunąłem się, żeby na nią spojrzeć.

– Proszę, Vanesso. Powiedz tylko, że spróbujesz. Zaczniesz brać leki, poddasz się badaniom...

Jej spojrzenie stało się jeszcze smutniejsze niż wcześniej.

– Adrianie, może powinieneś z kimś porozmawiać. Z jakimś terapeutą. Mogłabym pójść z tobą...

Zacisnąłem powieki.

– To nic nie pomoże.

Nic tu nie mogło pomóc.

– Pomoże. Specjalista mógłby ci pomóc przepracować trudne emocje.

Potrząsnąłem głową.

– Po prostu nie wiem, jak sobie z tym poradzę – szepnąłem.

Patrzyła na mnie. Była taka piękna. Jej włosy na mojej poduszce wyglądały jak aureola.

– *Nikt* tego nie wie, Adrianie. Ktoś musi ci pomóc przez to przejść. *Proszę*.

Znowu potrząsnąłem głową.

– Nie mogę postępować tak jak ty – powiedziałem zduszonym głosem. – Nie potrafię zachowywać się tak, jakby to się nie działo. Nie potrafię udawać, że jestem szczęśliwy.

– Ja nie udaję, że jestem szczęśliwa. Po prostu nie chcę pogrążać się w smutku.

Gdyby wiedziała, jak bardzo ją kocham, zrozumiałaby, że to naprawdę niemożliwe. Moja rozpacz namnażała się jak komórki nowotworowe. Pochłaniała mnie całego. Rzucała cień na wszystko. Przesłaniała okna i lampy. Zatykała kanały wentylacyjne i wysysała powietrze z pokoju.

I nie wiedziałem, czy zdołam wybaczyć Vanessie, że nie chce choćby spróbować zostać ze mną dłużej.

***

Leżałem, trzymając ją w objęciach, dopóki znowu nie zasnęła. A potem poszedłem do pracy, już jej nie budząc. Byłem spóźniony, ale gówno mnie to obchodziło. Becky wydzwaniała do mnie, zachodząc pewnie w głowę, gdzie jestem.

Nie miałem pojęcia, jak przetrwam ten dzień. Wiedziałem tylko, że potrzebuję jakiegoś zajęcia, które pochłonie mnie bez reszty. Chciałem myśleć o czymś innym, choćby przez krótką chwilę.

Kiedy drzwi windy otworzyły się na moim piętrze, Becky natychmiast na mnie naskoczyła.

– Adrianie...

– Cokolwiek to jest, może chyba chwilę poczekać – obruszyłem się. – Teraz nie mogę.

– Nie! – szepnęła dramatycznym tonem, truchtając obok mnie. – Marcus jest *strasznie* wkurzony.

Pchnąłem szklane drzwi prowadzące do naszej kancelarii.

– Z jakiego powodu?

– Gliny nie zrobiły Buellowi testu trzeźwości od razu, tylko dopiero trzy godziny po aresztowaniu i...

Nie zdążyła dokończyć. Z głębi dobiegł nas grzmiący głos Marcusa.

– Miło, że w końcu do nas dołączyłeś.

Zatrzymałem się i patrzyłem na niego mętnym wzrokiem przez szeregi biurek. Wyglądał na wkurzonego. Policzki miał czerwone, czoło błyszczące od potu. Dostrzegłem niemal w roztargnieniu, że wygląda jak chodzący atak serca.

A ja pewnie wyglądałem jak chodzące złamane serce.

Ruszyłem dalej. Zignorowałem jego i wszystkich innych, którzy wpatrywali się we mnie, wszedłem do mojego gabinetu, zamykając drzwi przed nosem Becky. Jeśli Marcus chciał mnie objechać, proszę bardzo. Ale mógł to zrobić w zaciszu mojego gabinetu, a nie przy wszystkich naszych współpracownikach.

Wpadł do środka zaraz za mną.

– Kwestia testu trzeźwości w sprawie Buellera nie ma mocy prawnej. Przekonałbyś się o tym, gdybyś zechciał sam obejrzeć nagranie z kamery policyjnej, zamiast zlecać to Johnowi. Cała ta cholerna sprawa mogłaby zostać odrzucona już kilka tygodni temu. Nie odebrałeś telefonu z posterunku policji, kiedy Keller został ponownie aresztowany, więc przesłuchiwano go bez obrońcy, nie załatwiłeś dokumentacji medycznej na proces Garcii, więc teraz musimy wnosić o kolejne odroczenie. Powinienem cię natychmiast zwolnić.

To był niemal szok przekonać się, że jestem w stanie jeszcze coś czuć, ale zrobiło mi się okropnie głupio.

Przeszył mnie wzrokiem.

– Od tygodni chodzisz półprzytomny. Nie wiem, na czym polega twój problem, ale nie pozwolę, żeby przełożył się na problemy firmy.

Pokręciłem głową.

– Przepraszam. Ja...

– Nie przepraszaj, tylko wykonuj swoją pieprzoną pracę. Albo pakuj swoje rzeczy i wynoś się stąd. W grę wchodzą ludzkie życia.

Wyszedł z mojego gabinetu, a ja usłyszałem pełną napięcia ciszę za drzwiami, co oznaczało, że wszyscy słuchali.

Klapnąłem ciężko na fotel.

Kilka minut później do środka na paluszkach weszła Becky. Delikatnie zamknęła za sobą drzwi i stała w milczeniu, zerkając na mnie ze współczuciem.

– I co mówi mój horoskop na dziś? – spytałem ze znużeniem.

– Że to będzie gówniany dzień.

Zaśmiałem się sarkastycznie i popatrzyłem na nią smętnie.

– Co ci jest?

Potarłem czoło.

– Właśnie się dowiedziałem, że Vanessa może mieć gen odpowiedzialny za ALS.

Becky wydawała się zmieszana.

– Nie wiedziałeś o tym?

– Nie. Nie wiedziałem.

Zamrugała z niedowierzaniem.

– Jak to? To przecież, że tak powiem, kamień węgielny wszystkiego, co ona robi. Zresztą mówi o tym bez przerwy.

– Wiem – odparłem ze znużeniem.

Przyjrzała mi się.

– No a... czy to ma dla ciebie znaczenie?

– No tak, to, że ona może umrzeć, owszem, ma.

Przewróciła oczami.

– Nie, chodzi mi o to, czy to by coś zmieniło. Nie zakochałbyś się w niej, gdybyś wiedział?

Prychnąłem sarkastycznie. Jakbym miał jakieś szanse się nie zakochać.

– Byłem załatwiony z chwilą, kiedy po raz pierwszy ją zobaczyłem – odparłem.

I mówiłem szczerze. Byłem przekonany, że jej utrata mnie zabije. A jeśli ona nie chciała walczyć, to można było już zacząć odliczanie do mojego końca.

Wszystko, co kochałem, się sypało. Mój świat się walił.

Nie mogłem ocalić Vanessy. Nie potrafiłem nawet jej przekonać, żeby choć rozważyła inne opcje. Za kilka miesięcy Grace zostanie oddana do adopcji. W dodatku nawaliłem w pracy. Straciłem kontrolę nad tym wszystkim. Tornado rozrzucało kawałki mojego życia na wszystkie strony, powodując coraz większy bałagan: za duży, by go uprzątnąć.

Nagle zadziałał u mnie pierwotny instynkt samozachowawczy. Poczułem potrzebę, by to naprawić. Chociaż *coś* ustabilizować.

Ale mogłem naprawić tylko jedno. Zniwelować szkody, których narobiłem tutaj. Przynajmniej tu mogłem przywrócić porządek. To było w mojej mocy.

– Czego potrzebujesz, szefie? – zapytała Becky, jakby potrafiła czytać mi w myślach.

– Proszę, żebyś zwróciła się do wydziału policji Minneapolis z prośbą o udostępnienie nagrania ze sprawy Buellera.

Wyprostowałem się i otworzyłem aktówkę.

– Wezwij też wszystkich tutaj. Zamów jedzenie na wynos i przynieś mi akta Kellera, Buellera i Garcii. Czeka nas całonocna praca.

Rozdział 28

Rozwiąż ten quiz, żeby się przekonać, czy on cię unika!

VANESSA

Ubiegłego wieczoru Adrian nie wrócił do domu. Ani poprzedniego i jeszcze poprzedniego. To znaczy, w pewnym sensie wrócił. O drugiej nad ranem wślizgnął się do łóżka. A potem znowu wstał i wyszedł o 6:00. Odpowiadał na moje esemesy jednym słowem.

A czasami w ogóle nie odpowiadał.

Wczoraj zaniosłam mu do pracy lunch, chcąc mu zrobić niespodziankę, i zastałam go w sali konferencyjnej z dziesiątką innych osób jedzących już kanapki. Uśmiech, który mi posłał, był niemal profesjonalny. Jakbym była klientką.

Pocałował mnie w przelocie, obiecał, że zje to, co mu przyniosłam, na kolację, po czym przeprosił mnie i oznajmił, że musi wracać do pracy. Następnie położył mi dłoń na plecach i wyprowadził mnie z sali, a ja znalazłam się w holu naprzeciwko wind, zastanawiając się, co tam właściwie zaszło.

Powtarzałam sobie, że to tylko przejściowa sytuacja. Prowadził ważną sprawę – a w ciągu ostatnich tygodni narobił sobie trochę zaległości.

W głębi ducha wiedziałam jednak, że wcale tak nie jest.

Miałam poczucie, że próbuje się ode mnie zdystansować. Zupełnie jakbym patrzyła na jego życie po mojej śmierci. Pracował do upadłego, żeby wypełnić pustkę po mnie, przeżywał żałobę, a ja przecież jeszcze nie odeszłam.

Rozumiałam, dlaczego trudno mu się pogodzić z moją decyzją. Był człowiekiem czynu, cenił sobie pragmatyzm. Gdy stawał wobec jakiegoś problemu, badał go gruntownie, przyglądał mu się ze wszystkich stron, po czym go rozwiązywał, wytaczając kolejne argumenty – i nie miał w zwyczaju przegrywać.

Chciał wyczerpać wszelkie możliwości. Zabrać mnie do każdego specjalisty, przeczytać analizy każdego przypadku, zapisać mnie na wszystkie możliwe badania kliniczne. Ale nic z tego nie mogło mnie ocalić. Nic. A im szybciej on to zrozumie, tym szybciej będziemy mogli wrócić do naszego życia – bo w tej chwili jego wcale w nim nie było.

Tęskniłam za nim. Bardzo.

Coś się między nami zepsuło, a ja nie wiedziałam, jak to naprawić, bo nie mogłam dać mu tego, czego chciał. Więc całymi dniami snułam się tylko po jego mieszkaniu jak duch, w nadziei, że do mnie wróci.

Brent zaangażował się bez reszty w produkcję Boob-Sticków, więc był zajęty. Tata dostał pracę, o którą się starał, i teraz w ciągu dnia nie było go w domu, co oznaczało, że nie mogłam chodzić tam z Grace na lunch. Kolacja nie wchodziła w rachubę, bo chciałam być tutaj, na wypadek gdyby Adrian wrócił jednak o przyzwoitej porze. Byłam więc sama. Cały czas.

Tylko ja i Grace.

Wczoraj leżałam z nią na łóżku, a ona zacisnęła piąstkę na moim palcu. Zastanawiałam się, czy będzie mnie pamiętać, kiedy już odejdę, czy zostanie w niej maleńkie, głęboko ukryte wspomnienie brązowookiej kobiety, która kiedyś ją kochała. Złapałam się na tym, że chcę, żeby popatrzyła na moją twarz i schowała jej obraz gdzieś w bezpiecznym miejscu. A potem uświadomiłam sobie, że w tym samym miejscu będzie musiała umieścić również wspomnienie Adriana – bo jego też przecież straci.

Zawsze widziałam w nim niezłomnego wartownika. Latarnię morską podczas burzy. Bezpieczny, pewny i stały punkt. Ale on się załamał pod ciężarem mojej sytuacji. I naszła mnie smutna myśl, że gdyby Grace była naszą córką, a on straciłby mnie, tak jak tata mamę, to też by wtedy zniknął z życia małej, uciekłby w pracę, to byłby jego sposób radzenia sobie z moją śmiercią.

Tata, nawet ze wszystkimi swoimi wadami, nie zostawił nas po śmierci mamy i dzięki niemu trzymaliśmy się jakoś wszyscy razem. Straciliśmy ją, ale nigdy nie straciliśmy siebie nawzajem.

Dziwnie było uświadomić sobie, że tata był pod tym względem silniejszy niż Adrian. *Tata*.

Jego mechanizmy radzenia sobie z trudnościami nie były dużo zdrowsze. Ale przynajmniej trwał przy nas.

Musiałam czymś się zająć, więc dokończyłam listę spraw do załatwienia przed śmiercią. Pojechałam dziś do domu pogrzebowego i dokonałam wszystkich ustaleń.

Nie chciałam urny. Nie chciałam stać się częścią graciarni w domu taty, gdyby znów miał wrócić do gromadzenia rupieci, odmawiałam jednakże stanowczo wydania siedmiu tysięcy dolarów na trumnę i miejsce pochówku, skoro mogłam przeznaczyć te pieniądze na badania nad ALS.

Wykupiłam zatem kremację i jako pojemnik na moje prochy wybrałam kartonowe pudełko. Nie wierzyłam, że tata wysypie je w jakimś sensownym miejscu, nawet gdybym dokładnie mu wyłuszczyła, gdzie chciałabym spoczywać. Pewnie wylądowałabym w spiżarni obok puszek z przeterminowaną peklowaną wołowiną i owocami w zalewie. Uznałam, że Adrian będzie zbyt przybity, żeby wziąć to na siebie. Powierzyłam zatem to ostatnie zadanie Drake'owi i poprosiłam, żeby rozsypał moje prochy nad oceanem.

Zamiast płacić za ceremonię pogrzebową, skontaktowałam się z moim biurem podróży i przeznaczyłam te pieniądze na rejs dookoła świata dla taty, Annabel, Brenta, Joela i Grace. Dzięki temu będą mogli mnie pożegnać, celebrując zarazem piękno świata i radość życia.

No i tyle.

Zaplanowałam i zaaranżowałam już wszystko. Zostało mi tylko zapewnienie Grace dobrej przyszłości.

Annabel wciąż nie odbierała moich telefonów w klinice odwykowej. Ale przynajmniej w niej była.

Był sylwester, zarezerwowałam dla Adriana i dla mnie pokój w pensjonacie w Stillwater na cały weekend. Kiedy zaskoczyłam go tym dwa dni temu, wydawał się podekscytowany – to znaczy na tyle, na ile to możliwe piętnaście po pierwszej w nocy po dziewiętnastogodzinnym dniu pracy.

Miałam wielkie nadzieje co do tego weekendu.

Może Adrian potrzebował tego ostatniego tygodnia, żeby przetrawić wszystko, czego się o mnie dowiedział. Może do tej pory pierwszy szok już zelżał i mój facet był gotowy żyć dalej. Podczas tego weekendu zrelaksujemy się, wyśpimy. Spędzimy trochę czasu bez Grace, skupimy się na sobie.

Zarezerwowałam na wieczór stolik w Ladeyrze, mojej ulubionej winiarni. Miałam plan, żeby przywitać nowy rok nago w wielkim łożu w naszym pokoju, z butelką Dom Pérignon, którą kupiłam na tę okazję.

Zostawiłam Grace u taty i o 16:00 zameldowałam się w pensjonacie.

Adrian powiedział, że wyjdzie z pracy koło 17:00 i spotkamy się na miejscu, ale nie napisał jeszcze do mnie z pytaniem o adres. Nie wyjawiłam mu, dokąd jedziemy, bo nie chciałam, żeby wyszukał to miejsce w Google'u. Chciałam, żeby to była prawdziwa niespodzianka.

Wynajęłam apartament Agathy Christie w Rivertown Inn w Stillwater. Zatrzymywałam się w najróżniejszych pensjonatach na całym świecie, ale z tym żaden nie mógł się równać. Nasz pokój był urządzony na wzór staroświeckiego wagonu kolejowego pierwszej klasy, inspirowanego powieścią *Morderstwo w Orient Expressie*. W łazience obok ogromnej okrągłej wanny dla dwojga stał sarkofag Tutenchamona. Były też prywatna sauna i prysznic ze strumieniem deszczowym. Apartament był naprawdę luksusowy i idealny jako odskocznia, której oboje potrzebowaliśmy.

Na ścianie był cytat, który szczególnie lubiłam.

Uwielbiam żyć. Bywam czasem okropnie zrozpaczona, bardzo nieszczęśliwa, udręczona smutkiem, ale przy tym wszystkim wiem z całą pewnością, że cudownie jest żyć[*].

Agatha Christie, 1890–1976

Wydawał mi się bardzo adekwatny.

O 18:00 Adrian wciąż nie przysłał esemesa. Nie odebrał też, kiedy do niego zadzwoniłam. Poszłam na bankiet dla gości pensjonatu bez niego.

---

[*] Agata Christie, *Autobiografia*, przeł. M. Konikowska i T. Lachowska, Warszawa 1998.

Kiedy o 18:45 wróciłam do naszego pokoju, nadal nie oddzwonił. Ale kolacja była dopiero o 21:00, a wiedziałam, że w poniedziałek zaczynał się proces z udziałem przysięgłych, więc pewnie chciał wszystko dopiąć na ostatni guzik, żeby w weekend móc się zrelaksować. Postanowiłam się wykąpać, czekając na niego.

Minęło pół godziny.

Cała godzina. Dolałam gorącej wody do wanny.

Kiedy w końcu zadzwonił, słyszałam wiatr w jego samochodzie.

– Jedziesz? – spytałam, podstawiając duży palec u nogi pod kapiący kran. – Przegapiłeś godzinę koktajli.

– Vanesso, coś mi wypadło.

Zabrałam nogę spod kranu.

– To znaczy?

– Jestem w drodze do La Crosse.

Zrobiło mi się niedobrze.

– Do Wisconsin? Jak to?

– Garcia został aresztowany. Muszę tam pojechać.

Usiadłam w wannie.

– Że... co?

– Przykro mi. Nie dołączę dzisiaj do ciebie.

Rozczarowanie utrzymywało się tylko chwilkę, zanim przemieniło się w kipiącą wściekłość. Coś we mnie pękło.

– Jeśli chcesz ze mną zerwać, to po prostu, kurwa, zerwij – wycedziłam.

– Słucham?

Pokręciłam głową.

– Nie możesz nawet znieść przebywania ze mną w jednym pokoju, co? Nie jesteś w stanie na mnie *spojrzeć*.

– To nie tak... Vanesso, nie mam wyboru. Jestem jego adwokatem. *Muszę* tam jechać.

– Musisz tam jechać tylko dlatego, żeby uniknąć nocy sam na sam *ze mną*. W twojej kancelarii jest cały sztab prawników. Sam to mówiłeś, może tam pojechać ktokolwiek, to nie musisz być ty.

Prawie widziałam, jak przeciąga dłonią po twarzy, uciekając w bok wzrokiem.

Zacisnęłam powieki.

– Nie udawaj, że to nie jest *dokładnie* to, o czym oboje wiemy, że jest, Adrianie. *Uciekasz*. Nawet kiedy jesteś ze mną, to cię nie ma. Przestań mnie unikać i zasłaniać się pracą. Proszę. *Proszę*. Zawróć. Przyjedź tutaj. I przestań mi to robić.

Po drugiej stronie zapadła długa cisza.

– I co potem? Mam patrzeć, jak pozwalasz sobie umrzeć? No i proszę.

Czyli miałam rację.

Broda mi drżała.

– Nie mogę dać ci tego, o co mnie prosisz, Adrianie.

– Ja też nie mogę dać ci tego, o co mnie prosisz. *Potrzebuję* tej pracy. W tej chwili tylko ona pozwala mi zachować resztki zdrowia psychicznego.

– Czyli przebywanie z dala ode mnie przez dwadzieścia godzin dziennie to gwarancja twojego zdrowia psychicznego?

– Nie to miałem na myśli...

– Owszem, właśnie to. – Walczyłam z łzami. – Rozumiem. Wciąż jesteś w szoku i próbujesz jakoś się z tym uporać, robiąc to, co zawsze, kiedy czujesz, że tracisz kontrolę – pracując. Ale jednocześnie marnujesz cenny czas. – Pokręciłam głową. – To tylko złudzenie, Adrianie. Poczucie kontroli jest złudzeniem. Nikt nie obieca ci wieczności. Ludzie umierają niespodziewanie każdego dnia. Mają wypadki samochodowe, ataki serca i wylewy, a jeśli przez całe życie obsesyjnie myślisz o jego końcu, to przeżywasz ten koniec w dwójnasób.

Wciąż mamy jeszcze czas, a te wszystkie zabiegi, które twoim zdaniem mnie ocalą, są daremne. Przestań gonić za iluzją i po prostu bądź szczęśliwy. Bądź szczęśliwy *ze mną*, póki jeszcze możesz.

Nie odpowiedział, ale wiatr w tle ustał, jakby zjechał na pobocze.

– To może być mój ostatni nowy rok – wyszeptałam. – Nie rozumiesz tego? Nie rozumiesz, że każde z tegorocznych świąt może być moim ostatnim? Że każdy dzień ze mną jest jak prezent? Czy to dla ciebie nic nie znaczy?

– Oczywiście, że znaczy.

– Więc traktuj to jak prezent! Wróć do mnie. Jeśli nie dzisiaj, trudno. Rozumiem, że musisz pracować. Jedź załatwić to, co musisz. Ale potem *bądź* w tym związku. Twoją odruchową reakcją na odkrycie, że być może umieram, powinna być chęć spędzania ze mną każdej chwili, a nie ucieczka.

Milczał tak długo, że myślałam już, że się rozłączył.

– Nie potrafię być bezradny, Vanesso. – Głos miał stłumiony. – Nie mogę siedzieć i patrzeć, jak umierasz, nie mając pełnego przekonania, że zrobiliśmy *wszystko*, by temu zapobiec.

Potrząsnęłam głową, a łzy, które cały czas cisnęły mi się do oczu, popłynęły po policzkach.

– Nie mogę czekać miesiącami, aż się z tym pogodzisz, Adrianie. Nie mam tyle czasu do stracenia. Zwłaszcza jeśli nie zamierzasz zrobić nic, by pomóc sobie to przepracować. Nie chcesz iść na terapię ani dołączyć do jakiejś grupy wsparcia, ani nawet ze mną rozmawiać. A ja nie zamierzam być nieszczęśliwa i samotna, bo ty postanowiłeś zachowywać się tak, jakbym już umarła. Nie zgadzam się na to.

Znów nastąpiła długa chwila milczenia.

– Chcę, żebyś powiedziała, że zaczniesz się leczyć – odezwał się w końcu Adrian. – Że pójdziesz się zbadać, żeby uzyskać diagnozę, że poddasz się badaniom klinicznym i będziesz brała dostępne leki. Potrzebuję odpowiedzi. Potrzebuję jakiegoś planu. – Odczekał chwilę i dodał: – To moje ostatnie słowo.

To zdanie zawisło między nami.

– Twoje ostatnie słowo? – wyszeptałam. – *Ostatnie* słowo? Stawiasz mi ultimatum?

Nie odpowiedział.

Potrząsnęłam głową.

– A jeśli się nie zgodzę?

Znów milczał dłuższą chwilę.

– Vanesso... muszę wiedzieć, że zamierzasz dać nam więcej czasu.

Moje serce pękło i rozpadło się na tysiąc maleńkich kawałeczków.

– Wal się, Adrianie. Ty nawet nie chcesz tego czasu, który masz.

I się rozłączyłam.

To pożegnanie doprowadzi cię do łez

VANESSA

Klinika odwykowa Annabel wydawała się bardzo przyjemna. I powinna taka być. Słono mnie kosztowała.
Kiedy zakończyłam rozmowę z Adrianem, opuściłam pensjonat i pojechałam do Iowa.

Spędziłam sylwestra w Motelu 6, odległym milę od miejsca, w którym przebywała Annabel. Sprawdziłam godziny odwiedzin w klinice, nastawiłam budzik na rano, a potem wypiłam pół butelki szampana, którego przywiozłam ze sobą, nalewając go sobie do papierowego kubka, i poszłam spać jeszcze przed północą.

Adrian oddzwonił do mnie prawie zaraz potem, jak przerwałam naszą rozmowę. Wyłączyłam telefon. Nie mieliśmy już sobie absolutnie nic do powiedzenia.

Postawił mi ultimatum. *Ultimatum* dotyczące tego, jak mam przeżyć resztę *mojego* życia.

W ogóle nie zacząłby się ze mną spotykać, gdyby wiedział, że mogę być chora. Bałam się nawet o tym myśleć. On temu oczywiście żarliwie zaprzeczał. Ale ja już teraz wiedziałam, że to wszystko, cała jego miłość, została mi ofiarowana wskutek nieporozumienia.

342

Podziałałam na niego jak *clickbait*.

Zwiodłam go. Stanowiłam kuszącą obietnicę, ale kiedy przyjrzał mi się bliżej, zobaczył, że to tylko pozorna atrakcyjność. Okazałam się przereklamowana. Spodziewał się czegoś zupełnie innego. Nie zrobiłam tego celowo, ale i tak wprowadziłam go w błąd. Sprzedałam mu po prostu nieistniejący towar.

Powinnam była przewidzieć, że on jest zbyt cudowny, by mógł być prawdziwy. Powinnam była się zastanowić, dlaczego taki facet miałby się zakochać w kimś takim jak ja. Dlatego, że nie wiedział, jaka naprawdę jestem.

A teraz się dowiedział.

Konsekwencje tego wszystkiego były zbyt dramatyczne, żeby o tym myśleć. Więc nie myślałam. Wzięłam prysznic, wypiłam paskudną kawę na stacji benzynowej i pojechałam zobaczyć się z siostrą.

Annabel nie spodziewała się mnie i nie byłam pewna, czy zechce się ze mną spotkać. Zameldowałam się w recepcji i wpuszczono mnie do środka.

Kiedy weszła do sali odwiedzin i mnie zobaczyła, zawahała się. Potem zacisnęła wargi w cienką kreseczkę i usiadła w fotelu naprzeciwko mnie.

– Hej – powiedziałam.

Skrzyżowała ręce na piersi.

– Hej.

Siedziałyśmy tak w pełnej napięcia ciszy.

Wydawała się zmęczona, ale spojrzenie miała bystre. Była w sportowej bluzie i szarych spodniach od dresu. Jasne włosy związała w niechlujny kucyk. Miałam wrażenie, że schudła. Wyglądała wręcz mizernie.

– Czy ty coś jesz? – zagadnęłam.

– Jedzenie jest tu ohydne – mruknęła.

– Chcesz, żebym ci skombinowała jakieś batony proteino-
we czy coś?

Wzruszyła ramionami i odwróciła wzrok, skubiąc maleńkie rozdarcie na podłokietniku swojego fotela.

– Jak twoje ramię? – spytałam.

– Chyba w porządku – wymamrotała. – Nie chcą mi nic
dać, więc...

– No wiesz, jesteś na odwyku – pozwoliłam sobie na sar-
kazm.

Zignorowała mnie.

– Grace ma się dobrze – rzuciłam.

Nie odpowiedziała.

– Dzwoniłam do ciebie – podjęłam. – Wiele razy.

Wydęła wargi.

– Nie chciałam z tobą rozmawiać.

– A to dlaczego?

– Bo jesteś kłamczuchą.

Uśmiechnęłam się drwiąco.

– A czym to się niby przejawia? Tym, że przestałam bez-
warunkowo finansować twoje wyskoki?

Wbiła we mnie spojrzenie swoich przenikliwych niebieskich oczu. Oczu Grace.

– Gdzie twój stabilizator? – spytała.

Zamrugałam.

– Co?

Przeszyła mnie wzrokiem.

– Twój stabilizator. Na rękę.

Poprawiłam się w fotelu. Przy nikim go nigdy nie nosiłam,
z wyjątkiem Adriana.

– Widziałam go, kiedy przyszłam zobaczyć twoje mieszkanie. Zanim urodziłam. – Patrzyła na mnie zaczepnie, jakby
chciała sprawdzić, czy temu zaprzeczę. – To kiedy zamierza-

łaś nam powiedzieć? Czy chciałaś po prostu sobie umrzeć, żebyśmy się dowiedzieli dopiero po fakcie?

Przez jej twarz przemknął grymas bólu. Mikrosekunda bezbronności, którą maskowała hardą, zaciętą miną.

Ona wiedziała. Wiedziała przez cały czas.

– Mówiłaś o tym tacie i Brentowi? – wyszeptałam.

Potrząsnęła głową.

– Nie. Ale oni i tak wiedzą. Nie jesteśmy idiotami. Widzimy, kiedy nie możesz nawet otworzyć butelki ketchupu.

Oparłam się w fotelu.

To dlatego tacie się pogorszyło. Dlatego pogorszyło się im obojgu. Nic dziwnego, że przestała nad sobą panować. Nic dziwnego, że jej odbiło.

Poczułam dławienie w gardle.

ALS nigdy nie odpuści. Jego macki owijały się wokół naszych kostek i ciągnęły nas w otchłań.

A teraz dopadły również Adriana.

Rzucały się na każdego, kto podszedł zbyt blisko.

Przełknęłam ślinę.

– Nie mam pewności, czy to właśnie to – powiedziałam.

Parsknęła drwiąco.

– No tak.

Znowu umilkłyśmy.

Skubała rozprucie swojego fotela.

– Tamtego dnia, kiedy się o tym dowiedziałam, omal nie połknęłam całej buteleczki tabletek – powiedziała cicho. – Pojechałam prosto do przychodni. Obmyśliłam sobie wszystko w szczegółach. Ale nie zrealizowałam mojego planu. Mówiłam sobie, że Mel byłaby mną rozczarowana, gdybym zrobiła to w ciąży. Tylko to mnie powstrzymało: myśl, że Mel zobaczy mnie z góry.

Nachyliłam się ku niej, opierając łokcie na kolanach.

– Annabel, jeśli to jest to... czym *mogłoby* być, to nie mogę zatrzymać Grace. Mogę się nią opiekować, dopóki nie ukończysz tego programu. Ale kiedy stąd wyjdziesz, będziesz musiała ją zabrać.

Patrzyła na mnie, a ja myślałam wyłącznie o tym, jaka ona jest młoda. Nie wyglądała na swoje dziewiętnaście lat. Wyglądała jak dziecko. Wydawała się za młoda nawet, żeby prowadzić samochód.

– Oddaj ją tacie.

Wybałuszyłam oczy.

– Mam ją oddać *tacie*?

– Albo Brentowi i Joelowi.

– Co? Brent zwieje przy pierwszej pełnej pieluszce! On nie jest gotowy, żeby mieć dziecko. – Pokręciłam głową. – Ty musisz się nią zająć, Annabel. Ona jest *twoja*.

– Nie chcę. Nie mogę.

Zwilżyłam wargi.

– Owszem, możesz. Dasz radę. Pomogę ci. Pomogę ci finansowo, nie będziesz musiała pracować...

– Nie dam rady nie brać.

Powiedziała to rzeczowym tonem. To nie była groźba. To było stwierdzenie faktu.

– Nie dam rady. Chcę wyjść z nałogu, ale jeśli będę musiała się nią zajmować, nie dam rady. To dla mnie zbyt trudne. Jestem z tobą szczera. Tutaj ciągle mi mówią, żebym mówiła prawdę, a prawda jest właśnie taka. Nigdy jej nie chciałam. Nie chcę być matką. Nie dam rady.

– Wiesz, że tata nie może się nią zajmować – powiedziałam ledwie słyszalnie. – Jeśli coś mi się stanie, będzie w rozsypce. On *już* jest w rozsypce. Nie możesz zostawić z nim Grace...

– To znajdź kogoś innego. Ludzie zawsze chcą mieć dzieci. Ona jest w porządku. Ktoś będzie ją chciał.

Zapiekły mnie oczy.

– Nie możesz tak myśleć – szepnęłam. – To twoja córeczka.

Znowu wzruszyła ramionami.

– Przynajmniej jestem szczera.

Siedziałyśmy tak w milczeniu.

Przyglądałam jej się. Dziecięca buzia z głębokimi zmarszczkami na czole, wyniszczona nieadekwatnie do jej wieku.

Annabel była wrakiem człowieka.

A czy można się temu dziwić?

Miała zaledwie czternaście lat, kiedy Mel zachorowała. Była dzieckiem, mieszkała na stercie śmieci i patrzyła, jak jej najstarsza siostra, ta, która była dla niej jedyną matką, jaką znała, marnieje w oczach i umiera.

A teraz wiedziała, że ja też być może umieram.

Ile jeszcze mogła znieść? Nie była nawet wystarczająco dorosła, żeby legalnie pić alkohol, a przeżyła już więcej tragedii niż większość osób trzykrotnie od niej starszych.

Jej własna matka ją porzuciła. Potem Mel umarła, a ja zostawiłam ją samą, pogrążoną w żałobie, i jeździłam po świecie, podczas gdy tata zapadał coraz głębiej w swoją chorobę psychiczną. Przypadkowo zaszła w ciążę, jej ciało zostało zawłaszczone przez dziecko, którego nie planowała ani nie chciała, i nie była emocjonalnie gotowa, żeby się nim zająć. Uzależniła się od narkotyków. Musiała się zmagać z własnymi demonami – i miała przynajmniej na tyle samoświadomości, żeby to przyznać.

Czy ja traktowałam ją tak, jak Adrian mnie? Upierałam się, że wiem lepiej, co jest dla niej dobre, podczas gdy to przecież ona musiała żyć ze swoimi wyborami?

Może właśnie jeśli jej posłucham, wyświadczę największą przysługę i jej, i Grace.

Nawet jeśli sama nie byłam o tym przekonana.

– Dobrze – szepnęłam. – Dopilnuję, żeby trafiła do dobrej rodziny.

Po raz pierwszy od bardzo dawna jej twarz złagodniała.

Pewnie dlatego, że po raz pierwszy od bardzo dawna postanowiłam jej wysłuchać.

***

Dwie godziny później siedziałam na parkingu przed kliniką i wpisywałam do nawigacji w telefonie adres mojego mieszkania.

Annabel przytuliła się do mnie, zanim wyszłam.

Zobaczyłam dziś w niej przebłysk tego, kim mogła się stać. Wymagało trochę wysiłku, by to z niej wydobyć, ale potencjał był. Mówiła o swojej przyszłości, o tym, że chce pójść na studia i zrobić dyplom. Chciała zajmować się projektowaniem graficznym, tworzyć strony internetowe. Powiedziałam jej, jakie wrażenie zrobiły na mnie jej projekty dla BoobSticka, a jej aż rozbłysły oczy. Wyglądała zupełnie jak Grace, kiedy patrzy na Adriana, promieniowała czystym szczęściem. A już się bałam, że moja siostra straciła zdolność jego odczuwania.

Powiedziałam jej, że to wspaniały pomysł. Podobało mi się, że myśli o przyszłości.

Wiedziałam, że da radę wyjść z nałogu. Była silna. A teraz miała wreszcie odpowiednie wsparcie. Myślę, że przyznanie, że musi wyrzec się Grace, wyzwoliło ją. W pewnym sensie wyzwoliło również mnie. Kurczowe trzymanie się nadziei nigdy nie było moją ulubioną strategią. Teraz nie musiałam już dłużej rozważać wszystkich możliwych scenariuszy. Nie musiałam się martwić, że uzależnienie Annabel zrujnuje Grace życie, gdy mnie już zabraknie. Tak się nie stanie – bo Grace też tu już nie będzie.

Skończyłam wpisywać adres i już miałam wyszukać najlepszą trasę... ale wstrzymałam się z tym w ostatniej chwili.

Jaki był sens wracać do St. Paul? Co tam na mnie czekało? Adrian powiedział już swoje, a ja swoje. Postawił mi ultimatum, a ja udzieliłam mu odpowiedzi. To był już koniec. Każde dostało to, co chciało. Więc jaki był sens nadal tam tkwić?

Annabel miała najlepszą pomoc z możliwych. Grace miała na razie dziadka, a tata miał Sonję, która go wspierała. Dadzą radę zająć się Grace, dopóki nie umieszczę jej w rodzinie adopcyjnej. Brent też był na właściwym torze.

Adrian miał swoją pracę i swoje ostatnie słowo.

A ja po raz pierwszy od bardzo dawna miałam poczucie, że moja rodzina przetrwa beze mnie. To było więcej, niż kiedykolwiek oczekiwałam.

Ale czy dadzą sobie radę równie dobrze, gdy ja wciąż tam będę? Jeśli będą musieli patrzeć na moją powolną śmierć, jak było w przypadku Melanie?

Nie. Bo patrzenie na mnie w tym stanie to właśnie patrzenie na słońce.

Oni byli niczym delikatny domek z kart przy otwartym oknie... A ja byłam wiatrem. Musiałam odejść.

Nie pożegnam się z Grace...

Ale nie mogłam tam wrócić. Straciłabym odwagę.

Ta myśl poraziła mnie, nie mogłam złapać tchu.

Moje dziecko...

Widziałam ją po raz ostatni, nie zdając sobie z tego sprawy. Pocałowałam ją, przytuliłam i powąchałam jej główkę, ale nie rozkoszowałam się tym, nie upajałam, jak należy...

Grace należała bardziej do mnie, niż kiedykolwiek należała do Annabel. Ona zawsze będzie moja, nawet jeśli całkiem mnie zapomni.

I to musi mi wystarczyć.

Musiałam mieć nadzieję, że te drobinki mnie, które dostała, wystarczą jej na całe życie.

Zadzwonię do opiekunki społecznej, przydzielonej do jej sprawy, i do mojego prawnika, żeby wiedzieli, gdzie ona jest.

Otarłam łzy z policzków, spojrzałam na mój telefon i wycofałam wpisany w pasek wyszukiwarki adres. I nagle droga przede mną stała się jednym wielkim znakiem zapytania.

Przed laty wyruszyłam w podróż mego życia. Chciałam być motylem na wietrze. Wyruszyłam w drogę całkiem sama. Nie miałam operatora, który przypinałby mi mikrofon, szedł za mną i edytował nakręcony materiał. Nie miałam asystenta produkcji, który rezerwowałby mi pokoje w hotelach i planował trasę. Oprócz ciuchów, w które byłam ubrana, zabrałam tylko jedną walizkę. Miałam ją teraz w samochodzie. Wzięłam nawet paszport. Wtedy moim celem było śmiać się, zwiedzać świat i żyć tak, jakby pozostał mi tylko jeden rok. A teraz może naprawdę tak było.

Nie byłam jeszcze gotowa wyrzec się mojej miłości do życia. I nie zamierzałam spędzać już ani jednego dnia więcej na patrzeniu w słońce. Już nigdy tego nie zrobię. Wybrałam życie – bo wszystko inne to tylko czekanie na śmierć.

Włączyłam silnik i wyjechałam z parkingu. A kiedy musiałam skręcić, pojechałam tam, dokąd poniósł mnie wiatr.

Rozdział 30

Skuteczny poradnik, jak przetrwać rozstanie (z twojej winy)

ADRIAN

W moim mieszkaniu nic się nie zmieniło. Choinka wciąż była pięknie udekorowana, obok kanapy stał bujaczek Grace. Nawet polarowy koc Vanessy leżał tak, jak go zostawiła, zwinięty w kłębek i pachnący jej perfumami. A jednocześnie wszystko było inne. Jakby w nocnym klubie nagle zapalono wszystkie światła.

Od dwóch dni nie dostałem od niej znaku życia. Odkąd rozłączyła się wtedy w sylwestra.

W tej samej sekundzie, kiedy to się stało, zrozumiałem, że dałem ciała.

Natychmiast zawróciłem z drogi, zadzwoniłem do Lenny'ego z prośbą, żeby mnie zastąpił, a sam popędziłem prosto do Stillwater. Ale Vanessa nie odbierała moich telefonów ani esemesów i nie wiedziałem, dokąd dokładnie mam jechać. Wygooglowałem wszystkie pensjonaty w okolicy i podjechałem pod każdy z nich, wypatrując jej samochodu, ale nie mogłem go nigdzie znaleźć.

Wtedy rozmawiałem z nią po raz ostatni.

Zdradziłem ją. Kazałem jej wybierać: albo ja, albo... ona.

No i dokonała jedynego możliwego w tej sytuacji wyboru.

To ultimatum było aktem desperacji ze strony przybitego, niewyspanego faceta, który wpadał w obłęd na myśl, że ją straci. To była z mojej strony manipulacja i nie miałem prawa tak się zachować, zresztą nigdy bym nie spełnił tej mojej pokrętnej groźby. Teraz miałem już tego dobitną świadomość. Nie mógłbym jej zostawić, bez względu na to, jak by się w dalszym ciągu zapatrywała na koniec swojego życia.

Teraz patrzyłem już na to wszystko z innej perspektywy. Uświadomiłem sobie, że zareagowałem tak, a nie inaczej, bo bałem się, że znów zostanę porzucony przez ukochaną osobę, a w swojej udręce nie byłem już w stanie stwierdzić, co jest słuszne, a co nie.

Powinienem był pójść za jej radą. Znaleźć psychologa, terapeutę, grupę wsparcia, porozmawiać z kimś. *Wszystko* byłoby lepsze niż to, co zrobiłem. *Cokolwiek* innego niż zamknięcie się w sobie i postawienie jej ultimatum, bo *ja* nie radziłem sobie z wyborem, jakiego dokonała – a to był wyłącznie jej wybór. Była biegłą sądową w sprawie ALS, wygłaszającą swoją opinię, a ja odmówiłem wysłuchania jej, bo nie byłem w stanie tego przyjąć do wiadomości. Byłem kompletnie popieprzony, bo zostałem skrzywdzony w dzieciństwie, ale nic z tym nigdy nie zrobiłem, omijałem z daleka moją traumę porzucenia i moją chorobliwą potrzebę kontroli.

W niczym nie różniłem się od Richarda. Tyle że ja zostawiłem moją rodzinę, nie ruszając się z domu.

Myślałem, że gorzej już być nie może.

Myliłem się jednak.

Teraz dopiero sięgnąłem dna.

Nie mogłem jeść, nie mogłem spać. Miałem poczucie, że moja rodzina się rozpadła. Jakbym ją zawiódł, a żona ode mnie odeszła i zabrała dziecko. Nie wiedziałem, co ze sobą zrobić. Bałem się wyjść z domu. Siedziałem w całkowitej ciszy, żeby usłyszeć ją za ścianą, gdyby wróciła do swojego mieszkania, ale nie wróciła.

Wyrzekłem się czasu, który jeszcze nam został. Vanessa miała rację. Powinienem był się cieszyć każdą sekundą, jaką dane mi było z nią spędzić.

Chciałem cofnąć się w czasie i rozmawiać z nią w samochodzie w drodze powrotnej z Nebraski do Minnesoty. Chciałem pójść z nią do tamtego sklepu ze słodyczami, który wypatrzyła, i zjeść z nią lunch tamtego dnia, kiedy przyszła do kancelarii, i całować ją o północy w Nowy Rok. Tymczasem ja spędziłem te ostatnie dni, wpatrując się w słońce.

I teraz przeżywałem najgorszy możliwy scenariusz w dwójnasób.

Miałem nadzieję, że może potrzebowała po prostu oddechu. Może chciała się uspokoić. A potem wróci i da mi szansę przeprosić. Kurczowo trzymałem się tej nadziei.

Była prawie 2:00 w nocy. Siedziałem w salonie, zakrywając twarz dłońmi, gdy nagle zadzwoniła moja komórka. Rzuciłem się, żeby odebrać, ale to była tylko Becky.

Przeciągnąłem dłonią po ustach i przyłożyłem telefon do ucha.

– Hej...

– Adrianie, coś ty zrobił?

Głos jej drżał.

Usiadłem prosto.

– O czym ty mówisz?

– Vanessa właśnie wstawiła filmik.

Rozłączyłem się i popędziłem do laptopa.

Na filmiku Vanessa siedziała w poczekalni linii lotniczych Delta. Oczy miała czerwone i podpuchnięte. Filmik zatytułowany był: „Żegnajcie na zawsze".

Zrobiło mi się ciemno przed oczami.

– Cześć, wszystkim. – Pomachała do kamery jak zawsze. Ale w oczach nie miała charakterystycznego dla niej blasku. Była w bluzie z kapturem, włosy zaplotła w niestaranny warkocz. Wyglądała tak, jak ja się czułem. Wyglądała na zdruzgotaną. – Żałuję, że nie mam wam do przekazania lepszych wieści, ale jak już się pewnie zdążyliście zorientować po tytule, to będzie mój ostatni film. Ostatnio nie byłam z wami szczera, a teraz chcę to naprawić, bo sądzę, że zasługujecie na szczerość z mojej strony. – Przerwała. – Od kilku miesięcy mam, obawiam się, wczesne objawy ALS.

Sporo ostatnio myślałam o moim życiu i wiedząc, że być może zostało mi już niewiele czasu, postanowiłam, jak chcę ten czas spędzić. A mianowicie – w spokoju.

Nadal będę jeździć po świecie. Nagram też filmy z moich ostatnich chwil na tej Ziemi, jeśli rzeczywiście mają być ostatnie. Ale zostaną one upublicznione dopiero po mojej śmierci. Dlaczego? – Wzruszyła ramionami. – Ponieważ wtedy będą więcej warte, a ja chciałabym już po moim odejściu dać mojej fundacji jeszcze jeden solidny zastrzyk gotówki. Po raz ostatni pokażę choróbsku środkowy palec – póki wciąż jeszcze mogę go unieść. – Uśmiechnęła się smętnie do kamery.

– Byliście wiatrem dla moich żagli. Naprawdę. Bez was niczego bym nie dokonała. Wspólnie zebraliśmy miliony na badania nad ALS, a także zrobiliśmy więcej dla podniesienia świadomości na temat tej choroby, niż kiedykolwiek marzyłam. Zapewniliście mi spuściznę, z której mogę być dumna, a pewnego dnia to wszystko ocali życie wielu ludziom. Dziękuję wam za to. Za to, że wspieraliście moje działania i tak wiele zmieniliście. – Wzięła głęboki wdech, a jej twarz jeszcze bardziej posmutniała. – A teraz parę słów do Pana Kaloryfera, czyli Adriana. – Spojrzała prosto na mnie. – Nigdy ci nie podziękowałam. Nigdy nie powiedziałam ci tak wielu rzeczy. Tyle mi dałeś w tym ostatnim miesiącu. Byłeś mi wsparciem i przyjacielem. Dzięki tobie czułam się bezpieczna i spokojna. Dałeś mi szansę na posiadanie własnej rodziny chociaż przez krótki czas, a mimo że wiem, że nią nie byłam, czułam się jak żona. – Warga jej drżała, a mnie pękało serce. – Jesteś miłością mojego życia, wcale nie tylko dlatego, że moje życie prawdopodobnie skończy się znacznie wcześniej, niżbym chciała. Chcę, żebyś wiedział, że nie winię cię za to, że nie mogłeś zrobić tego, o co cię prosiłam. Mam nadzieję, że znajdziesz kogoś, kto da ci całe długie życie pełne wspomnień – czego ja nie mogę zrobić – bo na to zasługujesz. – Zacisnęła wargi, jakby starała się nie rozpłakać. – Nie zapominaj, czego cię nauczyłam. Życie jest zbyt krótkie, Adrianie. Jest, cholera, zbyt krótkie. Zjedz ciastko, zrób sobie wakacje, tańcz w deszczu. I nie rób niczego, co złamie ci serce. Przykro mi, że tym razem ja to zrobiłam.

Jeszcze przez chwilę patrzyła na mnie z ekranu.

A potem film się skończył.

Nie minęła nawet pełna sekunda, a coś zaczęło walić w ścianę dzielącą nasze mieszkania. Zerwałem się na nogi i pognałem do drzwi, z trudem łapiąc oddech, sądząc, że może Vanessa wróciła po swoje ubrania czy rzeczy Grace. Może nie było jeszcze za późno.

Ale kiedy otworzyłem drzwi, z mieszkania Vanessy wyjechała na korytarz jej kanapa, niesiona przez dwóch mężczyzn w niebieskich koszulach z logo firmy przeprowadzkowej.

Z jej mieszkania dobiegł mnie głos Geralda.

– Uważajcie na nie, to przedmioty kolekcjonerskie! Cały czas was obserwuję, nie myślcie, że uda wam się schować coś do kieszeni!

Zobaczył mnie w drzwiach i przestał dyrygować pakowaniem.

– O, pan prawnik! – Uśmiechnął się do mnie.

Rozejrzałem się po niewielkiej kawalerce, a serce waliło mi dziko. Ekipa przeprowadzkowa pakowała rzeczy do pudeł. Ktoś w białych rękawiczkach zdejmował Banksy'ego Vanessy ze ściany i zawijał go w papier. Jej materac stał oparty o ścianę, a jakiś facet demontował łóżko. Ktoś był w kuchni i pakował butelki Grace. Na drabinie stała kobieta, która zdrapywała z sufitu gwiazdki świecące w ciemności.

– Co tu się dzieje? – spytałem szeptem, oglądając się na Geralda, choć to przecież było oczywiste.

Zakołysał się na piętach, trzymając ręce w kieszeniach, w ten swój nonszalancki sposób.

– Zabieram dobytek mojej córki na jej życzenie. – Uniósł w górę dłoń. – Proszę się nie martwić. Za parę godzin lokal będzie wolny. W nienaruszonym stanie, zgodnie z umową najmu.

Z niedowierzaniem patrzyłem na całą tę krzątaninę wokół. Nie mogłem oddychać. Miałem poczucie, jakby Vanessa była wymazywana. Za godzinę ta kawalerka będzie wyglądać tak, jakby ona nigdy tu nie mieszkała.

– Gdzie ona jest? – spytałem, spoglądając na jej ojca stojącego pośrodku tego chaosu.

Jego uśmiech znikł i przez chwilę miał taką minę, jakby było mu mnie żal.

– Synu, wiesz, że nie mogę ci tego powiedzieć.

Spojrzałem na niego z rozpaczą.

– Może pan. Musi mi pan powiedzieć, gdzie ją znaleźć. Proszę – błagałem.

Ściągnął swoje krzaczaste brwi.

– Może powinniśmy uciąć sobie pogawędkę. Twoje mieszkanie chyba lepiej się do tego nadaje, co?

Mrugałem przez chwilę, patrząc na tę niemożliwą scenę w jej kawalerce. Życie Vanessy znikało na moich oczach.

– Tak. Chodźmy.

Kiedy weszliśmy do mnie, skinął w stronę barku, kierując się do stołu w jadalni.

– Nalej mi coś mocniejszego, dobrze? Mam dość ciężki dzień.

Drżącymi dłońmi nalałem burbona i podałem mu szklaneczkę, po czym sam też usiadłem.

Wszystko to spowijała tak gęsta mgła niewiarygodności, że prawie wydawało mi się to nierealne. Patrzyłem na niego, siedzącego przy moim stole, jakby był przedłużeniem dziwnego snu, który mi się przyśnił.

Przytknął nos do szklaneczki i zaciągnął się zapachem, a potem skinął głową z aprobatą i upił łyk.

– Aaaa, dobra rzecz. Bardzo, bardzo dobra. Masz dobry gust. – Uniósł szklaneczkę w moim kierunku. – Jeśli chodzi o burbona i kobiety.

– Musi mi pan powiedzieć, gdzie jej szukać. Teraz. Muszę ją znaleźć teraz – powiedziałem, zbyt zdesperowany, żeby się bawić w dyplomację.

Zachichotał.

– Wiesz, przypominasz mi trochę mnie samego, kiedy byłem w twoim wieku. A Vanessa jest idealną kopią swojej matki. Ta sama świetlista energia. – Przechylił szklaneczkę w moim kierunku. – Wiesz, o czym mówię. Mają to wewnętrzne światło. A uparte są! Mój Boże, ale one uparte. – Zaśmiał się do swojej szklaneczki. – Moja żona, Samantha, kiedy zginęła w wypadku, miała symptomy od roku. Podobno straciła kontrolę nad pojazdem. Prawda jest taka, że nie powinna była prowadzić, ale nikt nigdy nie mógł mówić Samancie, co ma robić. – Uśmiechnął się do siebie, a spojrzenie miał nieobecne, jakby coś sobie przypominał. Po chwili kąciki jego ust opadły i znów popatrzył na mnie spod krzaczastych brwi. – Wiesz, ona też nie chciała brać udziału w badaniach klinicznych. Nie mogłem tego pojąć. Byłem wściekły – przez *lata*. Jak mogła tak nas zostawić? Dlaczego chociaż nie spróbowała? Bardzo dużo czasu mi zajęło uświadomienie sobie, że nawet jeśli nie widzisz walki, którą wybrały, to jeszcze nie znaczy, że nie walczą. – Nachylił się ku mnie. – A to nie jest jeszcze najtrudniejsza część, synu. Kochanie jej to wcale nie jest najtrudniejsza część. Ani też zatkanie sobie gęby i wspieranie jej, nawet jeśli nie wierzysz, że postępuje słusznie. Najgorsze dopiero nastąpi i będzie trwało przez resztę twojego życia, kiedy już światło, przy którym żyłeś, przygaśnie, a potem całkiem zniknie. Nawet jeśli się okaże, że to nic takiego, to i tak będziesz czekał, aż spadnie drugi but, wpędzając się w obłęd. Ta niepewność będzie cię zżerać żywcem. Jeśli nie możesz znieść tego teraz, to uwierz mi, nie nadajesz się do tego, co będzie potem. – Urwał. – Ale myślę, że już to wiesz.

Zmierzył mnie beznamiętnym wzrokiem.

– Wiedziałeś, co robisz, kiedy stawiałeś jej to ultimatum. Wiedziałeś, że to nie jest dla ciebie. Nie szukaj jej. Masz przed sobą całe życie. Przyjmij prezent, który od niej dostałeś, wracaj do pracy, pokochaj inną kobietę. Żyj dalej. Pozwól jej odejść.

Patrzyłem na niego. Nie mógł mieć więcej niż pięćdziesiąt pięć lat. Wydawał się jednak dziesięć lat starszy. Głębokie zmarszczki. Skutek kilku dekad żałoby.

Dopił swojego drinka i podniósł się, opierając dłonie na kolanach.

– Przejąłem opiekę nad Grace. Annabel zrzekła się swoich praw do niej. Możesz wpaść i się z nią przywitać. – Zatrzymał się jeszcze w progu i przyglądał mi się długą chwilę. – Zawsze miałeś moje błogosławieństwo, panie szykowny ochroniarzu. Miło było mieć prawnika w rodzinie.

I wyszedł.

Rozdział 31

Masz złamane serce? Rozwiąż ten test, żeby to sprawdzić!

Dwa miesiące później

VANESSA

Chyba powinniśmy się pośpieszyć, jeśli chcemy złapać jeszcze trochę światła – powiedział Laird.

Staliśmy na plaży w pustym barze tiki. Opierałam się o bambusową balustradę, spoglądając na wodę. Słońce zachodziło, a ciepła, słona, oceaniczna bryza odwiewała mi włosy do tyłu.

Brent brodził w spienionej wodzie. Podwinął spodnie do kolan i obserwował fale.

Byłam na prywatnej wyspie Drake'a. Brent przebywał w kraju prawie tak długo, jak ja byłam w drodze. Jednym z warunków poparcia Drake'a dla BoobStick było przeniesienie produkcji na sąsiadujący z jego wyspą ląd, żeby zapewnić pracę lokalnej ludności. Brent i Joel przyjechali tu, by nadzorować szkolenie i przeprowadzić kontrolę jakości.

Jutro miał się odbyć ślub Drake'a i Lairda, więc mój brat przypłynął łodzią, żeby być moim partnerem na weselu. To było cholernie przygnębiające. Mało że mój partner był gejem, pozostającym w stałym związku z inną osobą, to do tego był jeszcze moim bratem. W kategorii weselnego partnera trafiłam rzadką triadę trzech płaczących emotek.

Kilka dni po moim wyjeździe z St. Paul porozmawialiśmy sobie z Brentem od serca przez telefon. On przez cały czas wiedział, że mogę być chora, ale szanował moje życzenie, żeby nikomu o tym nie mówić, więc nigdy nie poruszył tego tematu. Czuł się jednak urażony, że mu się nie zwierzyłam.

W ciągu ostatnich miesięcy bardzo się do siebie zbliżyliśmy. Przestałam być dla niego starszą siostrą, a stałam się przyjaciółką – i zdecydowanie tak wolałam. Potrzebowałam przyjaciela. A on bardzo chciał, żebym wiedziała, że potrafi sam o siebie zadbać.

I potrafił.

Koło przystani szalała impreza z grillowaniem świni. Widziałam płonące pochodnie między palmami i słyszałam puls muzyki z oddali. Zebrał się tam ciekawy tłumek. Przy kolacji równie dobrze można było stwierdzić, że siedzi się obok jakiegoś Szerpy, co Brada Pitta.

– Powinieneś tam wracać – zwróciłam się do Lairda. – Przegapisz własną imprezę,

Uśmiechnął się i przypiął mi mikrofon do lei.

– E tam, wolę być tutaj. To impreza Drake'a, nie moja. Nie znoszę tłumów.

Odwzajemniłam jego uśmiech.

– No, a ja się cieszę, że mam towarzystwo – i pomoc. Fajnie nakręcić dla odmiany jeden odcinek nie w trybie selfie.

Przez ostatnie dwa miesiące nie wychylałam się zbytnio, starając się, żeby mnie nie rozpoznano. Przez kilka tygodni podróżowałam z plecakiem po Anglii. Spędziłam tydzień w Amsterdamie, nocując w schroniskach młodzieżowych.

A potem można powiedzieć, że się w tym wszystkim zagubiłam. Zatrzymałam się nagle jak nakręcana zabawka. Nie wiedziałam, dokąd dalej iść.

Nie miałam ochoty nic zwiedzać. Żadne miejsce mnie nie nęciło. Zawsze lubiłam Irlandię, więc ostatecznie tam pojechałam, w nadziei, że to mi poprawi humor.

Nie poprawiło.

Wynajęłam mały domek pod Dublinem i tam siedziałam. Przez bite trzy tygodnie czytałam romansidła. Nie poszłam połazić po malowniczej wiosce w pobliżu, nie zawarłam żadnych znajomości. Jedyne, co mnie wyciągnęło z tej mojej chatki, to jutrzejszy ślub, i pewnie teraz będę już tkwiła na tej wyspie aż do śmierci, z tego prostego powodu, że nie dam rady stąd wyjechać.

Drake'owi to nie przeszkadzało. Myślę, że on nie miał zielonego pojęcia, ile osób mieszka na tej wyspie. Ona była jak żywy, oddychający byt, któremu przybywało albo ubywało mieszkańców tak, jak zmieniał się poziom wody wokół. Wczoraj zapytałam go, kim jest facet z dredami, śpiący w hamaku w ogrodzie, a on naprawdę nie wiedział. Sądził, że – cytuję: „Może to człowiek-lama?".

Więc jeśli na jego wyspie mógł mieszkać nieznajomy człowiek-lama, to mogła także ekscentryczna vlogerka, która sączyła wino i sypiała w chacie pod bananowcami.

Stan mojej ręki się nie poprawił.

Miałam lepsze i gorsze dni. W te lepsze odzyskiwałam czucie w palcach. Mogłam delikatnie chwytać lżejsze przedmioty. W gorsze dni właściwie w ogóle nie mogłam z niej zrobić żadnego użytku.

Zdarzało się, że postęp ALS zatrzymuje się na jakiś czas czy wręcz objawy choroby trochę się cofają. W końcu jednak zaczną się nasilać. *Zawsze* tak się działo. A teraz drętwienie przesuwało się w górę, aż do ramienia. Mój biceps był słabszy, chudszy niż w drugiej ręce. Dotknięty *atrofią*.

Zmiana była dostrzegalna gołym okiem...

Bałam się patrzeć w lustro, żeby nie zobaczyć postępujących zmian. Tak bardzo się bałam, że wyniosłam lustro z mojej chaty. Jeszcze gorzej było widzieć, że inni też to zauważyli. Odwracać się i widzieć, że Brent ucieka wzrokiem, żebym się nie zorientowała, że się na mnie gapił.

Ale to mnie jeszcze utwierdziło w przekonaniu, że słusznie zrobiłam, wyjeżdżając. Annabel i tata by tego nie znieśli.

Sprawa była już przesądzona. Mały, bezzębny, wiekowy chihuahua w Nebrasce pewnie mnie przeżyje.

Specjalista od akupunktury podesłany mi przez Drake'a próbował mi pomóc. Trochę się nawet udało. Te dobre dni następowały zazwyczaj po jego wizycie. Ale na moją apatię, brak energii, entuzjazmu i radości życia nic nie dało się poradzić.

Straciłam to wszystko wraz z utratą Adriana.

Długo nie mogłam się z tym pogodzić. Ale w końcu jakoś się pogodziłam. Straciłam umiejętność odpierania smutku. Już nad tym nie panowałam.

Są ludzie, których znasz przez całe życie, a nigdy nie staną ci się bliscy. A są tacy, którzy już są w twoim sercu, nawet zanim jeszcze na nich spojrzysz. Uświadomiłam sobie, że Adrian zawsze był częścią mnie. I nieważne, że w skali mojego życia znałam go tylko przez minutę, a on mnie ledwie przez sekundę w skali swojego. Dla mnie był wieczny, nieśmiertelny w mojej duszy, przedtem, potem i zawsze. I nie mogłam o nim zapomnieć, tak jak nie mogłam zmienić mojego DNA.

Tęskniłam za nim. Czasami budziłam się w środku nocy i chwilę trwało, zanim do mnie dotarło, że jestem sama. Że Adrian nie leży obok mnie albo nie jest tuż za ścianą. Czasami widziałam tył czyjejś głowy i byłam pewna, że to on. Ale oczywiście to nigdy nie był on.

I nigdy nie będzie.

Wyobrażałam sobie, że rzucił się w wir pracy. Może zaczął trenować do kolejnego maratonu. A może znów zaczął chodzić na randki...

Miałam nadzieję, że wszyscy żyli po prostu swoim życiem. Bo pewności mieć nie mogłam.

Nie utrzymywałam kontaktu z tatą i Annabel. Zmieniłam numer telefonu i skasowałam konto mejlowe. Tak było lepiej, przynajmniej na razie. Byliśmy nawzajem zbyt uwikłani emocjonalnie.

Musiałam przyznać, że wszyscy w naszej rodzinie byliśmy w pewnym stopniu wzajemnie od siebie uzależnieni i wszyscy musieliśmy nauczyć się żyć inaczej. Oni musieli zacząć podejmować samodzielne decyzje, a ja musiałam się pogodzić z tym, że czasem coś im się nie uda. Nigdy nie osiągną niezależności, jeśli we wszystkim będą liczyli na moją pomoc i wystarczy, że sięgną po telefon, żeby ją uzyskać. Lepiej, żeby teraz nauczyli się radzić sobie beze mnie, bo potem nie będą już przecież mieli innego wyjścia.

Gdyby tata albo Annabel chcieli się ze mną skontaktować w sprawie niezwiązanej z pieniędzmi, Brent wiedział, gdzie mnie znaleźć. Adwokatka zajmująca się adopcją Grace była w kontakcie z Sonją. Wiedziałam, że Sonja i tata znajdą idealną rodzinę dla Grace. Nie potrzebowali do tego mnie. Tata był bystrym facetem – i miał taką paranoję, że na pewno nie odda jej nikomu nieodpowiedniemu.

A Adrian... będzie żył dalej. Z czasem zaangażuje się w nowy związek, mniej skomplikowany i bardziej przewidywalny. Miałam nadzieję, że tak będzie. Naprawdę. Kochałam go i chciałam, żeby był szczęśliwy.

Choć oczywiście miałam też nadzieję, że ich seks nie będzie aż tak cudowny jak nasz... – ale dość już o tym.

Brent podszedł do nas, wpatrzony w swój telefon.

– Hej, wiedziałaś, że #GdzieJestVanessaPrice to nowy trend na Twitterze?

Parsknęłam.

– Wcale mnie to nie dziwi. Zniknęłam w dramatycznych okolicznościach. I dobrze. To znaczy, że moje filmy będą miały więcej wyświetleń, kiedy już zostaną wstawione na YouTube'a.

Posłał mi współczujące spojrzenie.

– Wiesz, jeśli chcesz, mógłbym gdzieś z tobą wyskoczyć po weselu. Moglibyśmy wyruszyć po przygodę. Może w jedno z tych egzotycznych miejsc, gdzie mają takie naprawdę egzotyczne małpy, które kradną jedzenie i wszystko obsrywają?

Zaśmiałam się smutno.

– Mówię serio, Vanesso. Masz paskudnego doła. Musisz zrobić coś, co ci poprawi humor.

Pokręciłam głową.

– Nie. Postanowiłam zostać eremitką z wyspy Drake'a. Stukniętą Amerykanką, która nie nosi stanika, całymi dniami pije i podkrada małe kózki.

Laird się skrzywił.

– Wydaje mi się, że jedną taką już mamy. – Podniósł kamerę. – Gotowa.

Brent usiadł na stołku barowym i znów zapatrzył się w swój telefon.

Kiwnęłam głową.

– Gotowa.

Najpierw przykleiłam do twarzy sztuczny uśmiech. A potem zwróciłam się do kamery.

– Cześć, wszystkim! Dotarłam na miejsce! Jestem na weselu. Nie uwierzycie, kto jest na liście gości. Dziś rano The Weeknd przypłynął skuterem wodnym, a kawałek dalej siedzi Anthony Hopkins. – Nachyliłam się do kamery. – Może potem uda mi się go namówić, żeby wygłosił tę kwestię z bobem i wątróbką z *Milczenia owiec*. To było kilka niesamowitych...

– Vanessa! O mój Boże! Chrissy Teigen właśnie wspomniała o tobie na Twitterze!

Przerwałam mój monolog i spojrzałam na Brenta.

– Serio? W związku z czym?

Nie pierwszy raz wspominała o mnie jakaś celebrytka, ale z Chrissy się nie znałyśmy.

Brent gapił się w swój telefon i nie odpowiedział.

– No i? Co napisała?

– O mój Boże! O mój Boże, o mój Boże, o mój Boże!

Zeskoczył ze stołka i wetknął mi swój telefon do ręki.

– PATRZ!

Przeczytałam tweeta.

Czy ktoś może, z łaski swojej, wybawić tego faceta z opresji i powiedzieć mu, gdzie można znaleźć Vanessę Price?

Użyła hasztagu #GdzieJestVanessaPrice i dołączyła link do artykułu pod chwytliwym tytułem „Ten człowiek przemierza świat w poszukiwaniu swojej utraconej ukochanej. Nie uwierzycie dlaczego!".

Moja dusza. Uleciała. Z ciała.

Kliknęłam w link do artykułu i wstrzymałam oddech, modląc się, żeby to nie był facet z Monett w stanie Missouri. I to nie był on.

Adrian Copeland przemierza świat, chcąc odnaleźć kobietę, która zniknęła z jego życia – i prawdopodobnie o niej słyszeliście.

Przez kilka tygodni słynna youtuberka Vanessa Price intrygowała swoich widzów opowieściami o swoim przystojnym i tajemniczym ukochanym. Teraz wiemy już, że jest to znany adwokat z St. Paul, który nie spocznie, dopóki jej nie znajdzie.

Price zasłynęła dzięki swemu zaangażowaniu w badania nad lekiem na stwardnienie zanikowe boczne, znanym także jako ALS, chorobę, która zainspirowała Ice Bucket Challenge w roku 2014.

Price straciła siostrę, która zmarła na tę chorobę, a w swoim ostatnim pożegnalnym filmiku ujawniła, że prawdopodobnie i ona ma pierwsze objawy ALS. Ogłosiła, że zamyka swój popularny kanał, Social Butterfly, a w rozdzierającym serce pożegnaniu dała do zrozumienia, że jej ukochany nie mógł znieść jej potencjalnej diagnozy, i dlatego go opuszcza.

Copeland twierdzi, że nie potrafił się zgodzić na to, że Vanessa kategorycznie odmawia leczenia, i dlatego doszło między nimi do zerwania.

„Popełniłem straszliwy błąd i straciłem miłość mojego życia" – oznajmił Copeland w słynnym już filmiku, który nagrał trzy tygodnie temu, błagając o pomoc w odnalezieniu ukochanej.

Copeland, który obecnie jest w trakcie procesu adopcyjnego dotyczącego małej siostrzenicy Price, przyznał, że przez całe życie zmagał się z lękiem przed lataniem i przez cały miesiąc uczęszczał na intensywną terapię, żeby przezwyciężyć tę fobię, a także poradzić sobie z emocjami dotyczącymi potencjalnej diagnozy ukochanej. Od tamtej pory jeździ po całym świecie wraz ze swoją przybraną córeczką, próbując znaleźć Price, która zapadła się pod ziemię. Nie wiadomo, czy ona wie o jego poszukiwaniach, ale on postawił sprawę jasno:

„Nigdy nie przestanę szukać. A kiedy ją znajdę, przez resztę jej życia będę jej udowadniał, jak bardzo ją kocham".

– O mój Boże – wyszeptałam.

– Jak ty, kurwa, mogłaś nic o tym nie wiedzieć?! – wykrzyknął Brent, stojący nade mną.

Popatrzyłam na niego błędnym wzrokiem.

– Zrobiłam sobie przerwę od mediów społecznościowych, bo dostawałam po dwa miliony powiadomień dziennie! Zupełnie, jakby stado mew krzyczało nade mną nieustająco z kilku różnych mediów naraz! Ignoruję je! Dlaczego on nie zadzwonił do ciebie? Ty cały czas wiedziałeś, gdzie jestem!

– Zablokowałem go przez solidarność z tobą! Od Nowego Roku on dla mnie umarł!

– A tata do ciebie nie dzwonił?

– No tak, ale nie odbierałem! Kto odbiera telefony od *taty*???

Grace. Adrian adoptował Grace!

Śmiałam się i płakałam jednocześnie, macając sukienkę w poszukiwaniu nieistniejących kieszeni, rozpaczliwie szukając telefonu, którego od tygodnia nawet nie ładowałam.

– Mój telefon! Potrzebuję telefonu!

Brent dramatycznym gestem wskazał moją dłoń.

– Trzymasz mój! Możesz zadzwonić z mojego!

Zaczęłam desperacko klikać.

– Jego numer. Nie znam jego numeru! – Wpisałam jego imię w kontaktach Brenta, ale go tam nie było. – Jak możesz nie mieć jego numeru? On jest jednym z twoich inwestorów!

– Mam go zapisanego jako Pan Kaloryfer! Nie! Zaraz! Jako Szykowny Ochroniarz. Wpisz *Szykowny Ochroniarz*!

Znalazłam numer Adriana i wcisnęłam „Połącz", chodząc tam i z powrotem wzdłuż bambusowej balustrady.

Brak połączenia.

Wrzasnęłam chrapliwie, po czym odwróciłam się na pięcie, żeby pobiec do Drake'a i błagać o jego telefon satelitarny.

Byłam gotowa przegapić ślub i wesele. Zamierzałam wsiąść na skuter wodny The Weeknda i pognać na najbliższe lotnisko, a potem ruszyć w drogę i nie zatrzymywać się, póki nie stanę przed Adrianem.

– Vanessa! – Nagle z oddali dobiegło mnie wołanie.

Stanęłam w piasku, ciężko dysząc.

– Chłopaki, słyszeliście to? – zapytałam, oglądając się na Lairda i Brenta, którzy szli za mną. Laird cały czas filmował.

– Vanessaaa!

Obejrzałam się.

– Dobra, teraz ten głos dobiega z bliższej odległości. Kto mnie woła?

Laird też się rozglądał. Przesuwał obiektyw kamery wzdłuż linii brzegowej.

Chyba zobaczyliśmy go w tym samym momencie, bo kamera Lairda przestała się obracać i zatrzymała na mężczyźnie, który biegł do nas od strony imprezy nad brzegiem. Wyglądał jak jeden z gości weselnych. Był w białym płóciennym stroju i w biegu rozkopywał piasek na boki.

– Vanessa!

Zmrużyłam oczy.

A potem zakryłam usta dłonią.

To był on.

Adrian.

Gdy tylko to do mnie dotarło, puściłam się biegiem po plaży w jego stronę i po chwili wpadliśmy na siebie.

I natychmiast znów stałam się sobą.

Zgarnął mnie z ziemi tak, jak Drake zgarniał swój spadochron po skoku ze skały. Dotykał dłońmi mojego ciała, a potem z całej siły przycisnął do siebie. Moje uda oplotły go w pasie, sukienka podjechała mi do góry, poczułam pod pupą jego dłonie, ciepłe wargi na moich ustach i przez krótką chwilę myślałam, że może umarłam i poszłam do nieba.

Oderwałam się od jego ust.

– Zaczekaj. Zaczekaj, zaczekaj, co ty tutaj robisz? – wyrzuciłam bez tchu. – Jak? Jak mnie tu znalazłeś?

Odsunął się na tyle, żeby na mnie spojrzeć. Płakał. Wyglądał jak człowiek, który przez ostatnie miesiące cały czas płakał, i tak się w tym wprawił, że teraz łatwiej było mu płakać dalej, niż przestać.

– Wiedziałem, że tu będziesz. Nie przegapiłabyś ślubu Drake'a. Wiedziałem, że to moja jedyna szansa, żeby cię znaleźć. Vanesso, tak mi przykro. Myliłem się. Nie miałem racji, prosząc cię o to, o co cię prosiłem. Nie miałem prawa.

Potrząsnęłam głową.

– Byłeś po prostu szczery i wyraziłeś swoje potrzeby...

– Pieprzyć moje potrzeby. Powinienem cię wspierać. Przynosić ci ukojenie. To było moim *zadaniem.* Naprawdę ciężko pracowałem, żeby się uporać z tym wszystkim, co mi utrudniało bycie silnym dla ciebie. To były moje własne problemy, które musiałem przepracować, i bardzo cię przepraszam.

Z wysiłkiem przełknęłam gulę w gardle.

Nasze spojrzenia się spotkały.

– Kocham cię. Nigdy ci tego nie powiedziałem, a powinienem był mówić to codziennie. Kocham cię.

Broda mi się trzęsła.

– Wsiadłeś do samolotu...

Potrząsnął głową.

– Wsiadłem do kilkunastu samolotów. Rzuciłem pracę. Każdego ranka budziłem się, nie wiedząc, dokąd pójść ani co robić. Nie wiedziałem nawet, czy w ogóle będziesz chciała ze mną rozmawiać, jeśli nawet cię znajdę.

– Adoptowałeś Grace? – Głos mi się załamał.

– Zabrałem ją od Geralda w dniu, w którym przyjechał z ekipą przeprowadzkową do twojego mieszkania.

– Na... naprawdę? – wyjąkałam.

Na jego wargach pojawił się mały uśmieszek.

– Wygłosił długą przemowę, przekonując mnie, że powinienem pozwolić ci odejść. A potem ostentacyjnie wyszedł, ale nie pozwoliłem mu dojść nawet do połowy korytarza: wypadłem za nim i oznajmiłem, że nigdy z ciebie nie zrezygnuję i że chcę odzyskać moją córkę. Odparł, że chciał się przekonać, czy będę walczył o swoją rodzinę. Chyba zdałem ten test.

Roześmiałam się przez łzy.

Uśmiechnął się.

– To były negocjacje życia. Kazał mi obiecać, że pozwolę mu ją odwiedzać i że będę jej kupować wyłącznie neutralne płciowo zabawki. A potem rozpoczął niekończące się tyrady na temat patriarchatu i przekazów podprogowych w filmach dla dzieci. Od twojego wyjazdu co tydzień zabierałem twojego tatę do Perkinsa na spotkanie z Grace.

Nie sądziłam, że mogę pokochać Adriana jeszcze mocniej i być z niego jeszcze bardziej dumna. Ale tak się właśnie stało.

Kiwnął głową do tyłu.

– Ona zresztą tu jest. Z Drakiem, który, swoją drogą, nadal nie ma koszuli.

Roześmiałam się, a równocześnie z moich oczu znów trysnęły łzy.

Wbił we mnie spojrzenie swoich zielonych oczu i kciukiem otarł mi policzki.

– Proszę – szepnął. – Powiedz, że jeszcze nie jest za późno. Powiedz, że dasz mi jeszcze jedną szansę. Nie chcę zmarnować ani minuty. Straciłem już dość dużo czasu.

Kiwnęłam głową.

– Tak – wyszeptałam.

– Tak?

Jego uśmiech był niesamowity. Promienny. Olśniewający Pocałował mnie znowu, a ja cała się rozpłynęłam.

Nie było w tym nic tęsknego – ani w jego znajomym zapachu, ani w kształcie jego ciała, bo tęsknota oznaczałaby, że on jest tylko wspomnieniem. A nie był. Moje serce nigdy go nie opuściło, nie zapomniało jego najmniejszego szczegółu. Wróciliśmy dokładnie do punktu, w którym byliśmy wcześniej, jakbyśmy podjęli przerwaną rozmowę. To był życiodajny wdech po długim wydechu ostatnich dwóch miesięcy.

Cofnął się, żeby na mnie spojrzeć.

– Niech to będzie najwspanialszy okres naszego życia. Żyjmy codziennie tak, jakby to miał być twój ostatni dzień.

Pociągnęłam nosem.

– A jeśli któryś z nich naprawdę będzie ostatni? – spytałam, patrząc mu w oczy.

– Jesteś moją bratnią duszą. Odnajdę cię w przyszłym życiu. Tak jak odnalazłem cię w tym.

Oto celebryci, który zniknęli z pola widzenia, sprawdźcie, gdzie są teraz!

Dziesięć miesięcy później

ADRIAN

No już. Złap mnie za szyję.

Vanessa zacisnęła wargi w wąską kreseczkę. Była wściekła.

– Sama dam sobie radę.

– Nie, nie dasz. – Wziąłem ją na ręce. – Jesteś zbyt słaba. Upadniesz i zrobisz sobie krzywdę. Poza tym pozwoliłaś Drake'owi się nieść na tamtej górze w Wenezueli. – Uśmiechnąłem się, idąc z nią do salonu w moim – naszym – mieszkaniu i sadzając ją na kanapie.

Otuliłem ją kocem i pocałowałem w czoło.

– No i już. Czy to było aż takie straszne?

Skrzyżowała ręce na piersi w buntowniczym geście. Grace zaczęła ją już naśladować. Nie miałem z nimi szans: były dwie na mnie jednego.

Mała stała obok mnie, otwierając i zaciskając piąstki.

– Tata.

Wziąłem naszą córeczkę na ręce.

– Widzisz, jaka mamusia jest uparta? – zagadnąłem, łaskocząc ją w brzuszek, a ona zachichotała, jasne loczki okalały jej buzię.

– Wcale nie jestem uparta – fuknęła Vanessa, starając się ukryć uśmiech.

– Nie zaczynajmy znowu – odparłem z uśmiechem. – Mogłaś to załatwić kilka miesięcy temu, wtedy nie miałabyś uszkodzonego nerwu w dłoni.

Jej problemy z ręką to nie było ALS.

Pół roku po tym, jak ją znalazłem u Drake'a, Vanessa nadal zmagała się z mrowieniem palców i drętwieniem ręki – ale objawy ograniczały się do tego. W końcu zgodziła się pójść do lekarza i okazało się, że to niezłośliwa cysta uciskała nerw. Dziś rano została usunięta chirurgicznie. Po zabiegu od razu wypuszczono Vanessę do domu i wciąż była nieco oszołomiona po znieczuleniu.

Ponieważ rzadko posługiwała się chorą ręką, mięśnie ramienia uległy osłabieniu, ale trochę fizjoterapii i wrócą do normy. Wiele rzeczy już wróciło do normy po tej diagnozie.

Vanessa skończyła trzydzieści lat. Oficjalnie przeżyła swoją babcię, ciocię, mamę i starszą siostrę.

To nie oznaczało, że zagrożenie minęło. Zawsze będzie nad nami wisieć. ALS mogło zaatakować w każdej chwili. Vanessa zawsze będzie potencjalną nosicielką wadliwego genu. Ale z każdym kolejnym dniem bez żadnych pojawiających się symptomów rosły nasze nadzieje. I każdy kolejny dzień traktowaliśmy jak prezent.

Jutro będzie Wigilia. Z tego powodu byliśmy w domu, ale nie tylko z tego. Także z powodu operacji Vanessy, jej urodzin oraz jeszcze jednej ważnej uroczystości – naszego ślubu.

Nasze mieszkanie było już udekorowane na święta. Choinka – przystrojona. Nasze ściany zdobiły dzieła sztuki Vanessy oraz kilka nowych pamiątek, które przywieźliśmy ze wspólnych podróży. Na suficie w sypialni mieliśmy lśniące w ciemności gwiazdki, a w szufladzie na drobiazgi panował totalny chaos. Mój gabinet został przerobiony na pokój dziecięcy – choć niezbyt często z niego korzystaliśmy. Mając zaledwie rok, Grace zjeździła już więcej krajów niż większość ludzi w ciągu całego życia.

Chwyciłem laptopa i usiadłem na kanapie obok mojej żony.

Zerknęła na mnie, kiedy dodawałem załącznik do mejla, który zamierzałem wysłać do Malcolma.

– Jesteś pewny, że chcesz to zrobić? – zapytała Vanessa. – Tam jest mnóstwo naszych prywatnych rzeczy.

Nachyliłem się i ją pocałowałem.

– Jestem pewny.

W tym pliku było całe nasze życie. Filmy z ostatnich dziesięciu miesięcy. Pełen emocji pierwszy tydzień po tym, jak się odnaleźliśmy na wyspie Drake'a. Nasza wyprawa do Indii, rejs po Morzu Bałtyckim, pocałunek pod wieżą Eiffla. Grace po raz pierwszy mówiąca: „mama", Grace po raz pierwszy mówiąca: „tata". Emocjonalny wybuch Vanessy na Hawajach, kiedy nie mogła utrzymać w chorej ręce wiosła do deski SUP. Z trudem udało mi się ją wtedy uspokoić. Przeprawa przez dżunglę w Kolumbii i wolny taniec na promenadzie w Rio de Janeiro. Pierwsze kroki Grace. Powrót do Stanów i spotkanie z mamą, babcią i Richardem. Święto Dziękczynienia z Geraldem, Annabel i Brentem. A potem niespodzianka: moje oświadczyny na korytarzu naszego budynku w pierwszą rocznicę naszego poznania. Nasze zaręczynowe zdjęcie – same stopy, a między nimi tabliczka z kredowym napisem: POWIEDZIAŁA „TAK" (ZGODZIŁA SIĘ NA TAPAS).

Ostatni filmik z tej serii nakręciliśmy przed tygodniem. To był nasz ślub w trzydzieste urodziny Vanessy, prywatna impreza w Sunken Garden w Como Par w St. Paul.

Ślubu udzielił nam Drake – z tej okazji włożył nawet koszulę. Mój kuzyn Josh był drużbą, a Gerald odprowadził córkę do ołtarza.

Tata Vanessy świetnie sobie radził. Kontynuował terapię, chodził do pracy i utrzymywał porządek w domu. Była z niego bardzo dumna.

Brent i Joel się zaręczyli. BoobStick odniósł wielki sukces – co było zresztą do przewidzenia. I pomogło nam sfinansować większość naszych podróży.

Annabel...

Za wcześnie opuściła klinikę i znów wpadła w nałóg. Przeżyła kilka trudnych miesięcy. Kiedy w końcu wróciła na odwyk, była już gotowa skutecznie się wyleczyć. Od maja była czysta i świetnie sobie radziła, robiła projekty graficzne dla Brenta i zapisała się na kurs online. Niekiedy rozmawiała też z Grace przez Skype'a, a ostatnio, odkąd wróciliśmy do miasta, spędzała z nią mnóstwo czasu w realu.

Postanowiliśmy, że powiemy Grace o jej rodzicach biologicznych, kiedy będzie już dość duża, żeby to zrozumieć, lecz Annabel postawiła sprawę jasno: chciała być dla niej tylko ciocią. Więc nawet kiedy nasza córka pozna prawdę o swoim pochodzeniu, to Vanessa zawsze będzie jej mamą.

Annabel była druhną na naszym ślubie.

Cały ten rok był właściwie naszym miesiącem miodowym, chociaż oficjalnie pobraliśmy się dopiero kilka dni temu. A teraz zamierzaliśmy podzielić się naszym szczęściem z całym światem.

Moja żona nie zamieszczała żadnych aktualizacji na temat swojego stanu po tamtym filmiku z naszego spotkania na wyspie. Laird wszystko nagrał. Zamieściliśmy go w odpowiedzi na akcję z hasztagiem #GdzieJestVanessaPrice na Twitterze. A potem znowu zniknęliśmy.

Krążyły różne plotki i pogłoski, widziano nas rzekomo tu czy tam, ale to wszystko i tak nie mogło osłabić piorunującego efektu, jaki miała przynieść dla walki z ALS publikacja naszej filmowej serii. Zamierzaliśmy przekazać wszystkie wpływy na rzecz badań nad tą chorobą. Jeśli to miało nas choć trochę przybliżyć do opracowania skutecznego leku, z radością mogłem pokazać światu nasze najintymniejsze chwile.

Dla Vanessy zrezygnowałem z wielu rzeczy, ale żadnej nie żałowałem.

Nadal pracowałem jako prawnik, teraz jednak skupiałem się wyłącznie na walce o prawa osób z niepełnosprawnością. W ciągu minionego roku stało się to moją prawdziwą pasją.

Patrzyłem teraz na świat z całkiem innej perspektywy. Dostrzegłem, jak trudno było o dostępne dla wózków inwalidzkich taksówki i hotele. Jak rzadkie były w niektórych miejscach udogodnienia, które wcześniej traktowałem jako rzecz oczywistą, na przykład chodniki. Jak wiele restauracji i sklepów z pamiątkami nie miało podjazdów dla wózków. Podczas naszego ostatniego pobytu w Nowym Jorku widziałem rażące przypadki naruszenia ustawy dotyczącej osób z niepełnosprawnościami, bo na większości stacji metra nie było wind.

Gdyby Vanessa miała kiedykolwiek zachorować, zależało mi, żeby świat nadal stał przed nią otworem. Nie chciałem, żeby istniały miejsca, dokąd ona czy inne osoby w podobnej sytuacji nie mogłyby pojechać, i zamierzałem walczyć o to do końca moich dni. Dawało mi to satysfakcję i poczucie spełnienia – wreszcie znalazłem w życiu upragnioną równowagę.

Nadal chodziłem na terapię i należałem do internetowej grupy wsparcia dla osób, których bliscy cierpieli na śmiertelną chorobę. Dbałem o swoje zdrowie psychiczne z takim samym zaangażowaniem, z jakim dbałem o moją rodzinę – bo jedno warunkowało drugie.

Vanessa przytuliła się do mnie, a ja otoczyłem ją ramieniem. Grace oparła się o mnie z drugiej strony, międląc swojego ulubionego misia.

Codziennie mówiłem im, że je kocham. Nigdy nie czekałem z tym do jutra. Iiiiiii… każdego dnia bez wyjątku czytałem horoskopy, które Becky przysyłała mi esemesem.

– Gotowa? – spytałem, trzymając palec nad przyciskiem, który spowoduje wysłanie mejla wraz z załącznikiem – Jeśli to raz pójdzie, już tego nie cofniemy.

Vanessa uśmiechnęła się.

– ALS nie zorientuje się nawet, co je walnęło.

Moje wargi rozciągnęły się w uśmiechu.

– I dobrze.

{Wyślij}.

Od autorki

Postać Vanessy jest fikcyjna, ale pisząc tę książkę, inspirowałam się prawdziwą aktywistką i youtuberką Claire Wineland, dla której jestem pełna podziwu.

Claire cierpiała na mukowiscydozę, nie chciała jednak pozwolić, żeby to choroba ją określała. Korzystała ze swojego kanału, żeby inspirować i edukować, podróżowała po świecie, opowiadała o swoim życiu i zachęcała innych dotkniętych przewlekłymi chorobami, żeby szukali spełnienia i żyli z podniesioną głową. Film dokumentalny poświęcony jej życiu, zatytułowany po prostu *Claire*, można znaleźć wyłącznie na YouTubie.

Clare odeszła w roku 2018 w wieku dwudziestu jeden lat, wskutek powikłań po przeszczepie płuca. Przekazała swoje organy ludziom, którzy ich potrzebowali.

Była cudowną osobą.

Pytania do dyskusji:

1. Czy powierzylibyście wasze dziecko obcemu mężczyźnie o 4:00 nad ranem?

2. Czy pomagalibyście przyjaciołom i członkom rodziny zmagającym się z uzależnieniem? Do jakiego momentu jest to wskazane, a kiedy należy przestać?

3. Czy trudno jest wam żyć chwilą obecną i jak najpełniej cieszyć się życiem, a jednocześnie oszczędzać oraz inwestować w swoją przyszłość? Czy da się to pogodzić?

4. Co sądzicie o decyzji Vanessy, żeby zaniechać leczenia?

5. Czy uważacie, że pary będące w związku powinny razem podejmować decyzje dotyczące końca życia i opieki medycznej? Czy też powinna o tym decydować samodzielnie osoba umierająca?

6. Czy moglibyście zaangażować się w związek, wiedząc, że waszemu partnerowi lub waszej partnerce pozostał być może tylko rok życia? Czy lepiej tego nie wiedzieć?

7. Gdybyście mieli po temu odpowiednie środki, w jakiej kwestii chcielibyście podnieść świadomość społeczną? Co istotnego moglibyście zrobić już teraz?

Przepis Adriana na zupę z kurczakiem i dzikim ryżem

- około 3 litrów bulionu z kurczaka (3 opakowania litrowe)
- 400 gramów bazy warzywnej mirepoix (albo posiekane 2 marchewki, 1 seler naciowy i 1 duża biała cebula)
- 2 szklanki pokrojonych grzybów (opcjonalnie)
- pęczek świeżych ziół do drobiu (po dwie gałązki rozmarynu, szałwii i tymianku)
- pół kilo pokrojonego ugotowanego kurczaka
- 2 opakowania długoziarnistego i dzikiego ryżu Rice-A-Roni wraz z przyprawami
- sól do smaku

Zasmażka:
- 150 gramów masła
- szklanka mąki
- 3 posiekane ząbki czosnku
- ćwierć szklanki sherry
- dwie szklanki gęstej śmietany (kremówki)

Przygotowanie:
Do dużego garnka wlać bulion, dodać cebulę, marchew, seler, grzyby (jeśli się ich używa), zioła (z łodyżkami), kurczaka i ryż wraz z przyprawami, gotować na wolnym ogniu, aż ryż napęcznieje, a marchewki będą miękkie, około 20 minut. Wyjąć łodyżki ziół oraz ewentualnie oddzielne liście szałwii. Posolić do smaku.

Przygotowanie zasmażki:

W średniej wielkości rondlu roztopić masło na średnim ogniu. Dodać mąkę i czosnek, cały czas ubijając, aż do zagotowania. Gotować przez minutę. Powoli dolać sherry i śmietankę, cały czas mieszając, aż zasmażka zgęstnieje. Dodać ją do zupy i podawać.

Uwaga: Jeśli zupa jest za gęsta, można ją rozcieńczyć, dodając więcej bulionu lub mleka.

Wystarcza na 12 porcji.

Jeszcze pyszniej smakuje w miskach chlebowych. Można ją zamrozić na później nawet na trzy miesiące.

Przepis Vanessy na ziemniaczane purée z chrzanem

- 1 ½ kg czerwonych ziemniaków ze skórką, pokrojonych w ćwiartki
- 250 gramów serka śmietankowego
- 50 gramów masła
- 4 łyżki śmietankowego chrzanu albo sosu chrzanowego plus trochę więcej do smaku
- sól do smaku

Przygotowanie:

W dużym garnku doprowadzić wodę do wrzenia. Wrzucić ziemniaki. Gotować je do miękkości, około 15 do 25 minut. Odcedzić.

Zmiksować wszystkie składniki mikserem ręcznym, dodając chrzanu po łyżce, aż do uzyskania pożądanego smaku.

Podziękowania

Dziękuję farmaceutce Tracy Nelson za pomoc w kwestiach dotyczących narkotyków i uzależnień.

Wielkie dzięki należą się Lisie i Katie Tuntigian-Ringer oraz Larry'emu Halesowi za ich wiedzę prawniczą. Dziękuję Terri Saenz oraz Danowi Scoonoverowi, a także, jak zwykle, adminom mojej grupy, którzy umożliwiają mi działalność. Jeanette Jett, Terri Puffer Birrell, Lindsay Van Horn oraz Dawn Cooper, dziewczyny, jesteście niesamowite.

Dziękuję moim pierwszym krytycznym czytelniczkom: Kim Kao, Lyndse Kay, Amy Edwards Norman, Trish Gee, Lisie Stremmel i Leigh Kramer. Mojej agentce Stacey Graham, mojej redaktorce Leah Hultenschmidt, mojej rzeczniczce prasowej Estelle Hallick, projektantce okładki Sarah Congdon, redaktorce technicznej Mari Okudzie, redaktorce prowadzącej Marie Mundace, a także całej ekipie Forever Romance. Nie mogę uwierzyć, że wrobiłam was w kolejną umowę na trzy książki – ha! ha!

Podziękowania także dla moich fantastycznych fanów, których nazwiska wymieniam poniżej!

Kristina Aadland
Dara Abraham
Kristin Abraham
Cime Adili
Erin Alexander
Aubrey Algar
Karla Aliperto
Lacy Allaire
Jamilah Allen

Terri Allen
Victoria Allen
Kristol Allshouse
Diana Alonzo
Nicole Altherr
Amy Amundson
Ashlee Anderson
Bridget Anderson
Caitlin Anderson

Carrie Anderson
Elizabeth Anderson
Lindsey Anderson
Tamara Anderson
Laura Andert
Ariadnae Andrews
Kristie Andrews
Margaret Angstadt
Alyssa Anttila
Nicole Aquilina
Angela Arandela
Anastasia Artayet Shepherd
Lisa Ashburn
Carol Au
Katie Ault
Megan Ausborn
Elena Austin
Cheyenne Baca
Kaylee Backen
Nicole Backen
Cathy Bailey
Sarah Bailey
Danielle Bailleu
Janean Baird
Marci Baker
Emily Bakken
Jenny Ballman
Gina Barboni
Kristen Barker
Kimberly Barkoff
Dulce Barraza
Sofia Barraza
Lindsay Bartels
Mies Bastille
Kristie Basting
Kelly Bates
Jennifer Battan
Lydia Baugh

Elizabeth Baumann
Ashley Baylor
Janelle Beal
Jessica Bearak
Justin Beaudry
Dawn Beavers
Heather Beedy
Sara Behnejad
Kristine Bemboom
Jessica Bennett
Michelle Bennett
Rose Bentley
Cassie Berdahl
Lucinda Bergen
Maria Berry
Stefany Besse
Betty Best
Angelina Beuadry
Hope Biersach
Brittany Bikkie
Dolly Bina
Courtney Birdsall
Lori Bishop
Betsy Bissen
Melissa Bjerke
Erin Blair
Lisa Blanchar
Corrie Block
Susan Block
Nicole Blomgren
Rachel Blust
Kim Blythe
Sarah Bock
Helen Boettner
Allie Bohlman
Carrie Bollig
Krystal Bollinger
Daryl Bondeson

Micaela Boney
Tyler Bonneville
Shana Borgen
Katie Borgstahl
Christine Borkenhagen
Ann Borysowski
Emily Bosch
Breanna Bouley
Agapi Bountouri
Andriana Bourboulia
Hannah Bowers
Maggi Bowers
Kathryn Boyer
Heidi Bradish
Josie Bragg
Amelia Brant
Marjorie Branum
Ashley Brassard
Sheryl Braun
Crystal Bremer
Elizabeth Brimeyer
Elizabeth Brimeyer
Kathryn Brimeyer
Cheryl Briol
Whitney Brionez
Robyn Bristow
Erin Broadbent
Danielle Brochu
Rachel D. Brock
Jenni Brooks
Kelly Brooks
Amanda Brown
Jessica Brown
Kim Brown
Melody Bruen
Shelly Budz
Jennifer Buechele
Sara Buffie

Justine Burke
Stephanie Burkey
Liesl Burnes
Terri Burrell
Lien Busby
Melissa Bussell
Megan Butler
Alexis Buxton
Kristin Cafarelli
Danielle Calderoni
Yvette Cano
Acacia Caraballo
Lindsey Cardinal
Meghan Carlisle
Julie Carlson
Melissa Carlton
Lindsay Carson
Paige Carter
Carlita Cartwright
Creya Casale
Christine Castellanos
Laura Castro
Ashley Cavazos
Shelly Caveney
Sarah Caverly
Marissa Cazares
Dori Cedillo
Serene Chamberlin
Kristen Chasey
Sylvia Chavarin
Vanessa Chavez
Shari Chim
Cara Ching
Liz Christiansen
Mingy Chung
Michelle Church
Alyssa Cihak
LiAnna Clement

Kristen Climes
Jamie Cluff
Sheree Cluff
Robyn Cody
Jenny Coker
Anna Cole
Sarah Colford Russell
Paula Colon
Leanne Colton
Kylie Combs
Michelle Comstock
Heather Cone
Kari Cone
Kerry Conneely
Katie Connnors
Michelle Conrad
Abby Cook
Heather Cook
Emily Cooper
Jenn Cooper
Megan Cooper
Patty Cooper
Peggy Coover
Kimmy Corey Jr
Cirsten Cornetta
Robyn Corson
Sylvia Costa
Liz Cote
Heather Cottrell
Andi Cowan
Nicole Cowling
Carissa Crabb
Deana Crabb
Becky Cramer
Mallory Credeur
Cholie Crom
Kristina Cromwell
Caitlin Cross

Sara Cross
Kathryn Crotty
Katrina Crouse
Grace Cuda
Lisa Cullen
Whitney Cunningham
Kristin Curran
Susan Czeterko Jordan
Kelli Dade
Anna Dale
Lynn Dale
Ruth Dano
Anna Davenport
Holly Daymude
Laura DeBouche
Kimberly Decur
Ashley DeFrank
Jennifer DeGarmo
Denise Delamore
Angela Denardo
Julie Dengerud
Elise Dennis
Bridget DeRoo
Jayme DeSotel
Jami DeVoe
Kate DeVries
Robin Diamond
Katrina Diaz
Nicole Dirden
Leandreea Divito
Carissa Dixon
Elle Dobosenski
Wendy Dodson
Colleen Dols
Rhonda Dominick
Alyssa Douglass
Elizabeth Dowell
Tricia Downey

Shelby Doyle
Heather Dryer
Melissa Dubois
Danielle Duerr
Stacey Duitsman
Elizabeth Duncan
Meggan Duncan
Lindsay Dupic
Leslie Dupont
Kathleen Duppler
Jo Ebersole
Sarah Edie
Precious Edmonds
Jennifer Edney
Sarah Edstrom Smith
Gabrielle Edwards
Erin Egan
Larayne Egbert
Joanne Ehrmantraut
Ashley Eisenberg
Michele Eisenberg
Elaina Eiser
Angie Elliott
Tiffanie Elliott-Stelter
Tamarae Ellis
Casey Ellsworth
Korissa Emerson
Nancy Emmerich
Jessica Engel
Carly Engels Johnston
Shelley English
Lindsey Engrav
Helen „Nana" Ennis
Kayla Ercolano
Amanda Erickson
Corrine Erickson
Elizabeth Erratchu
Jenna Ervin

Tara Escue
Lisa Eskelson
Megan Eskew
Breanna Essoi
Madeleine Estherby
Lydia Eubanks
Jennevieve Evers
Krissy Fairfield
Rebecca Falk
Danielle Fantillo
Ashley Faria
Nicole Feigl
Nicole Fellrath
Cindy Femling
Christina Ferdous
Krystina Ferrari
Melinda Fierro
Laurel Fike
Afton Finley
Anna Fisk
Dianthe Fleming
Selina Fleshman
Kristine „Goo" Flores
Emily Foltz
Jessica Fontana
Shawn Ford
April Forse
Taylor Forsyth
Stephanie Foster
Larice Fournier
Devin Fox
Jennifer Fox
Julie Frazzini
Ashley Freburg
Janel Freel
Becky Freer
Shelley Friedrich
Holly Friker

Heather Fullam
Katie Fulton
Ashley Fultz
Sharon Funkhouser
Jennifer Furr
Samantha Furrer
Goldie G
Tamara Gaglioti
Sheila Gagnon
Lauren Galante
Emma Galligan
Rena Galvez
Christina Gamboa
Nicole Garand
Melissa Garcia
Sara Gardner
Melissa Garrity
Allie Garza
April Gassler
Pamela Gedalia
Samantha Geissler
Amy Gelwick
Leia Georgeopolus
Annie Gerlach
Bridget Gibbons
Bonnie Gidzak
Julie Giese
Amanda Gilbert
Amanda L. Gilbert
Heidi Gilbert
Kourtney Gillan
Karla Glass
Sarah Gleason
Amanda Glueck
Sarah Gocken
Jennifer Godsey
Anna-Lee Goethe
Virginia Gonzalez

Zoe Gonzalez
Amy Goodrow
Buack Gordon
Julie Gordon
Anna Gorna
Rebecca Gossard
Jaimie Gosselin
Alex Jo Goulet
Michelle Gour
Nichole Graham
Christina Granados
Brianna Rache' Granberry
Kirsten Grayson
Chelsea Green
Michelle Green
Julia Greenham
Nikki Greer
Meghan Greyeyes
Deanna Griese
Debra Grodin
Katey Grof
Christina Grubbs
Rachell Gualpa
Tammy Guccione
Alicia Guerrero
Catherine Guilbeault
Elizabeth Gustafson
Norma Gutierrez
Sonia Gutierrez
Gina Haars
Tina Hackley
Christina Hager
Becci Haifley
Stacy Haight
Maddie Hake
Jennifer Hallett
Casey Hambleton
Trista Hammer

Alyssa Handevidt
Jenny Hanen
Lisa Hannawa
Kristin Hannon
Kristyna Hanson
Lauren Hanson
Mackenzie Hanson
Nicole Harbour Lau
Mackenzie Harrison
Susan Hart
Shannon Harte
Kelsey Haukos
Kylie Havner
Dana Hawley
Dana Hayes
Melinda Haynie
Stephanie Heinz
Lauren Heinze
Michelle Helgeson
Angela Helland
Jessica Hendricks
Joanie Hendricks
Amber Hendrickson
Haley Hendrickson
Angie Hendrickx
Stephanie Henigin
David Henkhaus
Lisa Henkhaus
Amy Henley
Melinda Hennies
Carmen Henning
Kimberly Her
Brielle Herbst
Natalie Hering
Jennifer Herlick
Dalia Hernandez- Hermann
Bridget Heroff
Stephanie Heseltine

Ashley Hester
Kim Hildebrand
Stephanie Hill
Tressa Hills
Rhonda Hinkel
Becky Hochstein
Amanda Hoeger
Faith Hoenstine
Kim Hoff
Amber Hoffman
Julie Hoffman
Shanna Hofland
Tiffany Hokanson
Emily Holien
Elizabeth Hollingshead
Sarah Holmes
Toni Holmes
Amber Holtz
Jamie Holwerda
Cassandra Hornsby
Jennifer Hoshowski
Elizabeth Housman
Becca Houston
Kelli Houts
Kendra Hovingh
Corissa Howard
Jennifer Howell
Lacey Howell
Alyssa Hudson
Kristi Huntley
Whitney Hutcheson
Joli Huynh
Samantha Nicole Ibanez
Jonathan Icasas
Danielle Inagaki
Tiffanie Ing
Kayla Innis
Viktoriya Ivanova-Piram

Ashley Ivey
Colantha Izzard-Amo
Nicole Jackson
Raelyn Jackson
Gabrielle Jendro
Michelle Jenkins
Brigette Jennings
Angie Jensen
Brianna Jensen
Jeanette Jett
Adrienne Johnson
Amy Johnson
Bailey Johnson
Brittany Johnson
Bryana Johnson
Crystal Johnson
Janine Johnson
Kim Johnson
Morgan Johnson
Paige Johnson
Rachel Johnson
Shawna Jokinen
Cassie Jolley
Mary Joslyn
Amanda Jules
Daryl Jul-ul
Jean Jurek
Dhanushka Kadawatharatchie
Olivia Kägel
Kim Kao
Julia Kautz
Debbie Kearschner
Irene Kedrowski
Kelly Keefe
Haley Keegan
Linda Keeler
Devon Keenan
Shekenah Keith

Tara Kekahuna
Andrea Kelly
Stephanie Kelly
Krista Kemper
Megan Kennedy
Kelly Kent
Noël Kepler-Gageby
Bridget Kersey
Bex Kettner
Judy Keyes
Sharon Kill
Andrea King
Kris King
Shannon King
Victoria King
Donna Kiolbassa
Leslie Kissinger
Liv Kittelson
Kelle Klocke
Nicki Kobaly
Clare Koch
Monica Kocon
Joy Kokolus
Melissa Kolyer
Julie Kornmann
Kelly Kornmann
Dawn Kosobud Johnson
Kristiina Kovala
Tricia Kovely
Amy Krajec
Holly Kramer
Emily Kremer
Nichole Krueger
Traci Kruse
Marta Krzemien
Jessica Kudulis
Anne Kuffel
Katie Laban

Alexa Lach
Kelly Laferriere
Kimberley Laimonis
Annette Laird
Jennifer Lalos
Naomi LaMarr
Sue Lammert
Patty Langasek
Jennifer Langlois
Amy Langowski
Brenda Lanners
Annie Lanning
Victoria Larsen
Becky Larson
Jaimie Larson
Andrea Leaf
Bethany Lee
Eunhea Grace Lee
Kayla Lee
Michelle Lee
Jackie Leibowitz
Dana Lenertz
Stephanie Leslie
Rebecca Levitan
Teresa Limtiaco
Martha Lindhorst
Samantha Lindner
Stacy Link
Rebecca Linscott
Amanda Little
Rochelle Livingston
Kristin Lockwood
Monica Logan
LeeAnn Longmore
Christina Lopez
Carly Lorio
Melissa Lotz
Jamie Lotzer

Ashley Lubrant
Krissy Luce
Kelsey Lucero
Natalie Lucindo
Jessica Ludwig
Sarah Ludwig
Megan Lundberg
Jackie Lynch
Linda Lynch
Brian Lyon-Garnett
Rhonda Lyte
Jillian Mabee
Kelsey MacDonald
Megan MacDonald
Megan MacDonald
Kristin Macklin
Amanda Madden
Jen Maddigan
Katrina Madriz
Michele Magnuson
Leigh Ann Mahaffie
Amy Mahan
Kelley Majdik
Cynthia E Maldonado
Karleen Malmgren
Marcella Malone
Savannah Mankoci
Alicia Manley
Sean Maple
Debby Margolis
Mim Markey
Heidi Markland
Jessica Marsden
Mary Anna Martell
Michelle Martin
Samantha Martin
Julie Martineau
Catalina Martinez

Marie Martinez
Lucinda Martinez-Carter
Melissa Martius
Tracy Mastel
Marcia Matchett
Cecelia Mattos
Amanda Mattson
Colleen Mawby
Melissa Mayorga
Krystal McBride
Bobbin McCullough
Kim McDermid
Katie McDonald
Carly McEathron
Callie McGinn
Jaime Lee McHale
Brooke McKenna
Tamara McNelis
Elissa McPherson
Joann McQuaid
Priscilla McRae
Stephanie Means
Laurie Mease
Karen Meier
Mylissa Merten
Chynna Mesich
Steph Meyer
Jodi Michaelis
Chandelle Michaelson
Julie Miedtke
Kristy Miller
Meridith Miller
Pam Million
Deborah Mills
Kimberly Mills
Jessica Minor
Aayanna Minott
Maribel Minott

Debbie Miranda
Errin Mitchell
Megan Miura
Elise Mock
Samantha Modi
Jessica Modriskey
Rachel Modrow
Trista Moffitt
Katie Monaghan
Jaime Monson
Meagan Montgomery
Mikhaiel Moody-VanDuyne
Kate Moon
Megan Moore
Julie Morales
Jami Morgan
Laurel Morgan
Sue Morgan
Jana Morimoto
Kelsey Morin
Lauren Morris
Michelle Morrisette
Emily Morrison
Liz Morrison-Thron
Ginny Mosier
Jenni Mueller
Alice Munoz
Rebecca Munro
Bethanne Murphy
Cassandra Murphy
Claire Murphy
Laura Murray
Stephanie Murry
Ginny Muse
Katy Myllykangas
Michele Myran
Cheryl Myrum
Sheryl Nall

Lynn Nalupta
Elizabeth Narolis
Sarah Naumann
Cookie Navarro
Dwon Nave
Kristin Nelsen
Antonia Nelson
Joan Nelson
Shanna Nemitz
Wendy Nenner
Shastine Neptune
Annie Ngo
Christine Nichols
Nicki Nidelkoff
Jennifer Niehoff
Kayla Niekrasz
Carrie Niezgocki
Jeanne Nihart
Courtney Nino
Astoria Niverson
Dannah Niverson
Heather Noeker
Adeline Noland
Karen Noland
Taylor Noland
Jacque Nordahl
Danielle Norkunas
Amy Norman
Jen Nystrom
Andrew Oakes Champagne
Danielle Oakes
Danielle Ochoa
Sarah O'Connor
Kathleen O'Dell
Liz O'Donnell
Adrienne Oeschger
Elaina O'Grady
Christina Oien

Nicole Ojakian
Ewa Okla
Molly Okoroafo
Denise Oleary
Hillary Oliver
Jeni Oliver
Cori Olson
Kristina Olson
Mariette Olson
Mary Olson
Lindsey Orick
Stacey Osland
Anna Ostendorf
Kristin Osuna-Larson
Kate O'Toole
Megan O'Toole Hall
Alyssa Overfield
Olana Owen
Mary Catherine Ozcelik
Sidney Pacheco
Jody Packard
Kristyn Packard
Noelle Parenteau
Christina Parker
Sarah Parkos
Ashley Parks
Sue Paron
Elaine Patch
Roberta Patch
Merrisa Patel
Sonia Patel
Crystal Paul
Fiona Payne
Marisa Peck
Justine Pederson
Amanda Pedulla
Way-Way Pee
Cynthia Peloquin

Shelby Perkins
Colleen Peterson
Crystal Peterson
Jasie Peterson
Kamisha Peterson
Tyra Peterson
Emily Petrich
Jennifer Petska
Hilary Peyton
Julia Phillips
Katherine Phillips
Melissa Phillips
Chelsea Phipps
Shelley Pierce
Nicole Pilarski
Jaime Pint
Nicki Pipes
Anne Pitre
Courtnie Pollard
Ashley Polomchak
Carrie Pons
Melissa Porter
Danielle Portillo
Marilyn Possin
Michelle Possin
Jennifer Presley
Mary Prichard
Rachel Prince
Melanie Probasco
Lorraine Purcell
Lana Purdie
Amanda Pusateri
Morgan Qin
Pam Quist
Danielle Rabe
Keytelynne Radde
Sarah Raines
Abby Rainville

Fay Raisanen
Deanne Ramirez
Carey Raph
Dawn Rask
Randi Rasmussen
Laura Rausch
Kristin Raymond
EC Raymundo
Shauna Reardon
Megan Reed
Missy Reed
Myria Reed
Lisa Reeves
Amaza Reitmeier
Kris Reynolds
Cheryl Richardson
Jenelle Ries
Janine Rife
Jessica Ringelsten
Emily Rios
Liza Ritchie
Kyree Ritter
Sherry Ritter
Abbe Roberts
Richelle Robinson
Sherri Robinson
Stephanie Robinson
Angie Robson
Caitlin Rock
Samira Rockler
Isadora Rocourt
Kristin Rohde
Sara Roman
Summer Romero
Tiffany „Fattness" Romero
Kendra Romig
Susan Rooney
Michelle Roop

Laura Rosenberger

Sara Rosenberry

Amber Rosin

Angie Ross

Heather Ross

Jen Ross

Jennifer Roth

Lindsay Routh

Joanne Rubinsohn

Tasha Runyon

Sarah Rushford

Liz Rust

Kylie Ryan

Michael & Shannan Sabby

Sarah Saeed

Natalie Gianna Saenz

Ilene Sago

Natalie S. Samples

Megan Sanchez

Caitlin Sand

Rhonda Sandberg

Tiffany Sanders

Barb Sanford

Allison Santaella

Bernadette Santana

Jackie Saval

Aundrea Saville

Emily Saylor

Chloe Scalici

Trisha Schable

Ailiah Schafer

Briana Schalow

Jen Schildknecht

Tammy Schilling

Ashley Schleif

Brooke Schlottke

Alisyn Schmelzer

Jodi Schmidt

Adrianne Schneider

Andrea Schneider

Jill Schneider

Michelle Schroeder

Kayla Schroeder-Kessler

Brittney Schultz

Melissa Schulz

Sonja Schultz

Wendy Schuster

Samantha Schwartz

Kelly Scott

Mindi Sechser

Anne Seeley

Kelsey Seeley

Amanda Seibert

Kristen Selinsky

Brianne Sellman

Brittani Sepko

Cassandra Sepko

Tami Serna

Jean Shaffer

Rebecca Shamblin

Jamie Shaull

Laura Shiff

Amanda Sichmeller

Catalina Sierra

Bridget Sigman

Amy Simmons

Tracye Simmons

Lisa Simms

Dawn Sitter

Ashley Sitz

Stephanee Skaradzinski

Cindy Slabich

Kristen Sloan

Alicia Smith

Ashley L. Smith

Cheryl Smith

Devin Smith
Jennifer Smith
Julie Smith
Katie Smith
Lauren Smith
Megan Smith
Melissa Smith
Nan Smith
Olive Smith
Kelly Snow
Michele Snyder
Elizabeth Soares
Elisabeth Solchik
Lauren Solmonson
Laura Sonnee
Melissa Sonnek
Therese Sonnek
BananaBlue Soriana
Britta Soronen
Andi Soule
Julianna Spilker
Marlana Splettstosser
Laura Sprandel
Jane St John
Amanda St. George
Melissa St. Pierre
Tarah Stafford
Angel Stagi
Kristin Stai
Kerry Stallings
Amanda Stamm
Amanda Stamm
Diane Stansbury
Brittany Steffen
Patricia Steffen
Maile Steffy
Amy Steger
Martha Stellmach

Martha Stering
Lindsey Stevens
Tracy Stevens
Christina Stewart
Renee Stine
Shawna Stolp
JoAnn Stoltman
Kristin Stormer
Melissa Stream
Katie Stryker
Krystina Stuber
Kasey Sullivan
Julia Sumrall
Stephanie Sweat
Wendy Swerdlow
Sarah Symonds
Kristen Szeto
Jynell Tackett
Cindi Tagg
Jenifer Talbot Nicolson
Marianne Talukdar
Shandrea Tanglao
Stacey Tarr
Amber Taylor
Ashley Taylor
Casey Taylor
Jennifer Taylor
Angie Thaxton
Annette Theel
Katie Then
Christine Thiel
Robyn Thogmartin
Michelle Thomas
Lynnae Thompson
Mandy Thurmes Pung
Crystal Thurow
Emilee Thursby
Sara Thurston

Allison Thyng
Shay Tibbs
Rhonda Tinch
Nicole Todd
Rae Toledo Latsch
Pritika Tolento
Shelby Tomlinson
Megan Tonn
Rose Tonn
Jacqueline Torfin
Emily Torrance
Jessica Tounzen
Sara Towne
Christa Treptow
Arleen Trevino
Bianca Trevino
Miranda Tsai
Jennifer Turner
Stephanie Turner
Rebecca Upshaw
Kathleen Uttenweiler
Kristin Uzzi
Ash-Leigh Vagle
Jennifer Van Dusen
Charlene VanWinkle
Eileen Vazquez
Christine Verrill
Heather Vetsch
Danielle Via
Linden Vimislik
Erica Viola
Kristie Viscasillas
Allison Vogel
Karen Vollmer
Megan VonDeLinde
Nina Vopni
Michele Voss
Kimberly Walker

Michelle Walker
Taylor Walkky-Byington
Nadine Walz
Ted Wanken
Laura Warcholek
Brandy Warner
Jenna Warner
Deena Warren
Erica Weaver
Leah Weaver
Carli Weber
Rebecca Weber
Deana Wegner
Andrea Wehrung
Alexis Weidoff
Marie Weisbrod
Amanda Weissman
Marina Weissman
Lesli Weldy
Jenny Weller
Jessica Weller
Ashli Wells
Theresa Welsh
Jennifer Welter
Larissa Wenszell
Megan Wentz
Alison Werner
Jennifer Westberg
Danielle Wettrick
Danielle Whitmore
Jenna Wild
Mindy Wilkinson
Deanne Wilkinson Deneke
Rhonda Williams
Rylee Williams
Cheryl Wilson
Jo Wilson
Ruth Wilson

Amanda Wilson TX
Sara Witkowski
Emma Witthuhn
Cait Wodarski
Ariel Wolf
Mandy Wolfe
Julie Wood
Mariah Woodrum
Christina Woolsey
Kelli Worley
Rachel Wornica
Amy Wroblewski
Meghann Wyss
Katie Xiong
Helen Yang
Diane Yeager

Shannon Yockey
Jennifer Yuen
Tracy Zachow
Michele Zalak
Krista Zaleski
Kathy Zavala
Zoë Zellers
Allison Zellman
Michelle Zilisch
Pamela Zimmer
Jessica Ziolko
Mara Zotz
Lisa Zuhlsdorf
Abby Zuis
Stephanie Zwirn

Książkę wydrukowano na papierze
Creamy HiBulk 2.4 53 g/m^2
dostarczonym przez ZiNG Sp. z o.o.

www.zing.com.pl

Warszawskie Wydawnictwo Literackie
MUZA SA
ul. Sienna 73, 00-833 Warszawa
tel. +4822 6211775
e-mail: info@muza.com.pl

Księgarnia internetowa: www.muza.com.pl

Skład i łamanie: MAGRAF s.c., Bydgoszcz
Druk i oprawa: Abedik S.A., Poznań